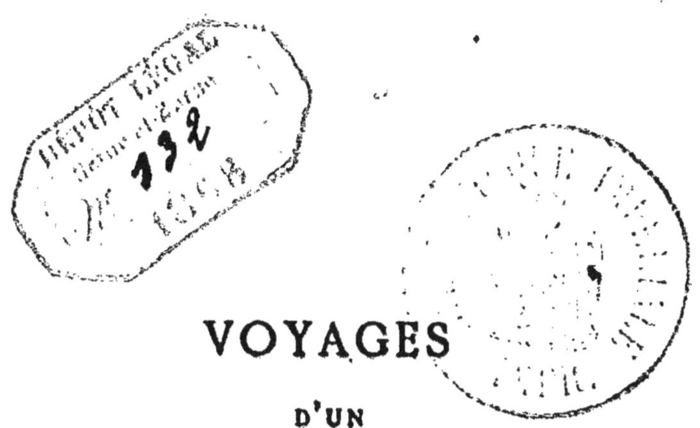

VOYAGES

D'UN

FAUX DERVICHE

DANS L'ASIE CENTRALE

COULOMMIERS. — Typog. A. MOUSSIN.

ARMINIUS VAMBÉRY

VOYAGES

D'UN

FAUX DERVICHE

DANS L'ASIE CENTRALE

DE TÉHÉRAN A KHIVA, BOKHARA & SAMARCAND

PAR LE GRAND DÉSERT TURKOMAN

Traduits de l'anglais

PAR E.-D. FORGUES

ÉDITION ABRÉGÉE

PAR J. BELIN-DE LAUNAY

DEUXIÈME ÉDITION

PARIS

LIBRAIRIE DE L. HACHETTE & Cⁱᵉ

BOULEVARD SAINT-GERMAIN, Nº 77

1868

Tous droits réservés

INTRODUCTION

C'est de l'Asie que traite le volume que nous avons composé d'après le livre de M. Vambéry.

Cette partie du monde a, vers l'Occident, deux appendices : l'un, qui lui appartient presque, est la série des terres profondément découpées par les eaux maritimes et qu'on appelle l'Europe ; l'autre, qui s'y rattache par un lien fort mince, est la massive péninsule connue sous le nom d'Afrique. En somme, l'Asie forme la plus grande étendue de terre qui s'élève tout d'une pièce au-dessus des eaux.

Là croissent spontanément les céréales qui servent à notre alimentation et les fruits que la greffe et la culture empêchent de devenir chez nous âpres au goût et sauvages.

C'est de là que les traditions historiques les plus lointaines font émigrer les populations soit jaunes ou blanches.

On ne connaît pas, aujourd'hui, en Europe, un peuple vivant ni un langage parlé qui ne soit venu d'Asie.

Là ont été conservés par l'écriture les premiers souvenirs qui racontent l'enfance de la civilisation des hommes blancs; là se retrouvent les origines de leurs idées, de leurs religions et de leurs gouvernements.

C'est de là, en effet, que l'Europe a reçu les hardis pionniers qui venaient ouvrir ses forêts et ses mines, et travailler ses métaux; de là lui sont venus, avec les primitifs artisans, tous les germes religieux, les modèles de ses lettres et de ses arts, les principes de ses sciences.

Donc l'Asie, pour nous, est le pays des aïeux. A ce titre, nous trouvons heureux le hasard qui nous permet de commencer par elle la série des hommages que nous rendrons successivement à toutes les parties du monde, en les étudiant avec la franchise la plus loyale et la plus sincère.

Salut à l'Asie, mère de nos aïeux! De ses larges flancs, elle a fait sortir les Chaméens et les Sémites qui ont occupé les rives septentrionales et orientales de l'Afrique, et les descendants de Japhet qui ont peuplé l'Europe.

Dans le centre de cette partie du monde, à l'est de la mer Caspienne, au nord des chaînes qui portent les noms de montagnes du Khorassan, de monts Gour et Hindou-Couch, se développe le Turkestan.

Ici, séparant par une fertile vallée les plateaux homicides des Sables Noirs et des Sables Rouges, coule un large fleuve appelé Oxus (Amou-Daria ou Dji-houn). Il tombe aujourd'hui dans le lac Aral, après s'être dirigé du sud-est au nord-ouest.

Par les vallons de ses affluents ou des rivières qui, comme la Mourgab, se perdent dans les sables, la vallée de ce fleuve communique, vers le sud, avec les gorges donnant accès, d'une part, au plateau iranien, de l'autre, à la vallée hindoue des Cinq-Rivières ou du Pendjaub. Vers l'est, il mène au sommet des monts Bolor ou du Toit du Monde. Il y conduit aussi, mais vers l'extrémité septentrionale, par les vallées de la Zérefchan et de l'Acsou. De là, en longeant les rivières d'Yarcande et de Cachgar, on peut entrer sur le plateau central de l'Asie.

La vallée de l'Iaxarte (Si-houn ou Sir-daria) ouvre, dans le nord du Turkestan, des communications du même genre.

Conséquemment, c'est le long de ces cours d'eau, que, depuis la plus haute antiquité, se sont naturellement formées les routes suivies par les émigrations, par les caravanes ou par les invasions.

Les territoires arrosés par les eaux courantes sont des suites d'oasis d'une exubérante fertilité, qu'enveloppent les plus affreux déserts.

Dans ces berceaux de verdure, qu'ornaient les fleurs et qu'enrichissaient les grains et les fruits, se sont réunies les populations sédentaires, qui y voulaient, par l'agriculture, se procurer les moyens de vivre dans le bien-être et dans l'aisance.

Sur les sables ont erré les pasteurs abreuvant leurs troupeaux de source en source, jaloux de la prospérité des sédentaires, et devenant brigands pour s'approprier sans labeur les richesses amassées, les récoltes serrées, en dépouillant par le pillage ceux qui avaient travaillé et qui même pouvaient, si on les y forçait, travailler pour des maîtres comme ils l'avaient librement fait pour eux-mêmes.

Afin d'échapper à ces violences des nomades, les sédentaires ont ici comme partout, préparé des refuges, vastes enceintes où ils pouvaient serrer leurs familles et leurs troupeaux, lieux d'échanges, marchés à l'abri des trahisons, camps fortifiés qu'ils pouvaient défendre.

L'origine de ces populations n'est pas clairement indiquée par la Bible, et c'est par des hypothèses assez arbitraires que l'habitacle de Magog, l'un des fils de Japhet, est placé à l'est de la mer Caspienne. Quant aux autres, Madaï est mis au sud de la même mer; à l'ouest de laquelle on distribue, jusque dans la péninsule hellénique, Gomer, Thubal, Mosoch, Thiras et Javan.

En se fondant sur l'étude des langues pour remonter à ces époques anté-historiques, la science a, de son côté, indiqué ce pays comme le perpétuel champ de bataille des Touraniens et des Aryens. Or les uns sont les nomades, et les autres, les séductaires.

A présent, les Ousbegs, les Kirguis, les Mongols, les Tartares, enfin les Turcomans, sont les peuples touraniens de la région. En France, ils sont représentés par les Basques ou Escualdunacs, débris, suivant Rawlinson, des populations qu'ont refoulées, puis acculées dans des coins, les invasions des Iraniens. Dans le Turkestan, les rameaux de cette famille vivent séparés les uns des autres, au point qu'un Turcoman, même à demi sédentaire, reste plus étranger à un Ousbeg qu'un Européen ne l'est à un Hottentot (1).

Les Aryens se sont partagés en deux grandes souches : l'Hindoue, qui a converti au brahmanisme et au bouddhisme les hommes jaunes de l'Asie méridionale et orientale, puis qui a passé dans l'Amérique occidentale ; l'Iranienne, qui a peuplé l'Europe et a colonisé l'Amérique orientale. En France, les plus purs descendants des Aryas seraient les Bas-Bretons, reste de la plus antique immigration, peu à peu poussée en avant, puis refoulée aussi sur les extrémités du littoral européen par les invasions successives des Iraniens. Dans le Turkestan, ces derniers, sous la désignation de Sarts à Khiva et de Tadjics à Bokhara, forment le fond de la population sédentaire des oasis et des villes.

De nos jours, les Perses nomment encore leur pays l'Iran, tandis qu'il appellent Touran, le Turkestan.

La Boukharie, suivant les conclusions actuelles de la science, est la patrie des Aryas, l'Aryane de l'origine, la *cairyana vaega*.

De là, les migrations ont rayonné dans tous les sens. Vers le sud-est, les Hindous védiques se sont écoulés par les défilés de l'Hindou-Couch. Vers le sud-ouest, les Iraniens, d'où sortirent Zoroastre, Prométhée et les Druides, ont passé par les portes du Khorassan. « La race de l'Oxus a enveloppé la terre. Du même centre, dit-on, lorsqu'on veut systématiquement nier Moïse et Jésus-

______

(1) V. notre page 104.

Christ, sont sorties toutes les migrations qui ont civilisé le monde (1). »

Après le départ des Aryas hindous, la lutte des Touraniens et des Iraniens a été personnifiée dans les livres sacrés des Mages par ce Dchemchid, avant lequel on ne se battait qu'avec des pierres et des bâtons, et qui, le premier, fabriqua des cimeterres, des couteaux, des piques et des cuirasses (2). C'est l'ancêtre prétendu des Djemchidis, cantonnés à présent dans leurs montagnes entre Maymène et Kalè-No (3), où ils conservent le type iranien dans sa pureté primitive. Brave peuplade d'arrière-garde, qui s'oppose aux progrès des Touraniens vers le sud.

Ceux-ci dominent dans le nord. Les Ousbegs règnent à Khiva comme à Bokhara, où les Tadjics asservis scandalisent les étrangers par leur dégradation morale (4).

Vers le sud des Djemchidis, sont les Afghans. L'antique pays qu'ils occupent s'appelait, au sixième siècle avant Jésus-Christ, l'Arie proprement dite, et ce nom s'étendait parfois sur toute la région, de la Perse à l'Indus, où se trouvaient la ville Ar-ia (Hérat), sur la rivière Ar-ius, le lac Ar-ia (Zerrah); les villes Ar-iaspe et Ar-akhota dans l'Ar-achosie (5).

(1) Voyez Pictet, *Origines indo-européennes*, t. I, et surtout E. Burnouf, *La Science des Religions*, dans la *Revue des Deux-Mondes*, 1er décembre 1864.

(2) *La Perse*, par M. Dubeux, dans l'*Univers pitt.*, t. II, de l'Asie, p. 221.

(3) V. notre p. 222.

(4) V. notre p. 161.

(5) *Ar* signifie « vaillant » en persan et en zend.

Que de souvenirs sur cette vieille terre! On peut remarquer que ceux qu'a conservés l'histoire ancienne se rapportent tous à des conquêtes venues de l'Occident. Tant ils sont postérieurs aux grandes migrations devinées par les linguistes!

En remontant à près de quatre mille ans, l'histoire nous montre le sémite Ninus, que l'abréviateur de Trogue Pompée, Justin (1), accuse non pas d'avoir violé la paix universelle, ce qui serait fort injuste sans doute et fort mal fondé, mais d'avoir le premier voulu faire des conquêtes durables. Contemporain, suivant le même Justin, de ce Zoroastre qui peut être né aussi bien treize que six siècles avant Jésus-Christ, Ninus vient, avec l'aide de Sémiramis, prendre « la Mère des Cités (2). » Balkh pouvait alors dépasser en importance Ninive et Babylone, que Ninus et Sémiramis n'avaient pas encore embellies. C'est à Balkh qu'a eu lieu le solennel concile où quatre-vingt mille brahmes, venus de l'Hindoustan pour défendre l'antique croyance des Aryens, furent confondus par Zoroastre.

Sémiramis passe pour avoir fondé Areskhata, nom plus oriental d'Arachotus, ville qui avait pour objet de contenir l'Arachosie.

Maracanda ou Samarcande, sous le nom de Sogd, paraît remonter à la même antiquité. Ses habitants l'appellent « le Foyer central du Globe; » ils nomment « Distributrice de l'Or » la rivière que les Grecs appelaient « la Très-

______

(1) *Justini Historiarum ex Trogo Pompeio*, libri II.
(2) V. notre p. 211

Précieuse, » *Polytimète*, à cause de la fertilité qu'elle répand sur ses rives ou des richesses produites par ce grand marché de l'Asie centrale.

Puis Cyrus alla fonder sur l'Iaxarte Cyreskhata, ruinée deux siècles plus tard par Alexandre, qui la remplaça plus loin, dit-on, vers l'est, par Alexandreskhata. Or, Khodjend a la prétention d'être l'une et l'autre des villes qu'ont fondées ces grands conquérants; mais, si Khodjend était la ville de Cyrus, Khocand pourrait bien être celle d'Alexandre.

Peut-être le nom d'Araxe qu'a porté l'Iaxarte indique-t-il de ce côté une ancienne limite des Aryens et des Touraniens.

Alexandre a donc, comme Cyrus, pénétré jusqu'à ce fleuve. La description de son invasion dans le Turkestan, telle que nous l'a laissée Quinte-Curce (1), nous donne du pays un tableau si réel, que Burnes a rendu hommage à cette fidélité (2). Nos lecteurs en seront frappés s'ils comparent l'ouvrage latin au livre de M. Vambéry; et nous en pouvons conclure que, depuis plus de deux mille ans, la nature ni la physionomie générale de cette région n'ont pas sensiblement changé.

Sur son passage, le conquérant grec a semé des colonies nombreuses qui ont conservé des traces de leur origine occidentale et de leur civilisation jusqu'à la conquête mahométane. Outre Alexandreskhata au nord et Alexandrie arienne (Hérat?) au sud, il y eut peut-être

(1) Q. Curtii Rufi, *De reb. gest. Alex. magni*, libri VII, xvi à xix.
(2) Burnes, *Voyage à l'Embouch. de l'Indus, etc.*, ch. ix.

une douzaine de colonies alexandrines en Bactriane (1).

Du temps de Ptolémée Philadelphe, les rives de l'Oxus et de l'Iaxarte étaient encore les routes que suivaient les caravanes en allant à l'Inde septentrionale ou en en revenant.

Après Mithridate-le-Grand, les nomades ne cessèrent plus de distribuer, le long du littoral de la mer Noire et jusqu'en Crimée, les marchandises apportées de l'Inde sur ces chemins naturels.

Le Turkestan fut conquis, au commencement du huitième siècle de Jésus-Christ, sous le khalifat de Walid, et converti à l'islamisme, par Catibah ebn Moslem. Alors Samarcande était la capitale d'un souverain nommé Magourek, et Bokhara, dont l'origine est inconnue, était qualifiée de ville très-ancienne. Nous rappellerons que l'Asie centrale la regarde encore comme le berceau de sa civilisation et que son antique nom veut dire « Lieu de réunion des sciences » et « Foyer d'études (2). »

Deux siècles plus tard, le mahométan Ibn Haukal visitait ces régions et en traçait une description fort intéressante, qui, au dix-huitième siècle, a été traduite en anglais par Ouseley (3).

Dans la première partie du treizième, Gengiskhan conquiert ou plutôt ravage et saccage, couvre de ruines et de sang, ce malheureux pays.

(1) J.-C. Droysen. *Hist. de l'Hellénisme.*
(2) V. nos pages 174 et suiv., et 253.
(3) Sous le titre d'*Oriental Geography.*

G.

Lui et ses successeurs, durant la dernière nuit de chaque année, rendaient grâces à Dieu, après avoir, en présence de leur cour, fait battre par les forgerons un fer rougi au feu. Cela rappelle le tablier de cuir du forgeron Cavéh, que les Pichdâdiens avaient, depuis leur sixième roi, Afridoun, accepté comme étendard, prétendu toujours victorieux, mais incapable pourtant d'empêcher plusieurs conquêtes de la Perse. Le tablier de cuir reparut avec Ardschir Bargan, fondateur de la dynastie des Sassanides, et ne réussit pas davantage à prévenir la défaite de Cadésia, où il tomba entre les mains des Mahométans. En dépit des fables orientales qui les défigurent, on regarde ces symboles comme les marques de la supériorité que les anciens Iraniens avaient d'abord acquise par la fabrication des armes en fer, depuis leur invention attribuée à Dchemchid. Le fait est que les Turcs sont restés d'habiles travailleurs du fer.

Les guerres de Gengiskhan ayant eu lieu contre des dynasties de sultans que les chrétiens combattaient et ceux-ci considérant le Tartare comme un auxiliaire, Innocent IV, en 1245, et Louis IX, vers 1253, envoyèrent chez les Mongols Jean du Plan de Carpin et Rubruquis. Ces voyageurs chrétiens y avaient été devancés au siècle précédent par un juif espagnol, Benjamin de Tudèle, qui s'était donné la mission de faire une espèce d'inspection de toutes les synagogues du monde.

Benjamin raconte la défaite d'une grande armée persane environ quinze années avant son voyage, et que les Turcomans battirent probablement du côté de Merv. Il parle de Juifs nombreux habitant les montagnes du Khorassan depuis que leurs ancêtres y avaient été transportés par Salmanazar, roi d'Assyrie. Il dit de Khiva « grande ville sur les bords de l'Oxus, contenant environ huit mille Juifs ; elle est le centre d'un commerce très-étendu et l'on y rencontre des marchands de tous les pays et parlant toutes les langues. — Samarcande, d'après lui, est une grande ville située sur les frontières de la Perse, où il y a environ cinquante mille Israélites qui ont, pour chef, établi sur eux le prince rabbin Obadias, et, parmi eux, sont des disciples, des sages et des gens riches (1). »

M. Éd. Charton a récemment (1855) publié une nouvelle édition de ce voyage ainsi que de ceux de Jean du Plan de Carpin et de Marco Polo.

Carpin, n'entendant les noms de lieux qu'au moyen de la prononciation de son interprète russe, les a tellement défigurés qu'ils sont difficiles à reconnaître ; mais évidemment il a peu parlé du Turkestan.

La relation de Marco Polo présente au contraire plusieurs bonnes indications. Elle marque comme la meilleure des provinces de toute la Perse, celle de Boccara qui obéissait à Barackhan, arrière-petit-fils de Djagathaï, second fils de Gengiskhan. Le père et l'oncle de Marco Polo y sont demeurés trois ans ; mais cette ville, qui devait leur être si bien connue, ne donne lieu à aucune

____

(1) *Voyageurs anciens et modernes,* par Éd. Charton, t. II, p. 202 et suiv. — Comparez ce qui est dit des Juifs, dans notre volume, p. 163 et ailleurs.

autre observation. — « Samarcande, très-grande et très-noble cité a encore des habitants chrétiens mêlés aux mahométans. — Balac ou Balkh, grande et noble cité fut encore plus grande et plus noble qu'elle ne l'est (1), car les Tartares et les autres gens l'ont gâtée et ruinée (en 1220 comme les deux précédentes). Il y avait jadis en cette ville maints beaux palais et maintes belles maisons de marbre, dont on voit encore les ruines..... Et sachez, ajoute Marco-Polo, que, jusqu'à cette cité, dure la terre des Tartares du levant; et, à cette ville, sont les confins de la Perse entre l'occident et le levant. »

Les frontières de la Perse ont bien reculé depuis ce temps-là.

Avec Alexandre, le farouche Tamerlan est le conquérant qui a laissé les souvenirs les plus vivaces dans le Turkestan. Samarcande est encore remplie de la mémoire de cet homme (2).

Vers la fin de ses dévastations, un Portugais, don R. G. de Clavijo, que lui envoyait, en 1403, Henri III, roi de Castille, a pénétré aussi jusqu'à Samarcande. On a la relation de son voyage.

L'Anglais Jenkinson va, dans le siècle suivant, jusqu'à Khiva (1557).

Depuis lors, le Turkestan est resté une terre fermée; mais, de nos jours, plusieurs Européens y ont pénétré, et, parmi ceux qui ont eu le bonheur de pouvoir en sortir et nous communiquer les récits de leurs aventures

(1) *Voyageurs anciens et modernes*, t. II, p. 259, 292, 288.
(2) V. notre chap. IX.

avec le fruit de leurs observations, nous citerons MM. N. Mouravief, Burnes, de Khanikoff, J. Abbott, G. de Meyendorf, Wolff, de Blocqueville et A. Vambéry (1).

Comme la plupart de ces documents originaux ne sont pas à la portée des lecteurs, nous indiquerons des ouvrages dont l'accès est plus commun et plus facile, pour ceux qui auront le désir de compléter les récits et les opinions de M. Vambéry en les comparant à d'autres.

La *Géographie moderne* de J. Pinkerton, traduite en français par C. A. Walckenaer et publiée en 1804. Elle est faite avec talent et avec soin ; mais elle a vieilli.

La *Géographie Universelle* de Malte-Brun, livre cxxxiii^e, que successivement MM. Huot et Lavallée se sont efforcés de tenir au courant des progrès de la science

Une description de la *Tartarie*, etc., pleine de détails intéressants, a été publiée par MM. Dubeux et Valmont, en 1848, dans l'*Univers Pittoresque*, tome vi de l'Asie.

(1) N. Mouravief, *Voyage en Turcomanie et à Khiva*. Paris, 1823. — Burnes, *Travels into Bokhara*, London, 1834. *Voyages à l'embouch. de l'Indus, à Lahor, Caboul, Balkh et Boukhara, etc.* publié par Albert Montémont dans la *Bibliothèque universelle des Voyages*, Paris, 1835. — *Bokhara, its Amir and its People*, translated from the russian of Khanikoff by the baron Cl. A. de Bode, London, 1845. M. de Khanikoff a en outre publié dans le *Tour du Monde*, en 1861, une ample description de Méched et donné le portrait de Mourad Mirza, gouverneur du Khorassan. — G. de Meyendorf, *Voyage d'Orembourg à Boukhara*. — J. Abbott. *Narrative of a Journey from Heraut to Khiva*, etc., London, 1843. — Wolff, *Voyages et aventures du Docteur*, 1861. — A. Vambéry, *Voyages d'un Faux Derviche*, trad. par É. D. Forgues, Paris, 1865. — H. de Blocqueville, *Quatorze mois de captivité chez les Turcomans*, dans le *Tour du Monde* de 1866, t. I.

Quant au voyage de M. Vambéry, nos lecteurs en retireront-ils quelqu'une de ces leçons que Descartes allait chercher en parcourant le monde?

Nous le croyons. Même en tenant compte de toutes les divergences de sentiment que peuvent produire les différences de sexe, d'âge et d'éducation, rien ne nous semble plus généralement instructif que ces relations écrites de bonne foi.

En premier lieu, n'est-on pas frappé par l'aveu d'infériorité en tous sens que font les Mahométans lorsqu'ils se comparent aux Frenguis ou Européens? C'est la magie des infidèles qui en est cause, disent-ils. Non, ce n'est pas la magie. Les causes fondamentales de notre supériorité existent dans la foi au libre arbitre, base du christianisme occidental, et dans l'esprit d'examen et d'observation, base de nos philosophies. Ces éléments intellectuels l'ont peu à peu emporté sur le fatalisme mahométan, source de toute décadence morale. C'est le fatalisme qui, à la longue, a dissous la civilisation dont ces pays avaient été enrichis par leurs plus anciens habitants.

Au point de vue archéologique, on remarquera l'enceinte de Bala Mourgab (1) dans laquelle ne s'élèvent que des tentes, comme dans la ville de Merv et dans le campement des Tekkés, tels que les a dessinés M. de Blocqueville (2). De plus Khiva (3), Bokhara (4) et Sa-

---

(1) V. notre page 221.
(2) *Tour du Monde*, 1866, t. I, p. 245.
(3) V. notre page 106.
(4) V. notre page 158.

marcande (1) ne sont aujourd'hui, ainsi que les villes de la Perse, bâties, à l'exception de plusieurs édifices publics, qu'en terre et en pisé. D'un côté, cela n'explique-t-il pas clairement ce qu'ont pu être beaucoup des célèbres villes de l'antique Orient, les cités pélasgiques et même les *oppida* de notre Gaule : Alesia, Gergovia, Bibracte? Dans le département de la Seine-Inférieure, par exemple, on a de nos jours trouvé le rempart d'une cité gauloise. Il compte jusqu'à vingt mètres de hauteur, le fossé a six mètres de profondeur sur treize de large; mais, quand on y est entré, on ne découvre pas à l'intérieur une seule trace d'édifice, on n'y observe que des espèces d'excavations superficielles, ayant la forme ronde ou ovale, au-dessus desquelles étaient construites des habitations en bois, en boue, recouvertes de chaume, comme en avait encore même la cité grecque de Marseille, à l'époque de César (2). D'un autre côté, l'instabilité, le peu de sécurité de la fortune privée, toujours exposée aux exactions des tyrans ou aux pillages et aux ravages des ennemis, tous barbares destructeurs dans ces contrées, n'est-ce pas là une cause de la pauvreté, de la vilenie et du peu de confortable des constructions particulières, si on les compare à la solidité, à la splendeur de celles que la bonne police de l'Europe permet d'élever dans nos villes?

En prenant un point de vue historique, ne paraît-il pas aussi curieux à des Français du dix-neuvième siècle

(1) V. notre p. 184.
(2) Vitruve, I, 1, et *Histoire de France*, par MM. Bordier et Charton, t. I, p. 13 et suiv.

de se trouver, à la suite d'une caravane, cheminant de Samarcande à Hérat, lancés dans une espèce de Moyen-Age féodal, qui leur fasse comprendre un peu le bonheur qu'ils ont de ne plus vivre durant celui dont les livres leur ont parlé? Laissons de côté l'intolérance religieuse, la superbe humilité des ordres mendiants, les injurieux traitements infligés aux Juifs, le despotisme des chefs et la barbarie des châtiments. A chaque gorge de montagne, des forteresses; à chaque frontière, à chaque gué, à chaque barrière, des péages. Sans doute nous aurons l'occasion de remarquer bientôt qu'une *institution* analogue fleurit dans l'Afrique centrale, sous le nom de *hongo*, et que, chefs de village ou officiers de cour, chaque important personnage y soumet, autant que les rois eux-mêmes, les caravanes de trafiquants à ses exactions. Cependant, en Afrique, on voit un mélange de flatterie, d'âpreté, de crainte, qui n'existe pas en Asie : le hongo y est sollicité avec une basse importunité pour le rendre, de guerre lasse, aussi lucratif que possible; mais, en théorie, il est plutôt un don de bienveillance, d'amicale déférence, qu'on mendie avec un insupportable acharnement. Ici le péage est un droit fixe, tant par tête d'homme ou de bête, et tant par ballot, qu'on exige. Le commerce en souffre; les droits acquittés rendent le prix des marchandises exorbitant; et cependant, loin de s'en plaindre, on s'en loue ; car c'est un *progrès* : l'exaction douanière et policière s'est substituée au pillage. « Nous remercions Dieu, disent les marchands, de ce que à présent les autorités se bornent à lever sur nous de l'argent ; car naguères nous ne pouvions traverser ni May-mène ni Andkhoï sans courir le risque d'y laisser tout notre avoir (1). »

Effectivement, en échange de ces taxes, les khans aujourd'hui garantissent une sûreté relative aux caravanes et les protégent contre les attaques des bandits, qui non-seulement pillent les marchandises, mais réduisent encore les hommes en esclavage. Ces razzias perpétuelles, cette chasse à l'homme est la principale cause du dépeuplement et de la ruine, aussi bien dans l'Asie centrale que dans l'Afrique. Souvent, il est vrai, d'une façon fort peu attendue, la future prospérité du nouvel esclave en est le dernier résultat ; néanmoins cette criminelle coutume arrête le travail et la vie honnête, fait le désert, étouffe les développements de la richesse et de la civilisation, parce qu'elle empêche chacun d'être assuré de son lendemain.

Quant aux productions industrielles, nous nous sommes efforcés de les décrire avec toute l'exactitude réclamée par un sujet qui devait intéresser tout le monde. Parmi elles, nous regardons comme les plus antiques la confection du feutre par les femmes nomades (2) et celle des cuirs et des armes de métal par les artisans sédentaires.

Une dernière observation que nous voulons consigner ici c'est que les différences de gouvernement sont moins une question de race et de tempérament qu'une affaire d'habitude et de volonté. Sans doute, le Kirguis vous

(1) V. nos pages 244 et 219.
(2) V. notre page 47.

dira : « L'homme est fait pour se mouvoir comme le soleil, comme la lune, comme les étoiles, les eaux et les animaux ; il n'y a d'immobiles au monde que les morts et
la terre où ils reposent (1). » De fait, il changera continuellement de place après un court repos. Voilà le type
le plus pur du Touranien. L'opposé, c'est-à-dire l'Iranien,
Sart, Tadjic ou Persan, préfère la vie sédentaire et se
plie volontiers au despotisme patriarcal. Mais, de même
qu'en Europe, parmi les Slaves, les Polonais ont conservé une indépendance personnelle presque sauvage, jusqu'à la préférer au salut général, tandis que les Russes
ont accepté le despotisme pour parvenir à fonder un
grand empire ; ainsi, en Asie, les iraniens Djemchidis
ne le cèdent en aucun point d'indépendance aux Turcomans, tandis que l'Ousbeg touranien accepte la servi-
tude politique et religieuse que les khans font peser sur
lui. Là sont donc, opposés en présence, les deux principes les plus contraires. « Nous sommes un peuple sans
chef et nous n'en voulons établir aucun. Nous sommes
tous égaux et parmi nous chacun est roi (2). » Voilà
ce qu'affirment les Turcomans, de façon à exciter l'admiration enthousiaste des partisans de la vie sauvage. Avec
cet égoïsme individuel, la société n'existe plus, l'unité
tombe en miettes ; c'est la barbarie dont chaque jour res-
serre le siége et qui est destinée à disparaître inévitablement, parce qu'elle n'admet comme respectable aucun
intérêt commun d'État. Par contre et en face, de l'autre

(1) V. notre page 144.
(2) V. notre page 41.

côté de l'Oxus, domine le gouvernement patriarcal, pouvoir de droit divin, imposant les dogmes et les préceptes aux consciences, se croyant le bras séculier des mollahs, et punissant de mort un coup d'œil, un délit véniel, un oubli de la pratique de la loi. Pharisiens, ils s'en tiennent à la lettre des préceptes sans prendre aucun souci de la vérité morale. A Bokhara, nous sommes, à cet égard aussi, en plein Moyen-Age. L'individu peut être voleur et corrompu tant qu'il voudra, s'il pratique la religion extérieure ; mais, s'il ne pratique pas, s'il regarde une femme dans la rue, il est lapidé ou pendu jusqu'à ce que mort s'ensuive. Le luxe y est rigoureusement prohibé dans l'intérêt des sujets, tenus à l'état de mineurs incapables de diriger leur vie. Ici l'individu s'absorbe dans l'unité, et toute dignité humaine est sacrifiée. Entre ces deux extrêmes, le Turkestan ne présente pas ce milieu, cette forme gouvernementale qu'a, lentement et par un travail séculaire, élaborée l'Europe et qui en fait la gloire et la prospérité.

Laissons à ce sujet la parole à M. G. Lejean, un des collaborateurs du *Tour du Monde*, qui était, il y a moins d'un an, sur les frontières du pays que nous étudions. « L'idéal d'un gouvernement musulman est tout à fait le contrepied de ce que nous entendons par gouvernement dans notre société, où l'idée chrétienne n'a point enrayé le progrès de l'économie politique. De la vieille notion d'un certain absolutisme patriarcal, qui ne devait de comptes qu'à Dieu, nous en sommes arrivés par degrés à celle d'une magistrature héréditaire, investie de pouvoirs limités et définis, soumise à des devoirs multiples, gouvernement d'après le consentement des majorités et pour la protection des intérêts légitimes de tous. Ce contrat synallagmatique, passé sur le pied d'égalité entre un peuple et son souverain, est, aux yeux des vrais musulmans, une monstruosité sans nom, l'œuvre d'une société d'où Dieu est absent. Qu'est-ce qu'un sultan ou un émir selon la vraie tradition de l'Islam, selon le cœur du Prophète? C'est l'homme pieux qui remplit avec zèle les prescriptions extérieures du culte, qui veille à ce que la foi ne s'attiédisse pas, qui dote les mosquées, les tékés, les medressés (couvents et écoles théologiques), qui rend bonne justice à tous et qui entreprend le plus souvent possible des *djihad* (croisades) contre les infidèles, voisins de son territoire, chrétiens ou païens, les mettant à mort et (ce qui est cent fois plus méritoire) enlevant de grands troupeaux d'esclaves qu'il convertit de force à « la religion de la lumière ». Voilà le vrai sultan!..... Qui osera parler d'administration, d'impôt régulier, de balance de budget; d'industrie et de commerce à faire prospérer, de lois à soumettre à un parlement?..... Innovations scandaleuses!.... C'est pour les avoir essayées que les sultans de Constantinople sont tombés dans le mépris de tout l'Orient (1). »

Ces paroles confirment les réflexions que nous faisions tout à l'heure et elles expliquent les récits de M. Vambéry. Elles nous font croire qu'on est heureux de n'être né ni Turcoman pour vivre en bandit sans foi ni loi, ni

(1) *La Russie et l'Angleterre dans l'Asie centrale. Revue des Deux-Mondes*, 1er juin 1867, p. 684 et suiv.

Ousbeg pour être un serf sans droit et sans dignité.

Nous avons encore eu le plaisir de nous trouver en parfait accord sur un autre point, avec un homme aussi clairvoyant que M. Lejean, dont le témoignage en cette matière gagne même quelque valeur de la circonstance que ce savant était, l'année dernière, nous le répétons, sur la limite du Turkestan. Nous avons considéré la conquête de ce pays par les Russes comme bienfaisante et comme ne devant exciter aucune jalouse inquiétude en Europe (1). De son côté, M. Lejean s'est efforcé de prouver trois choses dont il est fermement convaincu : « D'abord l'invasion, puis la conquête, du Turkestan par les Russes n'a été qu'un acte de légitime défense ; elle n'est menaçante pour aucun intérêt européen, pas plus pour l'Inde anglaise que pour nous ; enfin, bien loin d'être une calamité pour les populations conquises, elle est la seule voie de salut ouverte à ces peuples, éternellement incapables de s'organiser et de se gouverner seuls (2). »

Voici les conclusions de la discussion de M. Lejean :

« Nous désirons la chûte de ces états touraniens parce qu'il n'y a pas dans le monde un plus vaste théâtre de cette industrie immorale, à laquelle les puissances européennes ont porté un assez rude coup en Turquie, je veux parler de la traite des blancs (3). »

« Pour se rendre compte de l'étendue de la dépopulation des provinces persanes exposées aux invasions des

(1) V. notre p. 260.
(2) Art. cité, *Revue des Deux-Mondes.*, 1 juin 1867, p. 679
(3) Ibid., p. 689.

Turcomans, il faut lire les récits des voyageurs qui ont vu le nord-est de la Perse avant ces cent cinquante dernières années et la comparer avec ce qui existe aujourd'hui. Le désert qui jadis commençait seulement au pied de la ville populeuse et florissante de Merv, a aujourd'hui avancé vers l'ouest d'environ quatre-vingts lieues. (1) »

« On ne peut réussir à fermer le marché des chasseurs d'hommes, que par l'annexion pure et simple de Bokhara à l'empire Russe. (2) »

« Je ne puis saisir le lien qui existe entre la population laborieuse, agricole et marchande de la Boukharie et son gouvernement fanatique, soutenu par quelques milliers de prétoriens que poussent en avant des centaines de derviches épileptiques. (3) »

« La conquête de la Boukharie terminée et régularisée serait le résultat le plus heureux pour tout ce qui, en ce pays, mérite notre sympathie et notre intérêt. Elle permettrait à la population productive et honnête de développer les inépuisables ressources de son territoire sous la protection intelligente et éclairée que j'ai vu donner en Transcaucasie aux classes paisibles, délivrées de l'oppression des beys demi-brigands de la Circassie. (4) »

« Il n'y a pas, à proprement parler, de nation en Asie, si on en excepte la Chine et surtout le Japon ; partant, il n'y a pas d'intérêts nationaux et, si nous voulons

(1) Art. cité, *Revue des Deux-Mondes*, page 691.
(2) Ibid., page 691.
(3) Ibid., page 692.
(4) Ibid., page 693.

nous élever au-dessus des questions purement maté-
rielles, nous n'aurons à nous préoccuper, en fin de
compte, que d'un intérêt supérieur à tous les autres,
l'intérêt de l'humanité. (1) »

Ne nous imaginons donc pas qu'il y ait là des natio-
nalités turcomanes sur l'asservissement desquelles nous
ayons à nous apitoyer. Vambéry nous montre parfaitement que, s'il y a une nationalité asservie à Khiva
comme à Bokhara, c'est celle des Tadjics, qui gémissent
sous leurs farouches oppresseurs. Ces gens-là, comme
les Juifs, salueront, en qualité de libérateurs, les Russes
qui leur apporteront l'ordre, la tranquillité, même la liberté et l'égalité, non sans doute comme nous les pos-
sédons, mais comme ces opprimés ne les ont pas depuis
plusieurs siècles.

Nous terminerons cette introduction déjà bien longue,
par quelques observations sur la carte jointe à ce volume.
Elle présente les noms topographiques avec l'orthographe
française ; elle est allégée par la suppression de tous les
détails, inutiles à la lecture des récits contenus dans le
livre, et elle donne les limites du Turkestan, non telles
qu'elles étaient lorsque M. Vambéry est entré dans cette
région, mais comme les chances de la guerre les avaient
réduites en 1866.

(1) *Revue des Deux-Mondes*, 1867. p. 704.

J. BELIN DE LAUNAY.

Bordeaux, juin 1867.

VOYAGES

D'UN

FAUX DERVICHE

DANS L'ASIE CENTRALE

CHAPITRE PREMIER

PRÉPARATIFS DE VOYAGE D'UN FAUX DERVICHE

Arrivée à Téhéran, le 13 juillet 1862. — Objet du Voyage. — Les Perses Chiites et les Turcs Sunnites. — Causes de retard jusqu'en mars 1863. — Derviches et hadjis sunnites. — Mes futurs compagnons. — Motifs de mon déguisement. — Hadji Bilal m'accepte dans sa compagnie. — Choix d'une route. — Préparatifs de départ.

De Tébriz à Téhéran (1) on ne compte guère que quinze journées de marche, et treize à la rigueur pourraient suffire ; mais, quand on traverse la Perse, durant le mois de juillet, on se traîne d'une station à l'autre, lentement, sous un ciel de feu, au pas d'une mule pesamment chargée, sans autre spectacle que celui des plaines arides et

(1) Tébriz, plus ordinairement appelée Tauris, est le chef-lieu de l'Adjerbaïdjan, province persane qui touche à la Russie et à la Turquie d'Asie. Téhéran, chef-lieu de l'Irak-Adjémi et capitale du royaume de Perse, est une ville carrée où se trouve une seconde enceinte aussi carrée, qui contient le palais du roi. Les maisons de Téhéran sont en terre comme celles des autres villes de ce pays. — J. B.

désolées, qui constituent presque entièrement cette région, et l'on ne tarde pas à être attaqué par une indicible lassitude.

Personne ne s'étonnera donc que je fusse dans une assez triste condition le 13 juillet 1862, aux abords de la capitale de la Perse. Nous nous arrêtâmes à une couple de milles anglais, près d'un ruisseau où nous laissâmes nos bêtes s'abreuver en liberté. La halte avait réveillé mes compagnons de voyage qui, tout en frottant leurs yeux endormis, me désignèrent, dans la direction du nord-est, le site où devait se trouver Téhéran. Effectivement je vis de ce côté s'élever une vapeur bleue qui montait vers le ciel par colonnes élongées, dans l'intervalle desquelles je discernais çà et là le contour de quelque dôme vaguement étincelant. A la longue, le voile brumeux disparut par degrés, et j'eus le bonheur de contempler, dans sa nudité, le *Daroul Khilafe* ou le siége de la souveraineté, comme on surnomme cette ville.

J'y fis mon entrée par la porte No. Assurément je n'oublierai pas de sitôt les mille obstacles à travers lesquels il fallut me frayer un passage. Anes, chameaux, mulets, chargés de paille, d'orge ou de ballots de marchandises tant européennes qu'indigènes, s'avançaient de toutes parts dans la plus incroyable confusion et obstruaient même l'accès de la porte. Ramenant mes jambes sous moi sans quitter la selle et criant à tue-tête, comme mes voisins, *Khaberdar!* (Prenez garde), je réussis, non sans difficulté, à pénétrer dans la ville. Longeant alors le bazar, je parvins à trouver le palais de l'ambassade turque, sans avoir reçu aucune atteinte sérieuse, dans cette foule compacte, où pourtant les coups de bâton et même les coups de sabre s'échangeaient avec une libéralité surprenante.

Qu'allait faire à l'ambassade turque de Téhéran un sujet du royaume de Hongrie, chargé par l'Académie de Pesth d'une mission scientifique?

Né en 1832, dans la petite ville hongroise de Duna Szerdahely, qui est dans une des plus grandes îles du Danube; porté de bonne heure, comme par instinct, à l'étude des langues, j'avais fini par m'intéresser aux influences que les idiomes exercent les uns sur les autres et par rechercher l'origine et les affinités de ma langue natale. Or, si tout le monde est d'accord pour reconnaître que le hongrois fait partie de la tige dite altaïque (1), on ne l'est pas pour l'attribuer soit à la branche tartare ou à la branche finnoise. Ce différend, qui concerne la construction étymologique de notre idiome, m'avait paru ne pouvoir être résolu que par l'étude pratique des langues turco-tartares. En conséquence, j'avais résidé plusieurs années à Constantinople, occupé à fréquenter les écoles et les bibliothèques. J'y étais à peu près devenu un Turc et bien plus un effendi, c'est-à-dire un savant dans la religion mahométane; mais n'étant pas encore parvenu à me faire une certitude, je m'étais décidé à pousser mes recherches linguistiques jusque dans l'Asie centrale en conservant les dehors d'un Turc de Constantinople, d'un effendi, que j'avais acquis par mes travaux et par une longue habitude.

Voilà pourquoi je me présentais comme chez moi à l'ambassade de la Sublime Porte.

J'y appris que l'ambassadeur Haydar Effendi, que j'avais connu à Constantinople, était déjà établi avec tout son personnel à huit milles de Téhéran dans sa résidence d'été, à Djizer; je m'y rendis immédiatement et j'y arrivai

---

(1) Selon Klaproth, les Hongrois descendraient des Turcs qui ont émigré par le N.-O. de la mer Caspienne, tandis que les Turcomans seraient les Turcs restés à l'E. de cette mer et dominés par ceux de l'Altaï. Voyez notre troisième chapitre. — J. B.

comme on était sur le point de se mettre à table. Affectueusement accueilli par l'ambassadeur et par ses secrétaires, je pris place à un banquet que le contraste me fit trouver splendide. La conversation n'y tarit guères et nous ramena sur les rives enchantées du Bosphore.

Stamboul (1) et ses magnifiques paysages, le Sultan et son autorité mitigée, ce sont des souvenirs qu'on peut évoquer devant des Turcs auprès de Téhéran avec la certitude de leur être agréable, car la comparaison de ce qui vous entoure ne peut que rendre ces souvenirs plus charmants.

En effet, pour quiconque s'en tient à ses premières impressions, l'Iran (2), bien qu'il ait servi de sujet à tant de poëtes enthousiastes, n'est, en somme, qu'un effroyable désert auprès duquel la Turquie apparaît comme une espèce de paradis. J'accorderai, si on le veut, au Persan, la courtoisie extérieure, la promptitude et la vivacité d'esprit qui manquent à l'Osmanli (3); mais chez ce dernier existent, par compensation, une intégrité, une estimable franchise que son rival ne possède point. Le Persan peut revendiquer les priviléges d'un naturel poétique et d'une civilisation qui remonte aux époques les plus lointaines; mais les dispositions favorables au progrès et qui portent l'Osmanli à s'assimiler chaque découverte faite par le savant étranger, le temps qu'il consacre à l'étude des langues européennes, en un mot ses relations avec l'Occident font la supériorité du Turc de Constantinople.

Avant de quitter l'Europe, j'avais appris par les jour

(1) Nom oriental de Constantinople.
(2) C'est ainsi que les Persans appellent leur pays.
(3) Les Osmanlis ou Ottomans sont les Turcs qui tirent leur nom d'Othman, le fondateur de la dynastie restée maîtresse de Constantinople depuis 1453. — J. B.

naux que le souverain des Afghans, Dost-Mohammed faisait la guerre au sultan d'Hérat Ahmed-Khan, son gendre, qu'il accusait d'avoir rompu son lien de vassal en se plaçant sous la suzeraineté du chah de Perse ; mais ces bruits m'avaient paru exagérés : je n'avais pas cru devoir pour si peu retarder mon voyage, et je n'avais pas été dix jours à me reposer à Téhéran que déjà je voulais repartir pour Méched et pour Hérat. Cependant il me fallut bien reconnaître l'évidence des faits. Toutes les communications étaient interrompues ; aucune caravane, ni surtout aucun voyageur isolé, ne pouvait s'aventurer sur la route qui traversait le théâtre des hostilités : force me fut d'y renoncer. Quant à me rendre à Bokhara par les routes du nord à cette époque de l'année, c'était m'exposer à me trouver encore durant la saison d'hiver au milieu des déserts de l'Asie centrale. Tout considéré, je remis donc l'exécution de mon projet au printemps de l'année suivante et, pour m'occuper, en attendant, j'allai visiter Ispahan et Chiraz (1), afin d'examiner à mon tour les monuments de l'antique civilisation iranienne.

De retour à Téhéran vers le milieu de janvier 1863, j'y fus réinstallé dans le palais de l'ambassade ottomane où, presque chaque jour, j'avais l'occasion de voir quelque Tartare qui, se rendant à la Mecque ou en revenant, entrait recevoir le modique subside accordé par les Turcs à ces pauvres pèlerins, leurs coreligionnaires, auxquels les Persans auraient refusé le plus mince secours. On sait en effet que ceux-ci, comme leurs ancêtres partisans d'Ali, sont restés chiites, c'est-à-dire n'ad-

---

(1) Ispahan, dans le sud de l'Irak-Adjémi, a encore de l'importance et conserve de nombreuses marques de l'époque de sa splendeur, sous Chah-Abbas, où elle était capitale de la Perse. Chiraz, dans une vallée et sous un climat également célèbres, est le chef-lieu du Farsistan. — J. B.

mettant que le coran, tandis que les Turcomans et les Tartares musulmans, comme ceux qui jadis ont reconnu pour khalifes Abou-Beker et Omar, acceptent, outre le coran, la *sunna* ou tradition, c'est-à-dire sont sunnites ainsi que les sujets du sultan de Constantinople.

J'éprouvais une grande satisfaction lorsqu'un de ces Tartares déguenillés franchissait le seuil de mon appartement ; je tirais en effet de ces gens beaucoup de renseignements positifs sur leur pays natal, et leur conversation m'était fort utile pour mes études philologiques. De leur côté, ne pouvant même soupçonner le dessein que j'avais formé ni le but que je me proposais d'atteindre, ils étaient naturellement surpris et charmés de me trouver si affable. On répandit bientôt, dans le caravansérail où résidaient ces hôtes éphémères, que Haydar Effendi, l'ambassadeur du Sultan, montrait un cœur généreux, et que Réchid Effendi (c'est le nom sous lequel j'étais connu), traitant les derviches comme ses frères, était probablement lui-même un derviche déguisé (1). Quand ces rumeurs à force d'être répétées eu-

(1) Qu'on nous permette d'emprunter de temps à autre des passages de souvenirs complémentaires que M. Vambéry a insérés dans l'*Intellectual Observer* et que la *Revue Britannique* a fait connaître à la France. « Les derviches qui traversent les steppes du « pays des Kirghis et des Turcomans appartiennent généralement « à cette classe qui, par suite d'une vocation décidée pour la fai- « néantise, adopte une profession considérée comme parfaitement « honorable dans tous les pays de l'Orient, à savoir la profession « de mendiant. On y réussit en sachant quelques prières et en « possédant la dose de charlatanisme nécessaire pour accomplir « quelques tours de prestidigitation. Je n'ai pas rencontré un seul « nomade qui soit resté insensible en présence de l'un de ces der- « viches aux longs cheveux et aux pieds nus, fixant ses yeux ar- « dents sur le fils du désert et hurlant un sauvage ia hu en agitant « son *kechcoul*, c'est-à-dire un vase fait avec la moitié d'une noix « de coco où le derviche met indistinctement toute la nourriture « qu'il a recueillie en mendiant, qu'elle soit liquide ou solide, aigre « ou douce. » (*Rev. Brit.* Juin 1866, p. 369). « La paresse, le fana-

rent acquis une certaine notoriété publique, il ne passa plus par Téhéran un seul hadji (1) qui ne commençât par se présenter chez moi avant de se rendre chez l'ambassadeur. Celui-ci d'ailleurs n'était pas toujours accessible; tandis que, par mon entremise, les hadjis obtenaient aussitôt soit leur modeste viatique, soit la réalisation des autres vœux qu'ils pouvaient former et qui n'excédaient pas la mesure du possible.

Un matin, c'était le 20 mars, quatre de ces pèlerins se présentèrent à moi, demandant que je consentisse à les accompagner chez le représentant du Sultan, qui, à leurs yeux, est le seul successeur légitime de Mahomet. Ils y voulaient se plaindre des employés persans de Hamadan qui avaient prélevé sur eux, à leur retour de la Mecque, la taxe dont jadis étaient frappés les sunnites, pure exaction réprouvée par le chah de Perse. « Nous ne

« tisme et la malpropreté sont vantées par le derviche comme des
« vertus. Il justifie sa paresse par l'impuissance humaine; à son
« fanatisme, il donne le nom d'enthousiasme religieux, et quant à
« la malpropreté, il prétend attester par elle l'inutilité de la lutte
« des pauvres mortels contre la destinée. En somme, le dervi-
« che est la véritable personification de la vie orientale... Quelle
« sérénité sur son visage! Quelle placidité dans toutes ses ac-
« tions!... Cette impassibilité, si peu naturelle pour moi, fut la
« partie de mon rôle de derviche qui me parut la plus pénible, et
« celle aussi dont je m'acquittai le moins bien. » (*Id. Ibid.*, p. 365.)

(1) Les hadjis sont les pèlerins qui ont visité la Caaba. La nécessité de s'arracher à leur famille, à leurs amis et à leur pays, les
entoure d'une sainte et poétique auréole. Quelque pénible, quelque déchirant que puisse avoir été leur départ, ils en sont amplement dédommagés par le triomphe de leur retour et par les bénéfices qu'ils en retirent. « Dans l'Asie centrale, le hadji est tenu
« en bien plus haute estime que dans aucune autre contrée maho-
« métane. Sa dignité lui a coûté cher; mais ses fatigues sont
« largement récompensées. Il est plus à l'abri de la tyrannie du
« gouvernement qu'aucun de ses concitoyens, qui l'aident et le
« respectent. Son titre de hadji lui est un titre de noblesse, dont
« il fait parade sur son cachet durant sa vie et sur sa pierre tu-
« mulaire après sa mort. » (*Rev. Brit.* Juin 1866, p. 374.)

demandons point d'argent, disaient-ils, à Son Excellence l'Ambassadeur ; l'unique objet de nos démarches c'est qu'à l'avenir les sunnites comme nous puissent visiter les saints lieux sans être molestés par des chiites. » Un langage si peu personnel me parut extraordinaire dans la bouche d'un natif d'Orient. J'étudiai donc avec plus de soin la sauvage physionomie de mes hôtes et, malgré leur extérieur inculte et leurs misérables vêtements, j'entrevis chez eux je ne sais quelle noblesse naturelle qui tout d'abord me prévint en leur faveur. Dans le cours du long entretien que nous eûmes ensemble, celui qui portait le plus ordinairement la parole était un hadji né dans la Boukharie chinoise, et dont les haillons étaient cachés par un surtout vert, fraîchement sorti de la boutique d'un tailleur. Il était coiffé d'un énorme turban blanc. La flamme de son regard et l'intelligente vivacité de ses yeux attestaient sa supériorité, que ses compagnons reconnaissaient d'ailleurs ostensiblement. Chapelain ou iman du gouverneur d'Acsou (1), il avait fait deux fois le pèlerinage du saint sépulcre. La petite caravane, dont ses trois compagnons et lui pouvaient être considérés comme les chefs, se composait de vingt-quatre hadjis. « Notre compagnie, disait-il, comprend à titre égal des jeunes gens et des vieillards, des riches et des pauvres ; ceux-ci connus pour leur piété, ceux-là pour leur instruction ; les uns, clercs ; les autres, laïques. Nous n'en vivons pas moins en excellente intelligence, étant tous natifs du Khocand et du Cachghar, et n'ayant parmi nous aucun serpent de la race bokhariote. » Cette déclaration de principes ne m'étonna point parce que je connaissais depuis longtemps l'hostilité que

(1) Acsou, située sur une rivière du même nom, qui tombe dans le Tarim, est une ville importante à l'Est et à une soixantaine de lieues de Cachghar. — J. B.

portent, aux anciens indigènes de race persane ou Tadjicks de l'Asie centrale, les tribus des Ousbegs ou Tartares.

Nous causions déjà depuis près d'une heure et je n'avais trouvé que de la franchise dans leurs explications. Malgré la singularité des traits qui signalaient leur origine étrangère, malgré leurs grossiers vêtements où étaient inscrites les traces d'un long et pénible voyage; bref, en dépit de tout ce que leurs dehors avaient de répulsif, je me demandais si je ne me joindrais pas à ces hommes pour pénétrer dans l'Asie centrale. Ils seraient pour moi les meilleurs guides en leur qualité d'indigènes. Déjà ils me connaissaient pour un derviche, car ils m'avaient vu accepté à ce titre par l'ambassade ottomane. Leurs relations étaient nombreuses à Bokhara, la seule ville dont le séjour me semblât redoutable en songeant au sort tragique des Européens qui m'y avaient précédé. Mon parti fut bientôt arrêté. Mais je savais que j'allais être questionné sur les motifs qui me faisaient entreprendre un pareil voyage, car aucun oriental n'accepterait jamais comme suffisant un objet purement scientifique. La résolution prise par un effendi, c'est-à-dire par un homme qu'on appellerait un *gentleman* en Angleterre, de courir les plus grands ennuis et les plus redoutables périls afin de réaliser une pensée abstraite, ne manquerait pas de leur paraître absurde ou même suspecte. Il eût donc été fort maladroit que je heurtasse de front ces musulmans fanatiques, dans leurs convictions les plus intimes, et, par là même, je me voyais réduit à user à leur égard d'un subterfuge que je ne me serais point permis en toute autre circonstance. Pour flatter leurs idées et servir mes projets, je leur assurai que, depuis longtemps, sans en avoir jamais parlé à personne, je nourrissais l'ardent désir de visiter le Turkestan, parce qu'il est la source unique où la vertu de l'Islam (1) soit restée à l'abri de toute souillure, et aussi afin de contempler les saints de Khiva, de Bokhara et de Samarcande. C'était avec cette idée, leur disais-je, que j'avais quitté le pays de Roum (2) pour me rendre en Perse, où j'attendais depuis un an les compagnons que Dieu avait prédestinés à faciliter ma pieuse entreprise.

Quand j'eus cessé de parler, ces braves Tartares, un moment fort étonnés, parurent se remettre peu à peu de leur stupéfaction. Désormais, disaient-ils, tous leurs doutes étaient levés : j'étais bien le derviche qu'ils avaient soupçonné dès l'abord. Ils se déclaraient heureux de l'amitié que je leur témoignais en les prenant pour guides et pour protecteurs dans une tentative si dangereuse. Hadji Bilal, cet homme distingué que j'ai déjà indiqué comme orateur de la troupe, ajouta : « Vous trouverez en nous non-seulement des amis mais des serviteurs. Cependant nous devons vous rappeler que les routes du Turkestan ne sont ni aussi commodes ni aussi sûres que celles de la Perse ou de la Turquie. On y voyage souvent des semaines entières sans rencontrer une maison, sans pouvoir se procurer un morceau de pain, ni même une goutte d'eau potable. En omettant le danger d'être enterré vif par des tempêtes de sable, on y court celui d'être assassiné ou fait prisonnier puis vendu comme esclave. Veuillez peser, Effendi, les conséquences de votre démarche. Peut-être la regretterez-vous un jour, et nous ne voulons à aucun prix accepter la responsabilité des malheurs qui vous menacent. Par-dessus tout, vous devez

(1) *La foi qui sauve,* nom donné à la religion de Mahomet.

(2) Pour les Asiatiques, le pays dont Constantinople est la capitale est toujours *l'empire romain,* le pays de Roum. Ils en parlent encore comme on en pouvait parler en Asie à l'époque de César et de Justinien. — J. B.

avoir présent à l'esprit que la plupart de nos compatriotes nous sont bien inférieurs en expérience acquise et en
connaissance du monde : nonobstant ce qu'on a pu vous
dire de leur hospitalité, ils se méfient invariablement de
l'étranger qui leur arrive d'un pays lointain. Enfin vous
êtes-vous demandé comment, privé de notre assistance,
vous feriez pour venir à bout, seul, livré à vos ressources, d'accomplir le long voyage du retour? » Je fis bon
marché de ces appréhensions et je répondis : « Le monde
terrestre est pareil à une hôtellerie que nous habitons
cinq jours, comme disent nos philosophes ; je le sais, et
je me ris des Musulmans qui, ne bornant pas leurs sou-
cis à l'heure présente, embrassent un long avenir dans
leurs prévisions insensées. Chers amis, emmenez-moi. Ce
royaume où l'erreur domine n'a aucun charme pour
moi. J'en suis las et ne demande qu'à le quitter. »

Mes instances prévalurent enfin et les chefs m'accep-
tant pour compagnon de voyage me donnèrent tous une
accolade, qui ne fut pas sans désagrément à cause des
odeurs fâcheuses dont leurs vêtements sordides étaient
imprégnés. N'importe ; mon affaire était réglée.

Les remontrances qu'on ne m'épargna pas à l ambassade n'eurent pas plus d'effet que les observations du
hadji Bilal, et mes amis, tout en remplaçant peu à peu
leurs sinistres ponostics par de bons conseils, cherchè-
rent à seconder de leur mieux mon entreprise.

L'ambassadeur Haydar, Effendi donna donc audience
aux hadjis et, confirmant ce que je leur avais dit, me re-
commanda chaudement à leur hospitalité. Il ajouta qu'il
accorderait une récompense à quiconque rendrait service à
uneffendi, serviteur du Sultan et désormais commis à leur
charge. On m'apprit que, dans cette entrevue, à laquelle
je n'assistais pas, les hadjis avaient solennellement promis de remplir leur mandat avec fidélité; je puis leur

rendre ce témoignage qu'ils ont consciencieusement tenu leur parole. L'Ambassadeur se fit ensuite donner la liste des pèlerins, entre lesquels il répartit environ quinze ducats, présent magnifique pour des hommes accoutumés à ne vivre que d'eau et de pain.

Notre départ était fixé à une huitaine de jours et, durant l'intervalle, hadji Bilal vint souvent seul me voir. Ces fréquentes visites me firent soupçonner à tort que, me considérant comme une bonne prise, il cherchait à m'accaparer pour tirer de moi tout le profit possible. Mais je repoussai ces méfiances et je résolus d'attacher à moi par un entier abandon hadji Bilal. Lui montrant donc la petite somme que je voulais emporter pour mes frais de voyage, je le priai de me renseigner sur le costume, l'attitude et la manière de vivre que je devais adopter afin de m'assimiler à mes compagnons de route et de me dérober ainsi à la fatigante curiosité dont j'allais être l'objet. Cette demande lui plut évidemment beaucoup et il y répondit avec franchise.

Avant tout, il me conseilla de raser mes cheveux et de changer, contre un costume bokhariote, les vêtements turco-européens dont j'étais encore pourvu. Je devais autant que possible supprimer les objets de literie, le linge de corps et tout ce qui, de près ou de loin, ressemblait à du superflu. Ces avis furent exactement suivis et mon nouvel équipement, qui ne demandait pas de nombreux préparatifs, se trouva bientôt complété : trois jours avant celui qu'on avait fixé pour le départ, j'étais à même de tenter les chances de ma grande aventure.

Sur ces entrefaites, je voulus rendre à mes futurs compagnons la visite dont ils m'avaient honoré, et je les allai voir dans le misérable caravansérail où ils étaient établis. Quatorze d'entre eux occupaient une cellule et dix se tenaient dans une autre. Jamais je n'avais vu tant de guenilles et de saletés entassées dans un si étroit espace. L'impression que j'en ressentis ne s'effacera jamais de ma mémoire. Le bâton du mendiant constituait à peu près l'unique ressource de tous ces pèlerins qui, lorsque j'arrivai, se prêtaient un mutuel secours dans un certain détail de toilette, révoltant pour l'imagination des Européens, mais qui me devint nécessaire à ma sortie de cet antre immonde.

Je fus d'ailleurs reçu de la façon la plus cordiale et, selon la coutume, on m'offrit le thé ; c'est le nom qu'ils donnent à l'eau verdâtre dont il me fallut bien malgré moi avaler un grand bol sans sucre (1). Pour surcroît de supplice, mes hôtes voulaient me contraindre à renouveler l'opération. Je les suppliai de m'en exempter. Alors il me fut permis de serrer tour à tour dans mes bras chacun de mes nouveaux amis. Tous me donnèrent le baiser fraternel, et, lorsque j'eus rompu le pain avec chacun d'eux en particulier, nous nous assîmes en cercle pour délibérer sur la route que nous devions choisir. Il fut convenu qu'au lieu de traverser le pays des féroces Tekkés, nous prendrions par celui qu'occupent les Iomouds, tri-

(1) Comme l'habitude et les circonstances changent l'opinion que nous nous faisons des mêmes objets! Écoutez ce que M. Vambéry dira plus tard de ce thé : « Dès que la caravane est campée, les « plus pauvres sont assis, une tasse de thé à la main, absorbant « à petites gorgées le breuvage précieux. Ce n'est guère que de « l'eau chaude verdâtre, souvent trouble et sans sucre; toutefois « l'art humain n'a découvert aucun mets, inventé aucun nectar « qui, dans le désert, soit aussi agréable, aussi rafraîchissant que « cette simple boisson. J'ai conservé de ses merveilleux effets un « souvenir très-vif. A peine en avais-je avalé les premières gouttes « qu'une flamme bienfaisante circulait dans les veines, flamme « qui m'excitait sans m'enivrer. Les dernières gorgées agissent à « la fois sur la tête et sur le cœur, l'œil devient brillant, et je ne « saurais décrire le sentiment de bien-être que j'éprouvais en de « pareils moments. » Quel panégyrique! (V. *Rev. Brit.* Août 1866. p. 354.) — J. B.

bus qui, par comparaison, semblent honnêtes et hospitalières, bien que ce chemin nous réservât quarante
journées de marche dans le désert. « Mieux vaut, disaient
nos chefs, lutter contre la perversité des éléments que
contre celle des hommes. Nous allons sur les voies de
Dieu, et ce Dieu toujours clément ne nous abandonnera
certainement pas. » Hadji Bilal voulant mettre le sceau
à cette résolution, implora les bénédictions célestes.
Nous avions tous, pendant qu'il parlait, élevé nos mains
vers le Seigneur, et, quand il eut fini, chacun de nous,
s'empoignant la barbe, prononça Amen! à haute voix.
La séance terminée, je reçus l'avis que, deux jours plus
tard et de très-bonne heure, il me faudrait être au même
endroit, si je tenais à partir en même temps que la
caravane.

Quand je fus rentré à l'ambassade, on y fit les derniers
efforts pour ébranler ma résolution, en me rappelant les
fins tragiques de Conolly, de Stoddart et de Moorcroft,
ainsi que les souffrances plus récentes de M. de Blocqueville, qui, tombé entre les mains des Turcomans, avait dû
payer dix mille ducats pour se racheter de l'esclavage (1);
mais, sans que je pusse me l'expliquer, le malheur d'autrui m'inspirait assez peu de crainte pour moi-même et
je restai ferme dans le dessein que j'avais conçu.

La soirée qui précéda le départ fut employée à faire les
adieux à mes bons amis de l'ambassade. Deux d'entre

(1) M. de Blocqueville a raconté lui-même ses aventures dans le
Tour du Monde, en l'année 1866, n° 328-330 de la collection.
Stoddart était un colonel anglais; Conolly, un capitaine; ils furent
jetés dans le cachot où avait été le lieutenant Wiburt, mis à mort
parce qu'il n'avait voulu renoncer ni à sa patrie ni à sa religion.
Conolly et Stoddart ont péri dans ce cachot avec un courage et une
résignation admirables. Ces actes horribles ont eu lieu par les ordres
de l'abominable tyran Nasr-Oullah, émir de Bokhara, ou par ceux
de son odieux ministre, Abdoul-Samed Khan. — J. B.

eux seulement avaient le secret de mon voyage. Quant
aux résidents européens, ils croyaient que je me rendais
à Méched (1), tandis qu'au sortir de Téhéran, je devais
prendre au N. E. la route de la mer Caspienne et d'As-
térabad.

(1) Située à l'E. de Téhéran, Méched est la capitale du Khorazan,
province persane; M. de Kanikhoff l'a décrite dans le *Tour du
Monde*, 1861, t. II. Nous reparlerons de cette ville. (V. ch. xi.)
— J. B.

CHAPITRE II

La caravane part de Téhéran le 28 mars 1863. — Sa composition.
— Les Monts Elbourz et le Mazenderan. — Ce monde est le paradis des hérétiques. — Sari. — La Montagne Noire ou Caratèpe. — Emir Méhemmed, le traître fumeur d'opium. — Traversée de la mer Caspienne sur la barque d'Yacoub. — Achourada. — Débarquement à l'embouchure de la Gœrguène.

Le 28 mars 1863, dès la pointe du jour, je me rendis
au caravansérail où nous avions pris rendez-vous. Tous
les hadjis s'y trouvaient déjà : les plus pauvres tenaient à
la main leur long bâton de dattier et avaient mis la chaus-
sure que portent les fantassins de l'armée persanne; ceux
qui possédaient le moyen de louer un âne ou un mulet
pour les mener jusqu'aux frontières chaussaient déjà leurs
bottes éperonnées. Je fus surpris de constater que les vêtements misérables dont je les avais vus affublés à Téhéran
étaient en réalité leurs costumes de ville ou pour mieux dire
leurs habits de fête. L'appareil de voyage qu'ils y avaient
substitué était composé d'un nombre illimité de haillons,
variés de forme et de couleur et qu'un morceau de corde
fixait tant bien que mal autour de leur ceinture. La veille
encore devant mon miroir, je m'étais cru le plus dégue-
nillé de tous les mendiants; mais, au milieu de ces porte-
loques, je ressemblais à un roi sous sa pourpre. Tous

paraïssaient attendre avec impatience le signal du départ.

Enfin hadji Biſal, levant les mains, nous donna la bénédiction du voyage et, à peine avions-nous prononcé, en tenant notre barbe, l'amen sacramentel, que nos piétons, se précipitant à grands pas hors des portes, prirent une bonne avance sur les cavaliers pacifiques auxquels était réservé le soin de former l'arrière-garde. J'étais donc en route! Le chemin nous conduisait dans la direction du nord-est, allant de Téhéran vers Sari (1), où nous devions arriver en huit journées.

Une heure plus tard, nous étions à l'entrée du défilé où l'on perd de vue la plaine et la cité royale de Téhéran. Là je ne pus m'empêcher de jeter derrière moi un dernier regard. Le soleil, suivant l'expression orientale, était déjà haut d'une lance. Ses rayons illuminaient, par-delà les toits de Téhéran, le dôme doré du chah Abdoul-Azim. La nature, en ce pays, a revêtu, dès cette époque de l'année, l'éclatante parure du printemps; aussi, je dois l'avouer, la capitale, dont l'aspect général m'avait fait, l'année précédente, une impression si désagréable, m'éblouissait alors de sa radieuse beauté. Ce regard, que je lui envoyais, était comme un adieu aux limites les plus reculées de la civilisation européenne. Désormais j'allais affronter tous les excès de la vie barbare. Cette pensée m'agitait profondément et, pour cacher mon émotion à mes nouveaux compagnons, je poussai mon cheval en avant, parmi les sinuosités encore désertes de la passe que nous devions franchir.

Cependant les pèlerins s'étaient mis à réciter tout haut les versets du coran et à chanter des hymnes ou *telkins*, ainsi qu'il convient à de pieux voyageurs. Sachant que les Osmanlis du Roum ne sont pas instruits dans des pra-

(1) Ville du Mazanderan, à quelques kilomètres de l'extrémité S.-E. de la mer Caspienne et dont en reparlera dans ce chapitre. — J. B.

tiques aussi rigoureuses que celles auxquelles se livrent
les sunnites de l'Asie centrale, ils mè pardonnaient de
ne pas me joindre à leurs prières, espérant bien d'ailleurs
qu'à la longue et par l'effet naturel de l'exemple qu'ils
me donnaient, l'inspiration nécessaire m'arriverait indu-
bitablement.

La caravane était composée, sans me compter, de vingt-
trois personnes, toutes nées dans le khanat de Khocand
ou dans la Boukharie chinoise, sur les territoires de
Cachghar, d'Yarcand et d'Acsou. Les principaux d'entre
eux étaient, avec ma vieille connaissance, hadji Bilal, un
jeune Tartare enthousiaste, dont le père avait été un poëte
et qu'on nommait hadji cheikh Sultan Mahmoud; puis
un aspirant au titre d'*ichan* ou de cheikh, c'est-à-dire de
prêtre séculier, excellent homme, appelé hadji Salih
Khalifed. Ils m'acceptèrent dans leur amitié et, à nous
quatre, nous étions considérés comme les chefs des hadjis,
car j'étais passé à ce rang; l'on ne me désignait plus sous
le nom de Réchid Effendi, mais sous celui de hadji Réchid.

Cependant nous gravissions les pentes des monts Elbourz, qui se succédaient de plus en plus élevés. Comme
mes amis remarquaient l'accablement où j'étais tombé,
hadji Salih vint m'assurer que je trouverais chez tous les
membres de la caravane une affection paternelle : « Dieu
aidant, ajoutait-il, nous aurons bientôt passé les frontières de ces maudits chiites; une fois libres, nous ne trou-
verons plus que des sunnites comme nous et nous par-
courrons, sans contrainte, les territoires des Turcomans. »
Belle perspective! répondis-je en moi-même, tant j'étais
découragé; et j'éperonnai mon cheval pour rejoindre à
l'avant-garde ceux de nos piétons qui allaient le plus vite.

Une demi-heure plus tard, je les avais rattrapés et je
remarquais avec surprise la gaîté de ces marcheurs intré-
pides : après deux voyages de si longue haleine. Plusieurs

chantaient de joyeuses ballades qui, ressemblaient fort à celles de la Hongrie ; d'autres faisaient le récit des aventures qu'ils avaient rencontrées dans le cours de leurs pérégrinations. C'était déjà l'Orient qui se révélait à moi dans ses pensées, dans ses opinions, et dans ses préjugés. Dès les portes de Téhéran, je me trouvais ainsi transporté au cœur même de l'Asie centrale.

Durant ces marches à travers les montagnes, bien que le milieu de la journée fût assez chaud, la légèreté de mes vêtements me laissait trop sentir les gelées du matin. Aussi m'arrivait-il souvent de descendre de cheval pour me réchauffer et de passer ma monture à celui des piétons qui m'avait l'air le plus fatigué. En échange celui-ci me confiait son bâton de pèlerin et je faisais de longues étapes en écoutant les descriptions enthousiastes où ces êtres naïfs célébraient les beautés de leur patrie. Quand ils en étaient fatigués, ils entonnaient ensemble quelque cantique, auquel, entraîné par l'exemple, je ne tardais pas à me joindre. Les plus jeunes racontaient la part que je venais de prendre à leur acte de dévotion, et les plus âgés, s'en montrant fort satisfaits, se répétaient l'un à l'autre : « hadji Réchid va bien ; il sera un derviche de la bonne espèce. »

Le quatrième jour, après une traite prolongée à travers des chemins détestables, nous atteignîmes un plateau assez élevé, où se trouve la ville de Firouzcou. Elle est au pied d'une montagne, couronnée par des fortifications aujourd'hui ruinées ; mais elle a quelque importance parce qu'elle marque la fin de l'Irak-Adjémi. Par-delà commence le Mazenderan, province qui donne aussi son nom au long défilé où le lendemain matin nous entrâmes, après avoir marché environ quatre heures. Le défilé mène aux rives de la mer Caspienne et fait partie de ce qu'on appelait *Pyles* ou Portes Caspiennes.

Dès qu'on a laissé derrière soi le caravanserail bâti à la cime de la montagne, la stérile nudité des contrées qu'on vient de traverser fait place aux richesses de la végétation la plus luxuriante. On est tenté de ne plus se croire en Perse, en voyant déborder de toutes parts la splendeur de ces forêts vierges. Leur magnificence printanière exerçait une telle influence que les pressentiments sinistres dont j'avais jusqu'alors été troublé furent effacés sans laisser aucune trace dans mon imagination. Je ne considérais plus que sous ses riants aspects le voyage qui m'avait amené dans ces solitudes enchantées, et la prévision des dangers que pouvait me réserver l'avenir ne semblait prêter qu'un charme de plus aux ravissants tableaux dont j'étais entouré.

Mes compagnons eux-mêmes se laissaient, sans y penser, aller à un attendrissement admiratif. Ils le traduisaient par l'expression des regrets qu'ils prétendaient sentir en songeant que ce délicieux paradis fût tombé en la possession des chiites. « N'est-il pas singulier, disait hadji Bilal, que les plus beaux pays de la terre soient passés dans les mains des infidèles ? Ainsi est justifiée cette parole du Prophète : « Ce monde terrestre est la prison des croyants et le paradis des hérétiques. » Pour preuve, il citait l'Indoustan où règnent les Anglais ; les beautés de la Russie, qu'il lui avait été donné de voir par lui-même, et celles du Frenghistan ou pays des Francs, c'est-à-dire de l'Europe, objet de descriptions enthousiastes qui le représentaient comme une sorte d'Eden. Hadji Sultan, cherchant à nous consoler par des exemples contraires, nous parlait des districts montagneux qui s'étendent entre les villes d'Ouch et de Cachghar (1). Il me les représentait comme plus beaux que le Mazenderan.

(1) Ouch est à la frontière orientale du Khocand, et Cachghar, dans l'ouest de la Boukharie chinoise. — J. B.

A Zirab, c'est-à-dire à l'extrémité septentrionale du long défilé que nous venions de franchir, commencent les interminables forêts qui cernent le littoral de la mer Caspienne. Nous arrivâmes de bonne heure à Heften, où nous devions coucher. Cette station est au centre d'une belle forêt de buis. Avant de préparer notre thé, nos jeunes gens se mirent en quête d'une source d'eau douce, mais bientôt nous les entendîmes crier et revenir le plus rapidement possible. C'étaient deux magnifiques tigres qui les avaient effrayés. D'ailleurs la forêt est hantée par un grand nombre de bêtes dangereuses ; cependant les chacals qui y pullulaient ne nous causaient aucune inquiétude ; nous les chassions à coups de bâton et même, pour les empêcher de me dérober mes souliers et mon sac à provisions, je me bornais à me livrer contre eux à une véritable lutte à coups de pied et à coups de poing.

Le lendemain, à quelque distance de la route que nous suivions, nous aperçumes Cheikh Tabersi, place forte, longtemps en possession d'une secte fanatique qui niait la mission de Mahomet et cherchait à propager les doctrines d'un sauvage socialisme. Ces sectaires s'appelaient Babis. Leurs ravages avaient rempli toute la contrée de terreur. De magnifiques jardins, plantés d'orangers et de citronniers, dont les fruits abondants, jaunes et rouges, contrastaient d'une manière admirable avec la verdure des feuillages, entouraient ces ruines. Puis nous arrivâmes à Sari, capitale du Mazenderan (1). Cette ville ne se recommande par aucun genre de beauté ; mais on me l'a signalée comme le centre d'un commerce important. De ce côté, elle est la dernière ville du royaume de Perse. Comme nous en traversions le bazar, nous reçûmes, en

(1) La ville principale de cette province est Balfrouch, célèbre par son industrie et son commerce ; mais Sari, malgré le mauvais état de ses fortifications, est la résidence du gouverneur. — J. B.

qualité de hadjis sunnites, une volée d'imprécations in-
jurieuses dont l'insolence fut sur le point de me faire
perdre mon sang-froid ; pourtant la prudence me sembla
nécessaire au milieu des centaines de chiites qui encombraient le bazar. Nous résolumes de ne rester à Sari que
le temps indispensable pour y louer des chevaux, qui
devaient en un jour nous transporter au bord de la mer,
où il est impossible de se rendre à pied à cause des marécages, entrecoupés d'étangs, qu'on est forcé de traverser.

Après deux journées de séjour à Sari, nous partîmes
pour Caratèpe, siège d'une colonie sunnite, dont plusieurs membres que nous avions rencontrés nous parais-
saient de fort braves gens et nous garantissaient un accueil hospitalier. Nous y arrivâmes le soir, après neuf
heures d'une marche pénible.

Caratèpe tire son nom de la *noire colline* qui la supporte et dont un côté est habité par les Persans, tandis que
l'autre revers est peuplé d'environ cent cinquante familles d'Afghans. Cette colonie, qui semble avoir eu beaucoup plus d'importance au commencement de ce siècle,
doit sa fondation au dernier des conquérants asiatiques,
à Nadir-Chah (1). On m'a montré sur la colline l'endroit où il trônait pour passer en revue les milliers d'Afghans et de Turcomans, réunis sous ses drapeaux avec
les Persans. En ces occasions, Nadir était toujours en
belle humeur et a dû faire voir à Caratèpe des fêtes
étranges. D'ailleurs l'existence de la colonie sunnite qu'il
y a établie a fini par être d'une grande utilité, car ce
sont les Afghans de ce lieu qui servent d'intermédiaires
aux habitants de la Perse, dans leurs négociations, sou-

(1) Nadir-chah né à Mécheld, en 1668, battit les Ottomans,
usurpa la couronne de Perse, conquit l'Arménie, la Géorgie, Candahar, Caboul et Delhi, et finit par être assassiné dans une expédition contre les Courdes, en 1747. — J. B.

vent fort difficiles avec les Iomouds, du Turkestan, et sans eux on ne saurait comment traiter du rachat de la plupart des prisonniers persans mis à rançon par les Turcomans.

Dès notre arrivée, un Afghan de haute classe, nommé Nour-Oullah, avec lequel j'avais noué connaissance pendant mon séjour à Sari, voulut absolument m'emmener dans sa maison, et comme je faisais quelque difficulté de fausser compagnie à mes collègues, il comprit hadji Bilal dans ses pressantes invitations, ce qui ne me laissait aucun prétexte pour refuser son hospitalité. Je ne pouvais d'abord m'expliquer des prévenances si extraordinaires; mais je m'assurai, un peu plus tard, qu'ayant appris sur quel pied je vivais à l'ambassade ottomane, il comptait obtenir de moi, par ses bonnes grâces, une lettre de recommandation. Je la lui donnai du reste très-volontiers avant de le quitter.

A peine avais-je pris possession de ma nouvelle résidence, que la chambre où j'étais s'emplit de visiteurs accroupis en demi-cercle le long des murailles, et qui tantôt me contemplant avec des yeux hagards, tantôt se communiquant l'un à l'autre le résultat de leurs observations, finirent par exprimer tout haut leurs opinions sur l'objet de mon voyage : « Ce n'est point un Derviche, disait la majorité; il n'a aucunement les dehors de la profession; les guenilles dont il est couvert font avec ses traits et son teint un contraste par trop frappant. Les hadjis ne nous ont pas trompés en nous le signalant comme un des parents de l'ambassadeur qui représente notre Sultan à Téhéran... » Sur ce, tous se levèrent à la fois : « Allah seul peut savoir, continua l'un d'eux, ce que vient faire parmi les Turcomans de Khiva et de Bokhara un personnage de si haute lignée. » Tant d'impudence ne laissa pas que de me troubler un peu; je ne m'attendais guère à me voir arracher ainsi, de prime-abord, le masque dont je couvrais mes desseins. Malgré tout, gardant l'attitude impassible d'un véritable Orien-tal, je demeurai assis, comme abîmé dans mes réflexions, et feignis de n'avoir rien entendu. Quand ils virent que je ne prenais aucune part à la conversation, ils interpel-lèrent hadji Bilal, et celui-ci affirma que j'étais réellement un effendi, un fonctionnaire du Sultan, mais qu'obéis-sant à l'inspiration divine, et pour me soustraire aux déceptions du monde, je venais d'entreprendre un *ziaret*, c'est-à-dire, un pèlerinage au tombeau des Saints... La plupart, ceci dit, hochèrent la tête, mais sans ajouter un mot sur un sujet si délicat. En effet, quand on lui parle de l'inspiration divine (*Ilham*), un bon musulman né peut jamais exprimer le moindre doute. Il doit, même alors qu'il se croit dupe d'un imposteur, témoigner son admiration par un « *mach allah* » deux fois répété. Je n'en voyais pas moins que, sans avoir encore mis le pied hors du territoire persan, je touchais enfin aux fron-tières de l'Asie centrale. Ces questions, ainsi que les mé-fiances de quelques sunnites isolés, me donnaient fort à penser sur ce qui pourrait m'arriver, une fois perdu dans la foule de ces farouches sectaires. Nos visiteurs nous firent perdre environ deux heures en bavardages de toute espèce, et seulement après leur départ nous fûmes libres de préparer le thé, pour nous livrer ensuite au repos.

J'essayais de m'endormir lorsqu'un individu portant le costume des Turcomans, et que j'avais jusqu'alors re-gardé comme un membre de la famille, vint à petit bruit s'installer près de moi. Il m'apprit, en confidence, que ses affaires avaient nécessité pour lui, depuis une quinzaine d'années, des allées et venues continuelles en-tre Caratèpe et Khiva ; bien que né à Candahar (1), il con-

(1) La ville la plus commerçante du Caboul. — J. B.

naissait à fond le pays des Ousbegs et celui de Bokhara ; en fin de compte, il me proposa de lier amitié avec lui, moyennant quoi, nous traverserions ensemble le grand désert. « Tous les fidèles sont frères, » lui répondis-je d'un ton sentencieux, et, en le remerciant de ses bonnes intentions, je lui fis remarquer qu'en ma qualité de derviche, je devais respecter le lien qui m'attachait à mes compagnons de route. Il semblait vouloir prolonger la conversation ; mais je lui exprimai le désir que j'avais de me livrer au sommeil et je finis par obtenir qu'il me laissât tranquille. Le lendemain, Nour-Oullah m'apprit que cet homme était un mangeur d'opium (*tiryaki*), un vaurien de la pire espèce, avec lequel je devais éviter, autant que possible, d'avoir aucun rapport.

Tandis que hadji Bilal faisait les provisions de farine pour les deux mois que durerait notre voyage jusqu'à Khiva, je montai au sommet de la *noire colline*. De là, on aperçoit la mer Caspienne ou pour mieux dire la portion de cette nappe d'eau qu'on appelle « la mer morte, » limitée à l'ouest par une langue de terre à l'extrémité de laquelle est Achourada. De loin, cet étroit promontoire semble un mince ruban à la surface des eaux ; il porte une seule rangée d'arbres qui s'étend à perte de vue. L'ensemble de ces lieux déserts n'a rien de très-particulièrement encourageant, et je rentrai précipitamment au logis pour vérifier par moi-même l'état des préparatifs qui se faisaient en vue d'un embarquement plus ou moins prochain. Par bonheur, Nour-Oullah avait pris sur lui de pourvoir à toutes les nécessités de la traversée. On nous avait dit, la veille au soir, que pour un *kran* (un franc) par tête, un navire afghan, — lequel est d'ordinaire employé à l'approvisionnement de la garnison russe, — nous conduirait au port d'Achourada, et qu'une fois là nous pourrions en quelques heures, avec

le secours des Turcomans, nous rendre à Gœmuchtepe.
« Dans Achourada même, nous disait-on, vous devez
trouver Khidr Khan, chef turcoman au service de la
Russie, toujours prêt à venir en aide aux pauvres hadjis,
et de qui vous recevrez sans doute le meilleur accueil. »
Ces propos nous avaient tous mis en joie, et furent sa-
lués d'une acclamation unanime. Qu'on juge pourtant
de ma surprise lorsqu'il me fut déclaré que le capitaine
afghan était prêt à partir, — qu'il laisserait volontiers les
hadjis s'embarquer avec lui, — mais qu'il refusait cette
faveur à mon Altesse, attendu que je devais être, selon
lui, un secret émissaire de Sa Majesté le Sultan. En prenant à son bord un personnage de mon espèce, il crai-
gnait de compromettre les bénéfices réguliers de son
commerce avec les Russes. Cette déclaration m'avait
jeté dans un grand embarras, et j'entendis avec joie mes
compagnons protester que, s'il persistait dans son refus,
ils préféraient attendre une occasion, ne voulant à aucun
prix se séparer de moi. Ainsi s'exprima notamment, avec
une emphase toute particulière, notre fumeur d'opium,
l'émir Mehemmed. L'Afghan lui-même (il s'appelait
Anakhan), vint un peu plus tard nous exprimer ses regrets, nous promettre la discrétion la plus absolue, et
solliciter de moi une lettre de recommandation pour
Haydar Effendi. Je regardai comme très-politique de
respecter toutes ses appréhensions. Me bornant donc à
railler ses idées absurdes, je lui promis de laisser à Nour-
Oullah quelques lignes pour Téhéran, promesse que je
me gardai bien d'oublier. Je comprenais toujours mieux
la nécessité de laisser planer sur ma véritable personna-
lité un nuage de doute mystérieux. En général, les
Orientaux, mais plus particulièrement les vrais musulmans, élevés au sein du mensonge et des trahisons,
prennent invariablement le contrepied de ce dont un

inconnu prétend les convaincre, et la plus légère protestation de ma part n'aurait servi qu'à confirmer les soupçons dont j'étais l'objet. On n'y fit plus aucune allusion. Le soir même, nous apprîmes que le patron d'un bateau turcoman, frété pour Gœmuchtèpe s'offrait, par esprit de religion, à prendre à son bord, gratis, la caravane entière. Hadji Bilal, hadji Salih et moi, le triumvirat reconnu de la bande, nous allâmes aussitôt rendre visite à cet homme qu'on appelait Yacoub. Il était jeune et avait une physionomie singulièrement audacieuse. Après nous avoir embrassés tous les trois, il consentit à retarder son départ de vingt-quatre heures pour nous laisser le loisir de compléter nos provisions.

En conséquence, deux jours plus tard et de fort bon matin, pour profiter du bon vent, nous nous rassemblâmes au rivage, chacun ayant sur le dos, outre son équipement de gueux, un sac de farine. L'embarquement prit néanmoins beaucoup de temps. D'abord on nous transporta tour à tour, au moyen d'un canot creusé dans un simple tronc d'arbre, sur une espèce de grande chaloupe de tonnage médiocre et qu'il avait fallu, à cause du peu de profondeur qu'ont les eaux dans le voisinage de la côte, amarrer à un mille du rivage. Cette chaloupe portait un mât et deux voiles. Partie de l'île Tchereken (1) pour conduire à la côte persane une cargaison de naphte, de goudron et de sel, elle retournait lestée de blé.

Ce bâtiment n'ayant pas de pont, aucune place distincte n'y pouvait être attribuée à personne ; chacun, au fur et à mesure des arrivées, s'installait selon ses convenances. Yacoub, pourtant, s'aperçut que ce désordre nuirait à la manœuvre, et nous dûmes, avec nos paquets et nos provisions, nous former sur deux rangs très-serrés le

(1) Ile de la partie orientale de la mer Caspienne et qui appartient aux Iomouds. — J. B.

long des bordages, laissant ainsi entre nous une espèce
de passage libre où l'équipage pouvait circuler. A partir
de là, notre position n'eut rien de très-flatteur. Pendant
le jour, à la rigueur, on pouvait s'y faire; mais, la nuit
venue, et quand mes compagnons endormis, au lieu
de garder leur position perpendiculaire, ballotaient de
droite et de gauche au gré du roulis, on ne savait littéralement plus que devenir, et je dus souvent, plusieurs
heures de suite, servir de matelas à quelqu'un de nos
hadjis dont les ronflements en faux bourdon m'empê-
chaient moi-même de dormir. Parfois aussi, mon voisin
de droite et mon voisin de gauche se donnaient rendez-
vous sur mes genoux ou sur ma poitrine, sans qu'il me
fût permis de les réveiller, sous peine de commettre un
péché des plus graves.

Vers midi, le 10 avril 1863, un vent favorable gonfla
les voiles de notre petit navire qui glissait sur l'eau comme
la flèche. A notre gauche, courait l'étroite langue de
terre dont j'ai parlé; nous avions à droite, couverte de forêts et poussant jusque dans la mer elle-même ses derniers contre-forts, la montagne sur laquelle s'éleva naguère le palais Echref, bâti par Chah Abbas, le plus illustre des rois de Perse. La beauté de la saison printanière
ajoutait au charme de notre expédition qui pour moi ressemblait à celle des Argonautes, et, malgré la gêne à laquelle j'étais soumis, je me sentais dans les dispositions
d'esprit les plus favorables, tant j'étais convaincu à présent que mes nouveaux amis, dont l'extérieur sauvage
m'inspirait jadis de si grandes inquiétudes, ne trompe-
raient pas ma confiance, et qu'avec de pareils guides je
pourrais affronter impunément toutes sortes de dangers.

Vers le soir, comme il ne soufflait plus de vent, nous
jetâmes l'ancre près du rivage et nous eûmes la liberté
de venir, chacun à son tour, faire notre thé sur le petit

fourneau de la chaloupe. Il me restait quelques morceaux de sucre, dans ma ceinture et j'en pris occasion pour inviter Yacoub à venir prendre le thé avec hadji Salih, Sultan Mahmoud et moi ; ce dont il parut se trouver fort honoré. La conversation tomba naturellement sur les brigandages que les Turcomans appellent *alamans*. Ce jeune homme, assez bavard, se prit à nous raconter une foule d'anecdotes qui s'y rapportaient. Ses yeux, d'ordinaire très-vifs, rivalisaient en cet instant d'éclat avec les étoiles qui scintillaient au-dessus de nos têtes ; et, comme sa verve était stimulée par le désir de plaire aux mollahs sunnites auxquels il croyait s'adresser, il insistait sur le nombre des hérétiques qu'il avait su réduire à l'esclavage et sur les détails des combats où il avait défait les chiites mécréants. Mes deux amis s'endormirent bientôt à mes côtés ; quant à moi, je ne me lassai pas d'entendre, jusque vers minuit, ces récits dramatiques. Avant de se retirer, Yacoub m'annonça qu'il était chargé par Nour-Oullah de me mener sous la tente de Khandjan, chef turcoman à l'hospitalité duquel j'étais tout particulièrement recommandé. L'idée de Nour-Oullah lui paraissait bonne, car je ne ressemblais pas au reste des hadjis et ne devais pas être confondu avec eux. « Khandjan, poursuivit-il, est le chef (*acsacal*) d'une race puissante, et, même du vivant de son père, pas un derviche, pas un hadji, pas un étranger n'aurait osé traverser Gœmuch-tèpe sans goûter de son pain et de son eau. Puisque vous venez du pays de Roum (la Turquie), il vous fera certainement bon accueil et vous me saurez gré de vous avoir présenté à lui. »

Le temps se gâta dans la matinée du lendemain et notre marche devint beaucoup plus lente ; il était déjà presque nuit quand nous arrivâmes devant Achourada, la plus méridionale des possessions russes en Asie. Il y a

vingt-cinq ans à peu près que ce poste est définitivement tombé dans les mains du Tzar ; peut-être serait-il
plus exact de dire qu'il lui appartient depuis l'époque où
les Russes, lançant des bateaux à vapeur sur la mer Caspienne, ont peu à peu limité les pirateries des Turcomans et gêné la marche de ces hardis corsaires, qui dé-
barquaient, tour à tour sur divers points de la côte, des
bandes de maraudeurs, l'effroi des provinces adjacentes.
Le nom même d'Achourada dérive du dialecte turcoman. C'était jadis un endroit désert, simple rendez-vous
où se rencontraient les embarcations destinées à écumer
la mer Caspienne. Aujourd'hui le voyageur qui vient de
Perse trouve là une petite cité maritime dont le premier
aspect produit une impression favorable. Les maisons
groupées à l'extrémité orientale de ce long promontoire
que nous avons décrit, ne sont pas, il est vrai, très-nom-
breuses ; mais la tournure européenne des constructions,
et surtout cette église dont le clocher attire l'œil, ne me
laissèrent pas indifférent. Les Russes ont attaché trois
bateaux à vapeur, deux grands et un petit, au service de
cette station lointaine. C'est grâce à leur protection continuellement requise, que les colons russes et les bâtiments de commerce, venus d'Astrakan, peuvent braver
l'audace des forbans indigènes. Ce n'est pas en pleine
mer, remarquons-le, que les bateaux marchands ont
quelque chose à craindre ; mais ils ne sauraient s'approcher de la côte sans être escortés par un de ces vapeurs
dont la protection leur est également nécessaire pour la
traversée de retour. Le gouvernement moscovite fait naturellement les plus grands efforts et se soumet aux dépenses les plus considérables pour réformer les habitudes déprédatrices des Turcomans. Aussi l'intensité du
fléau n'est-elle plus tout à fait la même ; mais l'établissement d'une sécurité complète sera longtemps impossi-

ble, et Gœmuchtèpe voit encore arriver, chargés de chaînes, maints et maints captifs persans, parfois même quelques matelots russes. Dans les eaux turcomanes, cependant, les croisières de jour et de nuit sont littéralement incessantes, et toute embarcation indigène qui, de la côte orientale, veut se rendre au midi sur quelque point des rivages persans, doit être pourvue d'une « passe » dont le prix annuel varie, suivant l'importance du navire, de huit à dix ou même quinze ducats (1). Ce permis de circulation, renouvelable à la fin de chaque année, doit être exhibé toutes les fois qu'on fait escale devant Achourada. Les agents russes visitent alors le bâtiment pour s'assurer qu'il ne porte ni captifs, ni armes de guerre, ni autres marchandises de contrebande. Cette réglementation salutaire a eu pour conséquences l'enregistrement régulier et l'inspection fréquente de presque toute la marine du commerce turcoman ; les bateaux, en petit nombre, qui veulent encore s'y soustraire, sont réduits à une navigation interlope, irrégulière, indirecte, qui les expose, en cas de rencontre, à devenir la proie des croiseurs russes, toujours prêts à les couler en cas de résistance. Un double but se trouve atteint par ces vigoureuses mesures : on rappelle le commerce sur certains points d'où le brigandage l'avait éloigné, tandis que d'autre part on noue des relations amicales avec telle ou telle tribu indigène dont on se fera plus tard un point d'appui contre celles qui s'obstinent à demeurer hostiles.

L'heure était assez avancée quand nous arrivâmes au port d'Achourada et les autorités compétentes remirent au lendemain la visite à laquelle nous étions assujettis comme

(1) Les ducats dont il s'agit dans ce livre sont ceux de Hongrie ou d'Autriche dont la valeur est d'environ onze ou douze francs. — J. B.

les autres. Yacoub n'eut qu'à exhiber son passeport, et nous jetâmes l'ancre tout près du rivage. Quant à moi, je demeurai livré à l'inquiétude que me causait la visite annoncée. Il me semblait impossible que la blancheur encore trop grande de mon teint et que le contraste de mes traits comparés avec ceux des Asiatiques ne révélassent pas aux agents russes mon origine européenne. Certes, je ne craignais aucune inhumanité de leur part ; je comptais au contraire que, par intérêt pour moi, ils voudraient, une fois découvert, m'arrêter au seuil de ma périlleuse aventure ; je craignais surtout que l'affaire ne vînt à s'ébruiter et que les Turcomans n'eussent vent de mon incognito. Le souvenir de Blocqueville me revenait en tête, et je calculais à part moi le chiffre de la rançon que j'aurais sans doute à payer pour m'affranchir d'un esclavage cruel entre tous. Ces anxiétés, de plus en plus vives, ôtaient quelque peu de son charme au dernier tableau de la vie civilisée que j'avais alors sous les yeux.

Je m'éveillai le lendemain dans une extrême agitation. Un bruit de cloches arrivait d'Achourada, et mes compagnons de voyage m'apprirent qu'on y célébrait le dimanche, le jour férié des infidèles. J'ignorais de quel dimanche il pouvait être question. Nous étions auprès d'un navire de guerre pavoisé du haut en bas. Tout à coup une chaloupe, montée par des matelots en grande tenue et qui ramaient avec un ensemble merveilleux, alla prendre sur la rive et transporta rapidement à bord du bâtiment un officier, aussi en grand uniforme. Un quart-d'heure n'était pas écoulé quand l'ordre d'amener nous arriva, et je vis alors groupés sur le pont, dans le voisinage du passe-avant, plusieurs officiers à tête blonde. Le cœur me battait, je l'avoue, à mesure que nous nous rapprochions davantage ; j'employais tout l'effort de ma volonté à garder une attitude qui le moins possible appelât sur moi l'attention, afin d'éviter un redoutable tête à tête. Par un hasard favorable, au moment où nous arrivions bord à bord, le banc où j'étais assis se trouva du côté des Russes qui, de cette façon, apercevaient à peine la partie postérieure de mon cou.

Vu la solennité du jour, le contrôle fut réduit à un petit nombre de formalités très-sommaires. C'est à peine si le *dollmetch* échangea quelques paroles avec Yacoub. Notre confrérie de mendiants arrêta les regards des officiers. J'entendis, entre autres choses, ces mots prononcés par l'un d'eux : « Voyez donc, comme ce hadji a la peau blanche! » Cette allusion était sans doute à mon adresse; mais, si je ne me trompe pas, ce fut la seule observation à laquelle m'exposèrent mes dehors un peu trop civilisés. En effet, dès que Yacoub fut expédié, nous nous éloignâmes du vaisseau russe. Penché en avant jusqu'alors et feignant d'être à moitié endormi, je me redressai enfin avec un soupir de satisfaction, car mes inquiétudes avaient cessé. Bientôt le vent se mit à souffler de l'ouest; nous tendîmes nos voiles, et, en moins d'une heure, nous arrivâmes en vue de la rive du Turkestan. C'étaient des plages à fleur d'eau que relevaient de loin en loin quelques collines. Nous suivîmes alors la route, indiquée par des navires qui précédaient le nôtre, et nous ne tardâmes pas à carguer les voiles parce que nous avions atteint les limites des eaux navigables. De notre mouillage, situé à l'embouchure de la Gœrguène, nous apercevions, à la distance d'un mille et demi environ, le campement de Gœmuchtèpe, dont l'aspect était celui d'une centaine de ruches assemblées dans un espace assez resserré.

De même qu'à Caratèpe, le peu de profondeur de l'eau ne permet ici l'accès du rivage qu'à des canots d'un faible tirant, parce que, tout en ne tarissant jamais et même en restant passablement profonde, la Gœrguène a son embouchure ensablée. Il nous fallut donc attendre assez loin de la côte que Yacoub, débarqué le premier, eût pu nous envoyer trois de ces esquifs creusés dans un tronc d'arbre, dont j'ai déjà parlé ; et ce ne fut qu'après plusieurs allées et venues que nous nous trouvâmes tous déposés à terre.

Hadji Bilal et moi nous arrivâmes les derniers. Nous eûmes en abordant le plaisir d'apprendre que Khandjan, averti par Yacoub, s'était donné la peine de venir à notre rencontre. Il se tenait sur la jetée, dans l'attitude qu'on prend pour réciter la prière du soir, et un peu en arrière de la foule réunie pour assister à notre débarquement.

CHAPITRE III

LES TURCOMANS

Dans le Turkestan règnent la rancune et la haine. — Peuples turcomans, de la Gœrguène à l'Oxus. — Le deb et l'islam. — Acsacals et Mollahs. — Alaman et Tchapao. — Parure des femmes.
— Mariage. — Occupation des femmes. — Les tentes. — Les funérailles. — Les coutumes de ces nomades sont un précieux document historique.

Avant de pénétrer dans le Turkestan, il est utile à
l'intelligence des récits qui vont suivre, de réunir les
observations les plus générales que m'a suggérées l'observation des mœurs et des coutumes par lesquelles se
distinguent les peuplades qui errent depuis la Gœrguène
jusqu'à l'Amou-Deria, c'est-à-dire l'Oxus des anciens.

Un vieux proverbe arabe exprime avec une admirable
clarté le caractère des tribus qu'on rencontre dans le
Turkestan : « A Roum (ce qui signifie à Constantinople) sont, dit-il, les bénédictions du ciel; à Damas, la
bienfaisance; les sciences, à Bagdad; mais, dans le Turkestan, on ne trouve que les rancunes et la haine. »

Le nom de Turcomans qu'on donne à ces populations
veut dire les Turcs par excellence.

Ces Turcomans, suivant mes renseignements assez
peu semblables à ceux qu'a publiés Mouravieff, sont divisés en neuf peuples ou *khalks*, qui se partagent en

branches ou *taïfes*, comme celles-ci le sont en rameaux ou *tires*.

La double adhérence, la solidarité qui unit les individus appartenant à chaque rameau, puis les rameaux dont est composée la branche, forment le lien principal qui maintient ensemble les éléments de cette société singulière. Il n'est pas un Turcoman qui ne connaisse dès son plus jeune âge le rameau et la branche dont il fait partie, et qui ne vante avec orgueil la force ou le nombre de cette section de son peuple. D'ailleurs c'est dans cette section qu'il trouve toujours une protection contre la violence arbitraire des membres des autres clans ; car la tribu entière, s'il a été fait tort à l'un de ses enfants, doit en poursuivre la réparation.

Le premier peuple turcoman que nous nommerons sont les Gœklens, qui se reconnaissent sujets de la Perse et sont pacifiques et civilisés. Ils se divisent en dix branches et comptent environ douze mille tentes et soixante mille âmes (1).

Les Iomouds ou Yomuts occupent quelques îles et la côte orientale de la mer Caspienne depuis la Perse jusqu'à l'Oxus ; des quatre branches qu'ils s'attribuent, une a renié les autres à cause de leurs brigandages et s'est soumise à la Perse. Les Iomouds prétendent former un total de quarante mille tentes ou de deux cent mille individus. C'est sur leur territoire que va s'effectuer notre voyage.

Au nord, entre la mer Caspienne et le lac Aral, sont les Tchaudors, qui comptent douze mille tentes et descendent jusqu'aux environs de Khiva.

A l'Est, de la Tedjend à l'Oxus, on trouve les Tekkés, dont M. de Blocqueville a décrit les campements et les

----

(1) Ils occupent la frontière du Khorazan entre le haut Etrek et la Tedjend. — J.-B.

coutumes, et qui sont les plus pillards des Turcomans. Ce peuple, s'il a raison de s'attribuer soixante mille tentes, est aussi le plus nombreux. Il forme trois branches.

Dans les environs de Merv, sont les Salors, le plus ancien des peuples turcomans, déjà renommé pour sa bravoure à l'époque de l'occupation arabe (1). Ils ont huit mille tentes et sont partagés en trois branches.

Les Sariks, dans les environs de Pendchdeh, vers l'Afghanistan et les sources de la Mourgab, sont réputés aussi braves que les Salors. Leurs tentes sont réduites au nombre de dix mille. Divisés entre quatre branches, les Sariks sont en mauvaise intelligence avec les autres Turcomans, excepté avec leurs voisins les Djemchidis.

De Merv à Andkhoï, errent les Caras, qui, ne comptant que quinze cents tentes, sont les moins nombreux des Turcomans. Ce sont d'impitoyables bandits, en guerre avec tous ceux qui les entourent.

Près d'Andkhoï, on trouve les Alielis, partagés en trois rameaux et ayant à peine trois mille tentes.

Enfin, sur la rive gauche de l'Oxus et presque tout le long fleuve jusqu'à Balkh, se tiennent les Ersaris, tributaires de Bokhara. Ils se divisent en vingt branches et comptent de cinquante à soixante mille tentes.

En somme, les Turcomans, que Mouravieff évalue à plus de deux millions d'âmes, n'en ont pas un million suivant mes calculs.

Leur pays est généralement appelé le *Touran*.

Si l'on en croit les traditions des savants indigènes, ces nomades sont venus du nord. « Nous sommes tous issus du Manguichlac (2). Nos ancêtres, disent-ils, furent

____

(1) M. de Blocqueville en a dessiné le campement. *Tour du Monde*, n° 329, p. 248. Ann. 1866.

(2) Le Manguichlac est le pays des Tchaudors, entre la mer Caspienne et le lac Aral. Une chaîne de montagnes, qui aboutit au cap

Szon Khan et Eszen Ili. Le premier eut pour fils Iomoud et Tekké ; le second, Tchaudor et Gœklen. Dans les temps les plus reculés, le Manguichlac était nommé Ming Kichlac, les *mille quartiers d'hiver*. C'est là le séjour primitif, non-seulement de ceux qui, malgré leur communauté d'origine, se sont séparés de nous pour émigrer en Perse, mais des Ersaris, des Salors et de toutes nos autres tribus. Les saints d'autrefois, Ireg Ata (en hongrois, « le grand-père ») et Sari-er, par exemple, reposent dans la terre du Manguichlac. C'est une grande faveur du ciel que d'avoir la possibilité de visiter leurs tombeaux. »

Cette confraternité originelle n'est pas plus une cause de bons rapports dans le Turkestan qu'elle ne l'est en Europe entre les peuples du même sang. Pour ce qui touche les rapports particuliers des peuples voisins avec les Iomouds, j'ai pu m'assurer que ceux-ci sont vis-à-vis des Gœklens à l'état d'ennemis invétérés et irréconciliables. Pendant que j'étais à Etrek, on négociait pour eux avec les Tekkés un traité de paix, circonstance que nous devions envisager comme très-favorable aux intérêts de notre voyage, mais j'ai appris ultérieurement que cette paix n'avait pas pu se conclure. Les Turcomans redoutent la Russie ; et ils méprisent la Perse pour laquelle il est bienheureux que l'union de ces peuplades belliqueuses soit à peu près impossible.

Mais, demandera-t-on, comment se fait-il que ces brigands de profession, dont le naturel sauvage n'a jamais connu le frein, vivent côte à côte sans se dévorer l'un l'autre ? C'est là effectivement un sujet d'étonnement, qui redouble quand on a acquis la certitude que, malgré l'anarchie, malgré l'absence totale de civilisation, il se commet chez ces barbares, en dehors des hostilités ou-

Tiouk-Caragun, et un port, situé à 15 lieues à l'E. de ce cap, ont retenu le nom de Manguichlac. — J. B.

vertement déclarées, moins de vols et moins de meurtres, moins d'attentats contre la justice et contre la morale, que chez les autres peuples asiatiques dont les relations sociales ont pour règle les dogmes religieux et politiques du mahométisme.

Cela tient à ce que, si l'islam a peu d'influence sur eux, les Turcomans obéissent au *deb*, c'est-à-dire à la morale, si l'on veut, ou du moins à l'usage, à la coutume, qui est pour eux un souverain tout-puissant, inviolable parce qu'il est invisible, et dont personne ne songe à contester l'autorité séculaire.

Selon les prescriptions de cette loi non rédigée, mais inaltérable et partout obéie, les Turcomans suivent ou exècrent telle ou telle pratique.

Il n'en faut pas conclure que la religion n'a aucun empire sur eux ; mais c'est dans des cas exceptionnels, en seconde ligne et d'une façon inférieure au *deb*, malgré les oracles rendus à Bokhara, où prévaut un fanatisme aveugle et bizarre. Ainsi on croit généralement que, si le Turcoman dépouille ou fait prisonnier un Persan, c'est qu'il est à ses propres yeux justifié par l'horreur que lui inspirent les chiites. On se trompe. Je suis fermement convaincu que le Turcoman resterait fidèle à ses habitudes dévastatrices, sanctionnées de temps immémorial par le *deb*, même lorsqu'il aurait pour voisins les Turcs sunnites au lieu des chiites persans. Ce qui le prouve, ce sont leurs fréquentes incursions dans des pays peuplés de leurs coréligionnaires, comme l'Afghanistan, Meïmène, Khiva et Bokhara. J'ai même pu m'assurer, en dernier lieu, que le plus grand nombre des esclaves de l'Asie centrale appartiennent à la secte des sunnites. Un jour, me trouvant avec un brigand que sa dévotion avait rendu célèbre, je lui demandais comment il ne se faisait pas scrupule de vendre comme esclaves ses frères sunnites, quand le Prophète a dit en termes exprès : « Tout musulman est libre. » — « Allons donc ! » me répondit cet homme avec une indifférence hautaine, « le coran, le livre de Dieu, est à coup sûr plus précieux qu'aucun homme ; il s'achète néanmoins pour quelques *krans* (francs) ; que répondrez-vous à cela ? En outre, Joseph, le fils de Jacob, était un prophète, et on l'a vendu ; s'en est-il trouvé plus mal, je vous le demande (1) ? »

(1) En guise de commentaire à cette anecdote, nous en joindrons une autre que M. Vambéry a insérée dans l'*Intellectual Observer*. « J'ai connu à Meïmène un derviche de Bokhara : c'était un homme grand, robuste, à la chevelure noire et bouclée. Il me raconta qu'un Turcoman tekké, alléché par les trente sequins que sa taille athléti- que promettait de rapporter sur le marché aux esclaves, l'avait fait prisonnier pour le vendre quelques jours plus tard. « Je fei- « gnis, continua mon collègue, la plus complète indifférence et « répétai le *Zihr* et *Tesbih* en secouant mes chaînes de fer. Ce- « pendant le moment où je devais être conduit au marché arrivait « rapidement, lorsque tout à coup la femme de mon voleur tomba « malade, ce qui l'empêcha de partir. Cet événement lui donna à « penser, car il crut y voir le doigt de Dieu. Sur ces entrefaites, son « cheval favori refusa la nourriture et présenta des symptômes de « maladie. C'en fut assez. » Le voleur effrayé délivra le prisonnier de ses chaines et lui restitua les objets dont il l'avait dépouillé, le priant de s'éloigner au plus vite. Tandis que le Turcoman atten- dait avec impatience le départ de ce derviche de mauvais augure, celui-ci se mit à retourner ses vêtements en tous sens et prétendit avoir perdu un peigne que son chef lui avait donné comme talis- man et sans lequel il ne pouvait pas faire un seul pas. Le nomade se rendit en toute hâte à l'endroit où les dépouilles du pieux men- diant avaient été déposées, et son effroi devint tel, en ne retrou- vant pas le peigne, qu'il promit le prix de vingt peignes à son an- cien captif s'il consentait à sortir de sa tente. Le rusé Bokharien, se voyant maître de la situation, prétendit être inconsolable de la perte de ce peigne, qui n'était jamais sorti de sa poche, et annonça qu'il serait contraint de passer des années dans la tente. De plus en plus mal à son aise, le voleur courut chez son voisin pour lui demander conseil. Bientôt le derviche reçut des propositions tou- jours plus considérables. Il se contenta enfin de recevoir, pour prix de son départ, un cheval, une robe et dix sequins, en remplace- ment du prétendu peigne. Le brigand dorénavant réfléchira sans doute avant de se hasarder à inquiéter un derviche en voyage. — (*Revue Britann.* 1866. Juin. p. 370 et suiv.)

Il faut remarquer d'ailleurs que, depuis huit cents ans qu'il lutte contre le mahométisme, le deb a bien peu perdu de terrain. Ainsi une foule d'usages, que prohibe la religion et que les mollahs attaquent avec violence, continuent d'exister à peu près intacts. Les changements qu'a opérés l'islam, non-seulement chez les Turcomans, mais chez tous les nomades de l'Asie moyenne, n'ont guère altéré que les formes extérieures du culte qu'ils pratiquaient auparavant. Ces peuples ont accordé à l'influence du Dieu de Mahomet celle qu'ils attribuaient au soleil, au feu, à divers autres phénomènes de la nature ; mais ils sont restés ce que l'histoire les a toujours connus ; ils ne changeront que si on parvient à fixer au sol leurs demeures mobiles. En d'autres termes le nomade ne se modifie qu'en devenant sédentaire.

Chez eux on ne découvre aucune trace de ce gouvernement primitif que personnifient le cheikh chez les Arabes et l'acsacal chez les Turcs (1). Les Turcomans disent eux-mêmes volontiers : « Nous sommes un peuple sans chef et nous n'en voulons établir aucun. Nous sommes tous égaux et parmi nous chacun est roi (2). » Il y a bien aussi des acsacals chez eux ; mais, en fait, ce ne sont que des espèces d'agents de chaque fraction du peuple. Les peines que les acsacals se donnent sont rétribuées par un respect exceptionnel et des égards plus ou moins marqués. On les aime, ou plutôt on les tolère, tant que leur autorité n'excède pas les usages et n'affiche pas de prétentions exorbitantes.

(1) *Agha-Sakl*, et au pluriel *Aghar-Sakl, maîtres à barbe*. Ces chefs ne font que présider les assemblées et y donner des avis plus ou moins écoutés.

(2) Rappelons-nous qu'au dix-huitième siècle encore les nobles polonais repoussaient toute tentative de gouvernement comme une usurpation : « Brûlez vos maisons, disait l'un d'eux ; et errez dans le pays les armes à la main plutôt que de supporter la plus petite infraction à vos libertés. » — J. B.

Dans les relations avec les tribus, qui ne sont pas alliées directement à la leur, ou avec la Perse ou avec la Russie, ces magistrats représentent assez exactement les tendances générales du clan auquel ils appartiennent; mais ils sont loin d'être des envoyés plénipotentiaires. On a voulu, au prix de grands sacrifices, acquérir l'intervention des acsacals pour mettre un terme aux rapines habituelles des Turcomans. Qu'a-t-on obtenu par ce moyen?

Quand je passai devant Achourada, un acsacal, issu de la race des Gasili Kœr, et nommé Khidr-Khan, portait depuis trente ans le titre d'amiral au service de la Russie, et recevait par mois un salaire d'environ quarante ducats, sur lesquels une dizaine était prélévée pour son secrétaire. Au milieu de cet établissement demi-européen, il continuait à vivre sous la tente. L'objet principal de ses fonctions était d'user de son influence sur les Turcomans en général, pour les détourner de la piraterie. Peut-être attendait-on aussi de lui d'utiles renseignements sur les expéditions projetées par les nomades, car les gens de sa tribu étaient à même, s'ils l'eussent voulu, de jouer aisément le rôle d'espions; mais jamais cet amiral n'avait pu les y décider. Il se bornait donc à s'enivrer jour et nuit avec de l'eau-de-vie russe. Quant à ses fils, destinés à succéder un jour à sa charge, ils s'étaient mis d'accord avec les bandits ou *caractchi*, et s'étudiaient à tenir les Russes dans la plus complète ignorance des desseins de ces maraudeurs.

Les mollahs sont plus respectés que les acsacals, non parce qu'ils sont prêtrés, mais à cause de leur réputation de piété, en vertu du prestige mystérieux qui s'attache à leur rôle et qui frappe de terreur l'esprit superstitieux des nomades. Elevés à Khiva et à Bokhara, rompus à tous les stratagèmes de l'hypocrisie, ils commencent invariablement par afficher les dehors les plus respectables;

mais, dès qu'ils ont rempli leur sac, ils se hâtent de disparaître. Leur influence n'a donc rien de durable.

Ce sont eux qui appellent la bénédiction du ciel sur les razzias dont les Turcomans font la principale affaire et le premier plaisir de leur existence. Ces entreprises, quand elles forment une expédition régulière, se nomment *alaman*, et *tchapao*, si elles ne se composent que d'un coup de main. Dès le premier appel, qui le met en mesure de participer à une affaire d'où il peut tirer quelque bénéfice, le Turcoman est prêt à s'armer et à sauter en selle. Le plan de la surprise projetée reste enveloppé d'un mystère que le parent le plus proche et l'ami le plus fidèle demanderaient vainement à pénétrer. Dès que le chef élu ou *serdar* a pu obtenir une bénédiction, tous les hommes se glissent par différents chemins, et de nuit, jusqu'à l'endroit marqué d'avance pour le rendez-vous. L'attaque a toujours lieu vers minuit, s'il s'agit de lieux habités, ou au lever du soleil, quand c'est une caravane ou toute autre bande qui est en l'objet. Les assaillants se partagent en plusieurs sections et se précipitent une ou deux fois, rarement davantage, sur l'ennemi déconcerté dont ils veulent faire leur proie. Un proverbe indigène dit en effet : « Essayez deux fois; la troisième, tournez bride. »

Pour tenir contre une charge si brusque, il faut beaucoup de résolution et de fermeté. Les Persans y cèdent presque toujours. Un Turcoman n'hésite guère à se jeter sur cinq ou six hommes de cette nation, et souvent il réussit à les emmener. « Que de fois, me disait un de ces nomades, les *esclaves à tête noire*, frappés de terreur, abandonnent leurs armes, demandent nos cordes et se garrottent mutuellement. Nous n'avons même pas à descendre de cheval, si ce n'est pour attacher le dernier d'entr'eux. » Et cependant ces malheureux devraient savoir à quelles expiations les expose leur lâcheté! Celui qui résiste est sabré sur place, il est vrai ; mais celui qui se rend, tantôt est mis en selle avec les pieds liés sous le ventre de la monture commune, tantôt il est chassé devant son nouveau maître comme un vil bétail, ou bien, attaché à la queue du cheval, il l'accompagne, durant plusieurs heures et parfois quelques journées de suite, jusqu'à la solitude où il a son campement. Les captifs à qui la force manque pour suivre l'allure du cavalier sont généralement mis à mort. Parvenus à destination, ils sont en butte à tous les mépris et à toutes les brutalités.

Un jour, à Gœmuchtèpe, pendant que je m'y trouvais, un *alaman* rentra chargé de dépouilles. Il ramenait des prisonniers, des chevaux, des ânes, des bœufs, et une quantité d'objets mobiliers. On procéda au partage de ce butin en autant de lots qu'il y avait de participants à l'expédition ; mais, au centre, on avait fait une réserve à part, qui devait servir à compléter les portions qu'on jugerait insuffisantes. Les bandits vinrent, l'un après l'autre, examiner ce que le hasard avait assigné à chacun d'eux. Le premier se déclara satisfait ; il en fut de même du second ; le troisième, après avoir examiné les dents de la femme qui lui était allouée, objecta qu'il avait droit à une meilleure part. Là-dessus, le chef alla prendre dans la réserve un âne et le poussa tout à côté de la pauvre Persane. Les deux créatures furent évaluées en bloc et le brigand n'éleva plus de réclamation. Cette scène fut renouvelée plusieurs fois avec d'inévitables variantes, et, bien que révolté de procédés si barbares, je ne pouvais m'empêcher de rire à la vue de quelques-uns de ces lots, composés de la façon du monde la plus bizarre.

Ces razzias forment le sujet le plus fréquent des poésies que chantent les Turcomans. A mesure que là description s'échauffe avec la lutte qu'elle exprime, la voix du chanteur prend plus d'essor, l'enthousiasme gagne les auditeurs et bientôt les jeunes gens emportés par la passion poussent de longs gémissements; saisis de la fièvre des batailles, ils lancent leurs bonnets sur le sol ou fouillent de la main leurs chevelures bouclées.

Et pourquoi s'en étonner? L'éducation qu'ont reçue ces adolescents n'est que trop de nature à monter leur âme guerrière à ce diapason. Un sur mille, au plus, peut lire ou écrire. Dès leur plus bas âge, on ne les entretient que de chevaux et d'armes, de vols et de combats. Leur imagination n'a pas eu d'autre aliment. L'honnête Khandjan lui-même, une fois qu'il administrait à son fils, en ma présence, je ne sais quelle semonce paternelle, se prit à lui citer un voisin qui, à peine sorti de l'enfance, s'était déjà rendu maître de deux Persans. « Quant à toi, continua le père avec un geste dédaigneux, j'ignore vraiment si jamais tu seras un homme ! »

Les chants où l'on célèbre les razzias que nous venons de décrire font le plus noble plaisir des soirées surtout en hiver. Ce sont des rhapsodes ou des troubadours appelés *bakhchi* qui les exécutent en s'accompagnant sur leur *dutara* (1) ou *guitare* à deux cordes. Plusieurs de ces poésies sont vraiment remarquables, surtout celles qu'a laissées un Makhdumcouli, dont la grande âme n'a pu supporter la vue des luttes fratricides auxquelles se laissaient aller les Iomouds et les Goeklens, et où, des deux côtés, les enfants et les femmes de la même race étaient pris et vendus sans respect pour le sang qui coulait dans leurs veines.

Les femmes dans le Turkestan ont, ainsi que les hom-

______

(1) M. de Blocqueville écrit *Barhchi* et donne sur ces espèces de jongleurs de curieux détails en même temps qu'une photographie qui les reproduit d'après nature. — *Tour du Monde*. Ann. 1866. n° 330, p. 261.

mes, pour vêtement essentiel la chemise de soie rouge que prohibent les règles du coran, mais qui est ici conservée avec un remarquable entêtement. Elle constitue la seule parure des Turcomanes sous leur tente. Je ne m'habituai pas facilement à voir circuler de vénérables matrones, mères de famille, des filles à marier ou trop jeunes encore pour la vie conjugale, dans cet habit lâche et flottant qui tombe jusqu'à la cheville. Quand elles se parent pour une fête, les femmes nouent autour de la taille, par-dessus leur chemise longue, un châle qui retombe en deux bouts flottants. Ce costume exige absolument des bottes jaunes ou rouges, dont le bout est relevé et les talons sont hauts. Avant tout d'ailleurs, la parure que ces femmes ambitionnent avec le plus d'ardeur, ce sont des joailleries ; anneaux de bras ou de col, boucles d'oreilles ou de nez, et fourreaux d'amulettes qu'elles portent en sautoir.

Le mariage offre des particularités remarquables. La jeune fille, dans son costume de fiancée, enfourche bravement un coursier fougueux qu'elle lance au galop, emportant à l'arçon de sa selle un chevreau cu un agneau qu'on vient de tuer. Le fiancé, avec les autres jeunes gens de la noce, également à cheval, cherche à la rejoindre. Par des manœuvres adroites et des évolutions habiles, la jeune fille doit échapper aux poursuites de façon à ce que personne ne puisse assez l'approcher pour lui enlever le fardeau qu'elle presse sur sa poitrine. Ce jeu, qui porte le nom du *loup vert (colburi)*, est pratiqué chez tous les nomades de l'Asie centrale.

En vertu d'une autre coutume également singulière, les nouveaux mariés sont séparés, tantôt deux, tantôt quatre jours après la noce, et leur union permanente ne commence qu'à l'expiration d'une année entière.

Ce sont les femmes qui traient les bêtes laitières, qui font toute la besogne du ménage et toute l'industrie du désert. Leurs principaux produits sont les pièces de feutre (1) et les tapis.

La fabrication d'un tapis fournit de l'ouvrage à bon nombre de jeunes filles et de jeunes femmes. Une matrone, placée à leur tête, dirige cette besogne compliquée. Elle débute par tracer dans le sable, avec des pointes, le modèle des dessins partiels. L'œil fixé sur cette espèce de patron, elle indique le nombre des différents points requis pour produire la figure désirée. Sans parler de la vivacité des couleurs et de la solidité du tissu, ne doit-on pas s'étonner que ces ouvrières nomades possèdent à un si haut degré l'art du dessin et manifestent souvent un goût supérieur à celui de nos manufacturiers (2)?

Ce sont encore les femmes qui, dès que le campement est établi, posent les tentes (3) qu'on retrouve sans va-

(1) Il est très-curieux de voir ces filles du désert, au nombre de six et souvent davantage, placées à la file, fouler sous leurs pieds agiles le feutre enfermé entre deux nattes de jonc. Une matrone expérimentée donne le mouvement et conduit cette danse industrieuse. Elle peut toujours dire en quel endroit l'étoffe sera claire ou inégale. La fabrication du feutre, sans contredit l'opération la plus simple que l'esprit humain ait conçue, n'a fait aucun progrès parmi ces tribus errantes depuis l'époque de sa découverte. La couleur la plus commune est le gris; le feutre multicolore est un article de luxe et le feutre blanc ne s'emploie que dans des circonstances solennelles. — A. VAMBÉRY. (*Rev. Brit.*, 1866. Août, p. 343.)

(2) On ne trouve des tapis que chez les tribus les plus riches des Turcomans et des Ousbegs. Les dessins sont, pour la plupart, empruntés aux mouchoirs et aux calicots venus d'Europe, et j'ai toujours été surpris de l'habileté avec laquelle les femmes les copient, et, chose plus surprenante encore, les reproduisent de mémoire après les avoir vus une seule fois. — *Id. Ibid.*

(3) Dès que la tente est déchargée, une matrone saisit le treillis et l'enfonce en terre; une autre fixe les perches cintrées qui forment la voûte; une troisième pose sur le faîte une sorte de couvercle rond, servant à la fois de fenêtre et de cheminée; enfin, lorsqu'elles couvrent la charpente de ses tentures de feutre, les enfants ont déjà suspendu à l'intérieur les sacs aux provisions et placé sur le feu pétillant l'énorme trépied qui doit supporter l'immense chau-

riations essentielles dans toute l'Asie centrale et jusqu'aux plus lointaines extrémités de la Chine, et qui sont tout à fait correctes et bien adaptées aux exigences de la vie nomade. Ces légers édifices se composent d'une charpente ou si l'on veut d'une cage ou carcasse qu'on revêt de pièces de feutre. Non-seulement les femmes turcomanes les posent; c'est à elles encore que revient le soin de les charger sur le dos des chameaux derrière lesquels, sauf les jeunes femmes à marier, elles se traînent à pied, en suivant la tribu dans toutes ses migrations. Il n'y a guère, entre les tentes du riche et du pauvre d'autre différence que celle de l'aménagement intérieur, plus ou moins somptueux d'après la condition du propriétaire. Cependant, parmi elles, on distingue la tente noire (*caraoy*) qu'un long usage a graduellement brunie ou noircie, et la tente blanche (*akoy*), drapée à l'intérieur d'un feutre parfaitement immaculé. Celle-ci n'est guère érigée que pour les nouveaux mariés ou pour les hôtes auxquels on veut témoigner le plus de respect. En somme, l'abri des indigènes de l'Asie centrale a laissé dans mon esprit une impression très-agréable. Fraîche en été, doucement tiède en hiver, que de bénédictions ne lui doit-on pas, lorsque l'ouragan se déchaîne de toutes parts, dans ces steppes à peu près sans limites ? Un étranger s'inquiète souvent à la pensée que la fureur des éléments va mettre en pièces une si frêle demeure. Le Turcoman ne redoute rien de pareil : il a serré les cordes qui la maintiennent; il se livre en paix aux douceurs du sommeil, bercé par la voix de la tempête, comme l'enfant au maillot l'est par les chants de sa nourrice.

Si une famille nomade a perdu un des membres qui lui

dière où cuira le dîner. Tout cela est l'affaire d'un instant. La demeure du nomade s'élève et disparaît comme par enchantement. — A. VAMBÉRY. (*Rev. Brit.*, 1866. Août., p. 342.)

sont le plus chers, ce décès donne lieu, pendant un an de suite, à des rites quotidiens ainsi compris : à l'heure où il a rendu le dernier soupir, des pleureuses viennent entonner un hymne funèbre, auquel doivent se joindre tous les membres présents de la famille en deuil. Ces derniers, cependant, ne se dérangent pas pour cela des soins de ménage qui les occupaient au moment de l'arrivée des chanteuses ; et il est tout à fait amusant de voir un Turcoman fumer sa pipe, polir ses armes, avaler son repas, au bruit de ces hurlements effroyables, destinés à perpétuer un souvenir douloureux. De même pour les femmes qui, tout en restant accroupies dans l'étroite enceinte de la tente, se croient également obligées de faire chorus, de pousser des cris plaintifs, de verser des larmes, et n'en continuent pas moins à peigner la laine, à faire tourner le rouet, à parachever, enfin, quelque besogne domestique.

Les amis et connaissances du défunt sont aussi tenus de rendre une « visite de lamentation, » même si la nouvelle du désastre leur est arrivée plusieurs mois après qu'il a eu lieu. C'est souvent de nuit que s'accomplit ce devoir et que le visiteur, assis devant la tente, signale sa présence par des clameurs enragées qui durent au moins un quart d'heure. Lorsque vient à mourir un chef distingué, de ceux qui ont légitimement gagné le surnom de *bator* (vaillant), il est d'usage qu'un *joszka* (1) (un monticule) s'élève au-dessus de sa tombe. Tout bon Turcoman doit y contribuer pour au moins sept pelletées de terre, en sorte que ces grossiers mausolées atteignent fré-

(1) Cette coutume existait chez les anciens Huns ; les Hongrois de nos jours s'y conforment encore quelquefois. Il y a peu d'années qu'à la suggestion du comte Édouard Karoly, un tertre de ce genre fut dressé à Cachan (Haute Hongrie), en mémoire du comte Széchenyi, comme preuve du respect qu'il avait su inspirer à tous ses compatriotes. — E. F.

quemment une circonférence de soixante pieds, sur une
hauteur de vingt-cinq à trente. Dans les vastes plaines
où ils s'élèvent, les « tertres funèbres » attirent l'œil de
très-loin ; l'homme du pays les connaît tous par leur
nom, c'est-à-dire par le nom de celui dont ils abritent
les restes.

Tels sont en général ces pasteurs, nomades et brigands, qui rendent à peu près impossibles les communications commerciales et les échanges de la civilisation
entre la Perse et l'Inde, la Chine et la Russie. Avec leurs
mœurs, leurs coutumes, leur sauvage indépendance personnelle, la royauté de chaque individu, ils forment un
sujet d'étude d'autant plus précieux que c'est une espèce
de monument resté presque intact depuis l'origine des
temps historiques. La comparaison qu'on en fait avec
plusieurs des récits les plus connus éclaire ceux-ci d'une
lumière assez inattendue. Il est temps que l'on s'occupe
de ce monument, qu'il soit reproduit et conservé par la
description de ses traits principaux ; car il est destiné à
disparaître. La barbarie turcomane ne pourra pas en effet se maintenir sans altération parce que chaque jour
s'approchent d'elle les idées, les arts et les besoins de
l'Europe. Elle y fait obstacle, mais elle en est enveloppée.
La marée qui monte autour d'elle finira par la submer-
ger. Cette barbarie le pressent d'instinct, et c'est ce qui
explique pourquoi elle éloigne d'elle ou fait disparaître
tout Européen qui veut la pénétrer.

CHAPITRE IV

Réception à Gœmuchtèpe. — Distributions de bénédictions et de souffles sacrés. — Kizil Akhond. — Muraille d'Alexandre ou Kizil Alan. — Esclaves persans. — Ilias Beg. — Le pir Kulkhan — L'Etrek. — Jonction avec le directeur des caravanes, Ata Bay. — L'émir Mehemmed me trahit.

Khandjan qui devait me recevoir à Gœmuchtèpe était un bel homme, de taille haute et svelte, approchant de la quarantaine, vêtu avec une simplicité extrême et dont la barbe descendait à longs flots sur sa poitrine. Il s'avança vers moi, se hâta de m'embrasser, et dans ses compliments de bienvenue répéta mon nom à plusieurs reprises. Les hadjis Bilal et Salih furent reçus de même ; après quoi, lorsque les gens de la caravane eurent opéré la répartition de leurs sacs, nous prîmes à pied la route des tentes, notre hôte et les plus notables d'entre nous demeurant à la queue du cortége. Le bruit de notre arrivée s'était déjà répandu de toutes parts ; on s'exagérait le nombre des pèlerins, et les femmes, les enfants, les chiens sortaient à l'envi de toutes les habitations, pour se précipiter dans le plus grand désordre au-devant de nous. La curiosité n'était pas seule de la partie ; il s'agissait aussi d'acquérir (selon la doctrine préchée par les mol-

lahs), une participation spirituelle aux mérites et aux récompenses des pèlerins, en témoignant du respect à leur
œuvre sainte. Ces premières scènes de la vie de l'Asie
centrale m'avaient pris tellement au dépourvu, que je ne
savais s'il fallait m'arrêter d'abord pour admirer la solide
construction de ces tentes de feutre, et ces femmes vêtues
de longues blouses de soie tombant jusqu'à l'orteil, ou
bien satisfaire sans retard à l'empressement que nous témoignaient leurs mains et leurs bras tendus vers nous.
Parmi cette étrange population, jeunes gens et vieillards,
sans distinction de sexe ou de famille, ambitionnaient
tous le contact de ces hadjis, auxquels était encore attachée la sainte poussière de la Mecque et de Médine. Ma
stupéfaction déjà grande ne diminua pas, comme on
pense, lorsque des femmes remarquablement belles, dont
quelques-unes trop jeunes encore pour être mariées, vinrent m'envelopper de leurs bras et me serrer contre leur
poitrine. Ces démonstrations de respect, où la religion et
l'hospitalité avaient une part à peu près égale, ne laissaient pas à la longue d'être un peu fatigantes. J'en avais
assez, pour ce qui me regarde, quand nous arrivâmes devant la tente du principal prêtre, où notre petite caravane devait se réunir pour la distribution des billets de
logement. J'assistai alors à une des scènes les plus curieuses qui aient jamais passé sous mes yeux. Le zèle
passionné, l'ardeur fébrile avec lesquels nos braves gens
se disputaient l'honneur et le privilége de fournir un gîte
à un ou plusieurs de ces pauvres étrangers, me surprit
au-delà de toute expression. J'avais ouï parler, il est
vrai, de l'hospitalité nomade, mais je n'avais jamais rêvé
qu'elle pût s'étendre aussi loin.

Khandjan apaisa de son mieux les dispositions querel-
leuses que le beau sexe commençait à manifester. Lorsqu'il
eut rétabli l'ordre et assigné à chacun les hôtes qu'il devait

emmener, il conduisit vers sa tente ceux qu'il s'était spécialement réservés, c'est-à-dire hadji Bilal et moi. Comme il habitait à l'extrémité de Gœmuchtèpe, nous eûmes à traverser le campement tout entier, situé, je l'ai déjà dit, non loin de l'embouchure et sur les deux rives de la Gœrguène. Le soleil était à peu près couché quand, épuisés de fatigue, nous arrivâmes sur le seuil de sa demeure, où nous espérions pouvoir enfin prendre quelque repos. Mais, à peine avions-nous fait, suivant l'usage, deux fois le tour de notre tente en glissant un regard furtif aux interstices des quatre angles, qu'elle se remplit de visiteurs impitoyables. Ceux-ci, jusqu'à une heure avancée de la nuit, prirent plaisir à nous harceler de questions. Hadji Bilal lui-même, en dépit de sa longanimité orientale, paraissait à bout de patience. Enfin un esclave persan, chargé de lourdes chaînes, apporta près de nous une grande écuelle de bois, remplie de poisson bouilli et de lait caillé. Le fils aîné de Khandjan, qu'on nommait, comme tous les fils aînés, l'âme du père, ou *Baba Djan,* prit l'écuelle des mains de l'esclave, nous la servit, puis alla, sur un banc voisin du nôtre, s'asseoir auprès de son père, tous deux regardant joyeusement la rapidité avec laquelle nous faisions disparaître les mets qu'ils nous avaient offerts. Après le repas du soir, hadji Bilal prononça la prière et, quand il eut passé la main sur sa barbe, il remercia Khandjan au nom des convives.

Le lendemain, mon ami me proposa de faire une promenade avec lui, et, dès que nous fûmes à quelque distance de la tente, il me dit que je devais dépouiller absolument le caractère d'effendi pour devenir un derviche de corps et d'âme. « Imitez mes compagnons et moi, ajouta cet homme sincère : distribuez au public les bénédictions qu'il attend de nous. Ce n'est pas, je le sais, la coutume dans le pays de Roum ; mais ici vous surprendriez tout le monde, si, vous donnant pour derviche, on vous voyait omettre ce rite caractéristique. Vous en connaissez la formule. Prodiguez donc vos bénédictions, en gardant un air sérieux : vous ferez bien d'accorder aussi de saintes insufflations aux malades qui vous appelleront ; mais, dans ces cas-là, n'oubliez jamais de tendre la main, car personne n'ignore que ce sont ces menus offices religieux qui font vivre les derviches, et chacun tient en réserve le présent qu'il leur destine en ces occasions. C'est pour votre bien que je vous parle ainsi. Rappelez-vous ce sage voyageur qui, entré dans un pays dont les habitants étaient borgnes, se condamna, pour éviter d'être remarqué, à ne se servir que d'un œil. » Je le remerciai avec chaleur de ses bons conseils ; alors il m'apprit que Khandjan et d'autres avaient mis une grande insistance à s'enquérir de ce qui me concernait. Malgréce qu'il leur avait dit, ces Turcomans persistaient à croire que j'étais chargé d'une mission politique, et que j'étais dépêché par le Sultan vers les princes de Khiva et de Bokhara pour contrebalancer, auprès de ces derniers, l'influence russe. Comme ils avaient le plus grand respect pour Sa Hautesse, hadji Bilal ne tenait pas à leur ôter d'une façon trop complète cette croyance qui pouvait nous servir. Mais en même temps il fallait se garder de déposer un seul instant mon masque de derviche, car ces sortes d'énigmes et de situations ambigües conviennent essentiellement au naturel des gens chez lesquels nous sommes.

Une fois ceci convenu, nous rentrâmes au logis, où notre hôte nous attendait avec un certain nombre de ses amis et de ses parents. Il commença par nous présenter sa femme et sa vieille mère, qu'il recommandait l'une et l'autre à notre puissante intercession, à nos bénédictions inappréciables. Nous fîmes ensuite connaissance avec les

autres membres de la famille. Quand nous eûmes rendu
à tous les services réclamés par eux, Khandjan nous fit
observer qu'il était dans les mœurs du pays de regarder
un hôte comme l'égal du parent le plus proche : nous
étions donc libres, désormais, d'aller et de venir à notre
gré, non-seulement sur les domaines de son clan, mais
dans tout le territoire possédé par les Iomouds ; si quelqu'un s'avisait de toucher à un cheveu de nos têtes, les Kel-
tés (ainsi s'appelait son clan) (1) se regarderaient comme
tenus d'exiger une réparation éclatante : « Il vous fau-
dra, poursuivit-il, demeurer ici jusqu'à ce qu'une caravane soit prête à partir pour Khiva, et ceci vous retar-
dera au moins deux semaines ; profitez de ce répit pour
visiter nos tentes les plus lointaines. Jamais un Turcoman ne laisse sortir un derviche de sa tente sans l'avoir
gratifié de quelques présents. Vous ne vous trouverez pas
mal d'avoir garni vos besaces, car vous ferez bien du
chemin avant de pouvoir renouveler vos provisions,
puisque vous voulez absolument pousser jusques à Khiva
et à Bokhara. »

Cette liberté complète donnée à nos mouvements,
comblait précisément mes vœux les plus chers. Je ne
voulais rester à Gœmuchtèpe que le temps strictement
nécessaire pour étudier un peu plus à fond les gens de
l'endroit et me familiariser avec l'usage de leur dialecte.
Pendant les premiers jours, toutes les fois que Khandjan, son frère, ou quelque autre ami intime de la famille
allait en tournée de visites, je ne manquais jamais de l'accompagner. Un peu plus tard, je suivis hadji Bilal, col-
portant à droite et à gauche ses pieuses bénédictions, ou
hadji Salih, dont l'assistance médicale était de plus en
plus sollicitée. Dans ces dernières occasions, pendant

____

(1) Ce nom ne se trouve pas parmi ceux que M. Vambéry donne
aux divisions et subdivisions de ce peuple. — J. B.

que mon collègue appliquait le remède, je récitais à voix
haute la formule de bénédiction, après quoi on ne manquait jamais de m'offrir tantôt un petit tapis de feutre,
tantôt un poisson séché ou quelque autre bagatelle analogue. Soit que notre double traitement eût rencontré
tout d'abord d'heureuses chances, soit en vertu de la curiosité qu'inspirait généralement le hadji turc (*hadji
roumi*, — c'est ainsi que j'étais désigné), ma clientèle
s'étendit rapidement. Cinq jours après notre arrivée à
Gœmuçhtèpe, mes compagnons s'étonnaient déjà de voir
se presser à mon lever une quantité de malades, ou soi-
disant tels, à qui je distribuais, selon l'occurrence, tantôt
ma sainte bénédiction, tantôt le « souffle sacré, » tantôt
des sentences écrites de ma main et destinées à servir de
talismans, le tout sans manquer jamais de percevoir les
honoraires qui m'étaient dus. Ça et là je tombais sur
quelque politique profond qui, me regardant comme un
agent de la diplomatie, se permettait de révoquer en
doute la sainteté de mon caractère : mais ceci n'était
qu'un inconvénient mitigé, puisque personne, après
tout, ne soupçonnait mon véritable rôle et ne songeait à
reconnaître en moi un homme d'Europe. Aussi éprou-
vais-je une grande satisfaction à me sentir en état de circuler librement sur une terre jusqu'ici presque inaccessible aux gens de ma race.

Mes relations devenaient plus nombreuses de jour en
jour. Je comptai bientôt parmi elles les principaux du
pays et les plus influents. Néanmoins, l'amitié qui me
profita le mieux fut celle de Kizil Akhond (son véritable
nom était Murad), docteur turcoman des plus distingués,
avec lequel j'étais dans les meilleurs termes et dont la recommandation m'ouvrit toutes les portes. Jadis, quand il
étudiait à Bokhara, Kizil Akhond avait mis la main sur
un livre écrit en turc osmanli, une espèce de commen-

taire explicatif des sentences et des principaux termes du coran. Certaines parties de cet ouvrage lui restaient inintelligibles ; moi, j'en possédais la clef. Ma collaboration fut donc des plus agréables au docteur, et partout il se mit à vanter mon érudition et à me représenter comme fort savant dans la littérature religieuse. Je nouai aussi amitié avec Satlig Akhond, prêtre vénérable et dont la science surpassait l'ordinaire. La première fois qu'il me rencontra, il remercia solennellement la Providence qui lui permettait de contempler face à face un musulman de Roum, venant du pays qui est la source de la vraie foi. Un spectateur s'étant laissé aller à faire quelque observation sur la blancheur de mon teint, l'excellent prêtre s'écria que telle était la couleur de l'*islam*, et que le Dieu la réservait aux croyants occidentaux comme une marque de sa bénédiction. Je cultivais également avec assiduité la connaissance du mollah Durdis, investi des fonctions de juge supérieur (*kazi-kélan*) ; car j'avais promptement acquis la conviction que, chez ces peuples sauvages, la seule classe des oulémas exerce une influence réelle et que l'ascendant des barbes-grises ou *acsacals*, regardé chez nous comme supérieur à tout autre, n'a pas à beaucoup près l'importance que nous lui accordons.

La confiance toujours croissante que me témoignaient mes nouveaux hôtes, justifiait à mes yeux la ligne de conduite que j'avais adoptée avec une imprudence apparente. Ils m'en donnèrent une preuve bien évidente lorsque, se décidant à bâtir une mosquée avec les débris des anciennes ruines grecques auxquelles Gœmuchtèpe doit son nom, ils me prièrent d'indiquer l'emplacement de l'autel, d'après la recommandation de Kizil Akhond, qui m'avait désigné comme le derviche le plus instruit de la bande.

Après une semaine passée en cet endroit, je connaissais, par suite des protections que je viens d'énumérer, une foule de personnes. Elles me mirent à même de percer à jour les relations établies entre les Turcomans, de suivre dans leurs nombreuses ramifications les éléments dont une tribu se compose, de fixer approximativement mes idées sur la nature du lien qui rattache et fait vivre ensemble ces intérêts si compliqués et si discordants. Tâche moins facile que je ne l'avais supposé au premier abord. Pour peu qu'il m'arrivât de hasarder une question relative au train de la vie quotidienne, de manifester ma curiosité à propos de tel ou tel objet mondain, mes interlocuteurs se demandaient avec étonnement pourquoi un derviche, exclusivement voué aux préoccupations religieuses, se mêlait ainsi des affaires d'ici-bas. Il fallait suivre cette enquête avec toute sorte de précautions, et la prudence la plus vulgaire m'interdisait d'y procéder par voie d'interrogation directe. Heureusement ces gens dont la vie se passe, déduction faite du temps employé à leurs maraudes, dans l'oisiveté la plus absolue, se laissent facilement aller à perdre des heures entières en débats prolongés, sur tout incident qui intéresse l'existence nationale. Dans de semblables circonstances, je n'avais pour m'instruire qu'à les écouter en silence. Assis au milieu d'eux et comme perdu dans mes rêveries, j'ai souvent eu l'occasion, tout en égrénant mon chapelet, d'apprendre l'histoire de leurs razzias et de leurs relations avec Vilayet (la Perse), le Khan de Khiva, et les autres peuples nomades.

Je profitai de cet intervalle de repos pour me faire conduire par Kizil Akhond, d'abord chez les Atabays (1), tribu des Iomouds qui réside beaucoup plus à l'est; et aussi chez les Turcomans appelés Gœklens, excursion très-intéressante pour moi, car elle me fournit la possi-

(1) D'après le tableau qu'a donné M. Vambéry, les Atabays seraient non pas une tribu, mais une taïfe ou branche, divisée en cinq *tires* ou rameaux. — J. B.

bilité d'examiner une bonne portion de la muraille bâtie par Alexandre, quand il voulut opposer une barrière aux redoutables incursions des cavaliers du désert. Le voyage de Kizil Akhond avait trait à l'administration de la justice; il s'agissait d'une enquête nécessitée par je ne sais quelle procédure. Elle exigea de fréquentes haltes, et nous fit employer quatre jours à une tournée qui n'en eût demandé que deux sans cette circonstance particulière. Nous marchions, somme toute, dans la direction de l'est; mais il nous fallut faire de longs et fréquents détours, afin d'éviter des marécages couverts de roseaux, et de nous tenir à l'abri des sangliers sauvages qui infestent par centaines ces lieux inhabités. Les marais dont je parle proviennent de la Gœrguène, que gonflent les pluies de printemps et qui déborde sur une largeur de plusieurs milles. Il devait en être ainsi dans un temps déjà loin de nous, car cette grande muraille dont nous avons déjà parlé fut élevée, en arrière de la rive septentrionale, à une distance qui varie entre quatre et six milles anglais, et comme elle suivait autant que possible les points les plus élevés de la plaine, c'est encore le long de ces murs, aujourd'hui ruinés, que passe la route la moins exposée en toute saison. Dans le même voisinage, et sans doute par le même motif, nous trouvions la grande majorité des tentes; il ne nous arrivait guère de marcher une heure de suite sans en rencontrer un groupe plus ou moins considérable. Je n'ai pas poussé jusqu'à l'extrémité occidentale de ces antiques fortifications et ne me sens aucunement disposé, dès lors, à tenir pour le moins du monde fondées les traditions fabuleuses dont on me régalait en leur honneur. Je crois, en revanche, avoir constaté que, du côté de l'est, la muraille commence sur deux points différents; le premier, au nord-est de Gœmuchtèpe, où un amas de ruines plus considérable que les autres indique, sur la plage même, le début de l'énorme boulevard ; le second, à vingt milles anglais environ, au midi de la rivière Étrek, également dans le voisinage de la mer. Ces deux sections se réunissent un peu au-dessus de l'Altin Tokmak (1). Quant à celle qui part de Gœmuchtèpe, j'ai pu la suivre, deux jours durant, sur un parcours de dix milles géographiques dans la direction de l'ouest au nord-est. Elle se distingue sans peine, élevée qu'elle est de deux ou trois pieds au-dessus du sol adjacent. Pris dans son ensemble, l'ouvrage offre assez bien l'aspect d'une longue ligne de retranchements que flanquaient, de mille en mille pas, les tours dont on aperçoit encore le relief ; autant qu'on en peut juger, ces dernières étaient de dimensions à peu près égales.

Parallèlement à ces murs, on voit aussi quelques autres monticules considérables dont je léguerais volontiers l'exploration aux voyageurs qui doivent me succéder, n'ayant moi-même aucun renseignement, ni même aucune hypothèse raisonnable à fournir sur ce qui les concerne. Quelques-uns des plus petits ont été fouillés par les Turcomans, et, d'après ce qui me fut dit, on y a trouvé, à l'intérieur d'un bâtiment carré, une urne colossale, mince comme du papier, laquelle renfermait des cendres bleuâtres, un petit nombre de pièces d'or et quelques autres objets de prix. De là vient que, dans le pays entier, la muraille est appelée Kizil Alan (celle qui reçoit de l'or) (2). Il ne faudrait pas confondre les mon-

_____

(1) Grande butte qui est au nord-est de Gœmuchtèpe, entre la Gœrguène et l'Etrek. — J. B.

(2) Nous avons pensé que plusieurs lecteurs liraient ici avec plaisir l'analyse d'un récit de M. Mouravieff, inséré par M. Huot dans son édition de la *Géographie Universelle* de Malte-Brun (1844, t. iv. p. 636) : « Cette contrée n'a pas toujours été dépourvue de villes, c'est ce qu'attestent plusieurs ruines. Sur la rive droite du Gour-

ticules dont je parle ici avec ces *yozska* (1) que les Tur-comans élèvent en commémoration de leurs plus illus-tres défunts. Mon guide, Kizil Akhond, si instruit qu'il fût, paraissait fort étonné de me voir prendre tant d'in-térêt au « mur d'Alexandre » (*Seddi Iskender*). Suivant lui, ce rempart avait été élevé par les génies (*djins*), d'a-près les ordres du souverain tout-puissant : « Alexandre, me disait-il, était un musulman bien autrement pieux que nous autres ; et c'est pour cela que les esprits souter-rains lui devaient, bon gré mal gré, une obéissance ab-solue... » Là-dessus, il allait sans doute me raconter la descente mythologique d'Alexandre dans le royaume des

ghen, s'étendent les restes d'une grande muraille dont on ne connaît pas l'origine, mais qui paraît avoir servi de frontière entre le royaume d'Iran et celui de Touran. Cette muraille porte aujourd'hui le nom de *Kizil-Alal ;* elle est construite en bonnes briques cuites au feu. A l'extrémité occidentale de la muraille, et sur le bord de la mer, on voit encore le mur extérieur d'un grand bâtiment ou d'un fort, sur le côté oriental duquel s'est formé un amas de sable qui lui donne l'apparence d'une colline. M. Mouravieff a trouvé dans ce mur des tombeaux et des ossements humains, qui paraissent être moins anciens que cette construction et appartenir à des Turcomans. Le mur peut avoir 200 mètres de longueur sur quatre de hauteur. Sous ce mur, M. Mouravieff aperçut une petite voûte dans laquelle il trouva un morceau de verre et du charbon. A 140 ou 150 mè-tres du mur, on aperçoit un promontoire qui ne paraît pas être formé par la nature : et en effet on y remarque des murailles qui ont appartenu à des édifices, des tours rondes et de petits empla-cements pavés régulièrement, en grandes briques carrées ; on ob-serve ces débris jusqu'à environ 80 mètres dans la mer. Mais ce qu'il y a de plus remarquable, c'est que ces débris n'offrent pas l'apparence de ruines : les murs sont tous de niveau avec l'horizon ; ce qui fait croire qu'ils ont appartenu à des bâtiments qui ont été engloutis par un tremblement de terre. Les Turcomans y ont souvent découvert des monnaies d'or et d'argent. Ils prétendent que ces restes, qui portent dans le pays le nom de *Sérébrénoï-bou-gor*, ou *colline d'argent*, sont sur un sol qui formait autrefois une île que l'abaissement des eaux de la mer a réunie au continent depuis 1814. »

(1) V. le chapitre précédent, où le mot est écrit *joszka*, d'après la page 296 de la traduction du livre que nous abrégeons. — J. B.

ténèbres, lorsqu'il resta muet tout-à-coup en me voyant occupé à détacher violemment une des briques du mur sacré. Ce n'était pas une petite affaire, attendu que ces carreaux, d'un rouge vif, semblent fondus dans le massif auquel ils appartiennent : il est souvent plus facile de les briser que de les en extraire.

Tous ces environs ne sauraient manquer d'offrir quelque jour un texte précieux aux dissertations archéologiques. On y trouve non-seulement les traces nombreuses de la domination grecque, mais encore les monuments enfouis de l'antique civilisation iranienne. En effet les historiens arabes font de fréquentes allusions à l'importance du Bas-Gœrguène, cité dont les ruines existent encore à l'endroit appelé Chehri-Djordjan. Le Dôme de Khaus (*Kumbezi-Kaus*) lui-même, monument écroulé, dont j'ai ouï parler sans qu'il m'ait été donné de le voir, mérite selon toute probabilité plus d'attention que ne lui en ont accordé jusqu'ici, dans leurs rapides voyages, les explorateurs britanniques.

Quand je rentrai à Gœmuchtèpe, j'y trouvai mes compagnons inquiets de mon absence prolongée, et regrettant de ne s'être pas opposés avec plus d'énergie à l'excursion que j'avais voulu tenter. Je m'informai naturellement de tous et de chacun. Hadji Salih, m'apprit-on, avait tiré bon parti de sa médecine et réalisé de notables profits. Hadji Kari Meszud, logé dans une mosquée, c'est-à-dire dans une tente affectée au service du culte, y avait été victime d'un vol. Après de longues et inutiles recherches, le prêtre déclara qu'il lancerait immédiatement l'anathème sur le voleur, si l'objet du larcin ne se retrouvait pas. Vingt-quatre heures étaient à peine écoulées, lorsque le criminel, bourrelé de remords, vint se dénoncer lui-même, rapportant, en sus de ce qu'il avait pris, une offrande expiatoire.

On me fournit aussi des renseignements favorables sur le sort d'une caravane, alors dirigée du côté de Khiva. Mes amis me racontèrent que le khan de cette principauté, auquel les médecins recommandaient l'usage habituel du lait de buffle, avait expédié tout exprès à Gœmuchtèpe son chef de caravane *(kervanbachi)* (1), chargé de lui acheter deux couples de ces animaux, qui ne sont pas encore naturalisés dans le pays où il règne. Ce personnage officiel avait poussé jusqu'à la ville d'Astrabad, et nous devions profiter de son retour pour assurer à notre voyage toute garantie de succès. C'était effectivement mettre bien des chances de notre côté que de marcher sous la direction d'un homme qui, mieux que tout autre, devait avoir pratiqué les invisibles chemins du désert.

Une chose m'étonnait dans tout ceci, savoir la répugnance exprimée par beaucoup de mes compagnons de route pour ce pays où leur était prodiguée une hospitalité si généreuse. Déjà las de vivre au milieu des Turcomans, ils affirmaient que, pour tout homme doué de quelques sentiments humains, le spectacle des tortures, infligées aux malheureux captifs persans, devenait à la longue un véritable supplice : « Certes, disaient-ils, il ne s'agit que d'hérétiques, et, pendant que nous traversions la Perse, leurs compatriotes ne nous ont guère épargnés ; mais ce que souffrent ici ces misérables ne peut vraiment pas se tolérer. » La compassion manifestée par des hommes, dans le pays desquels le commerce des esclaves ne s'est pas introduit, et les imprécations que leur arrachait l'inhumanité des brigands peuvent donner une idée de la condition à laquelle étaient réduits les esclaves.

(1) Le *kervanbachi* est ordinairement nommé par le Khan et connaît à fond la route sur laquelle il est chargé de guider les caravanes. — J. B.

A peine couverts de haillons, chargés d'entraves qui meurtrissent leurs chevilles endolories et leur infligent à chaque pas une souffrance nouvelle, ces malheureux sont, pendant les premiers jours de leur captivité, et quelquefois durant plusieurs semaines, soumis à la diète la plus rigoureuse. La nuit, pour prévenir toute tentative d'évasion, leur cou est passé dans un anneau de fer fixé à une grosse cheville, de telle sorte que le bruit du métal trahit leurs plus légers mouvements. Leurs souffrances n'auront de terme que s'ils ont des parents ou des amis qui puissent payer leur rançon.

C'est ce que désirent surtout les Turcomans qui peuvent, dans ce cas, élever le chiffre de leurs prétentions. Quand ce résultat satisfaisant n'a pas été obtenu à Gœmuchtèpe, les esclaves persans sont envoyés à Etrek (1), localité qui a la réputation de jouir de moyens particuliers pour tirer d'un captif les renseignements qui permettent d'arriver à la connaissance de la vérité. En effet le Persan conserve toujours l'esprit de ruse qui caractérise sa race. Invariablement, il cherche à dissimuler sa position réelle et s'attire ainsi les traitements les plus durs; jusqu'au moment où ses proches, attendris par les lamentations qu'il leur transmet, se sont laissé arracher la rançon exigée, qui est toujours la somme la plus forte qu'on ait pu tirer d'eux. Les tortures ne cessent qu'à l'arrivée de l'argent.

Dans l'autre hypothèse, les deux parties se trouvent lésées. Le capteur, après beaucoup de frais exposés, n'obtient que le prix courant de l'objet qu'il envoie sur le marché aux esclaves, et le malheureux Persan, trans-

(1) Ce nom désigne en même temps un désert et une rivière, généralement appelés Atrek sur les livres et les cartes écrits en français. — Un Persan doit être fort irrité pour se permettre cet anathème : « Puissiez-vous être mené à Etreck ! » — J. B.

porté à Khiva, à Bokhara, ou à d'autres villes éloignées de son pays natal, court grand risque de ne le revoir jamais.

Il est vrai que, comme un de mes interlocuteurs me le disait un jour de Joseph (1), le Persan n'a pas toujours à se plaindre de l'esclavage, où il réussit à trouver l'origine de sa fortune. Ainsi la population persane de Bokhara se compose en partie d'esclaves, en partie d'affranchis qui, leur rançon payée, sont restés établis dans le khanat. Là, nonobstant l'oppression religieuse qui les condamne, comme chiites, à pratiquer secrètement les cérémonies de leur culte, ils s'appliquent avec succès au commerce et à l'industrie, vivant à meilleur marché que dans leur propre pays, et parvenant à réaliser plus de profits. Le Persan, dont l'intelligence est supérieure à celle de l'habitant de l'Asie centrale, s'élève fréquemment de la condition d'esclave aux plus hauts emplois de la hiérarchie politique. Il n'est guère de gouverneur de province qui, parmi ses agents subalternes, n'ait placé de manière ou d'autre des Persans, jadis ses esclaves, et restés fidèles à sa fortune. On les voit fourmiller même autour de l'Émir actuel, et les premiers dignitaires du khanat appartiennent à la même nation. On les regarde, à Bokhara, comme des hommes plus propres que d'autres à négocier avec les Frenghis ou Européens, et comme possédant une teinture des « arts diaboliques » par lesquels ces derniers ont acquis une supériorité illégitime. Toutefois, dans le cas d'une invasion persane à laquelle on a déjà songé, l'Emir expierait cruellement cette partialité qui met son armée sous les ordres de quelques aventuriers venus du dehors. Ses généraux en chef, Charukh Khan et Mehemmed Hasan Khan, sont nés en Perse ; leurs *topt-chibachi* (commandants d'artillerie), Zeinel Bey, Mehdi

(1) V. le chapitre précédent. — J. B.

Bey et Lesker Bey, appartiennent à la même nation.

Pendant mon séjour à Gœmuchtèpe, il ne se passa pas une nuit sans qu'un coup de fusil, parti du rivage, ne nous annonçât l'arrivée de quelque corsaire chargé de butin. Le matin venu, j'allais réclamer, des héros victorieux, la dîme due aux derviches, ou plutôt, je dois l'avouer, contempler les pauvres Persans aux prises avec les premières angoisses de la captivité. Mon cœur saignait devant ces horribles scènes ; mais il fallait bien se bronzer là-dessus pour étudier, comme ils méritaient de l'être, ces contrastes frappants de vertu et de vice, de tyrannie et d'humanité, d'honnêteté scrupuleuse et de brigandage sans frein.

Une quinzaine s'était à peine passée, que je commençais, moi aussi, à me lasser de cette résidence et à jeter malgré moi des regards d'envie sur les frontières de la Perse. Nous n'en étions guère qu'à quelques lieues ; mais, par les mœurs, les habitudes, la manière de voir, Turcomans et Persans diffèrent aussi bien que si les deux peuples étaient placés à d'énormes distances l'un de l'autre, tant sont puissantes l'influence de la religion et celle des traditions historiques. Je souris parfois en songeant que les Turcomans qui, à certains égards, se montraient si féroces, à ce moment-là même se mettaient en frais de pieuses réjouissances auxquelles était nécessairement conviée toute notre société de pèlerins. Ces invitations se réitéraient plusieurs fois chaque jour. Je n'acceptais guère que les deux premières, témoignant par mon attitude que je désirais être dispensé de la troisième, auquel cas, celui qui m'avait invité prétendait, par ses bourrades, me contraindre à quitter ma tente, et d'après les règles de l'étiquette indigène, plus rudes étaient les coups de coude dont il régalait mes côtes, plus sincère et plus cordial se manifestait son désir de me voir assis à sa table. En pareille occasion, notre hôte étalait devant la tente quelques pièces de feutre, voire un tapis, s'il voulait se montrer particulièrement magnifique; les convives s'y asseyaient en rond, par groupes de cinq ou six; à chacun de ces groupes, était départie une vaste écuelle de bois dont les dimensions et le contenu correspondaient au nombre et à l'âge de ceux qui devaient y puiser. Nous y plongions tour à tour nos mains entr'ouvertes, pour y prendre les morceaux de viande de cheval ou de chameau qui faisaient le fond habituel de ces repas primitifs.

Trois semaines s'étaient écoulées à Gœmuchtèpe, bien contrairement à mes désirs, on peut le croire, lorsque le zèle hospitalier de Khandjan lui permit de se prêter aux préparatifs de notre départ. Acheter des chameaux nous eût entraînés à trop de dépense, et nous décidâmes que nous en louerions un par chaque couple de pélerins, pour transporter notre farine et notre eau. L'exécution de ce plan n'eût pas été facile, si nous n'avions eu le bonheur de trouver dans Ilias Beg, chargé de notre bétail, un conseiller excellent. Peut-être n'était-il pas au fond très-religieux, et notre caractère de hadjis paraissait lui inspirer un respect médiocre; mais il n'en montrait pas moins la plus grande exactitude à remplir ses devoirs hospitaliers et à nous donner satisfaction sur toutes choses, fût-ce au prix de véritables sacrifices. Ilias, Turcoman de Khiva, fait partie de la tribu des Iomouds; chaque année, il traverse pour ses affaires le désert de Gœmuchtèpe : pendant son séjour, la protection de Khandjan le met à l'abri des périls qui, sans cela, le menaceraient comme tout autre étranger. Il arrive généralement en automne, et s'en retourne au printemps avec vingt ou trente chameaux chargés, ou de marchandises à lui, ou de celles que des tiers ont consignées en ses mains. Il doit, cette année, ramener avec lui quelques chameaux de surplus, et la petite somme que nous lui paierons pour la location de ces animaux est un profit imprévu qui lui tombe du ciel.

Khandjan nous a d'ailleurs recommandés à lui de la manière la plus expresse : « Ilias, lui a-t-il dit, votre vie répondra de la leur. » Et cette formule solennelle atteste assez l'importance qu'il attache à notre sécurité. Ainsi interpellé, Ilias, baissant les yeux comme font ces nomades quand leur attention est fortement sollicitée, lui a répondu très-bas et sans presque remuer les lèvres : « Je vois que vous ne me connaissez pas. » Le singulier sang-froid des deux Turcomans ayant quelque peu agacé mes nerfs encore à demi-européens, je me permis certaines observations, sans prendre garde que hadji Bilal et mes autres compagnons, auditeurs de ce dialogue, étaient demeurés complétement impassibles, et je regrettai de ne les avoir pas imités, en voyant mes interpellations inopportunes rester, plusieurs fois de suite, sans réponse. La négociation, ainsi menée en dehors de nous, aboutit à ce que chaque chameau nous coûterait deux ducats d'ici à Khiva. Quant à notre farine et à notre eau, Ilias s'en chargeait à titre purement gratuit.

La modique somme d'argent que j'avais emportée avec moi, cousue et cachée dans les diverses pièces de mon misérable déguisement, jointe aux dons que j'avais reçus en qualité de hadji, m'auraient mis à même de louer un chameau pour moi seul. Hadji Bilal et Sultan Mahmoud m'en dissuadèrent. Selon eux, le plus cher de nos amis nous deviendrait hostile pour peu qu'il nous soupçonnât d'être bons à dépouiller. Ils me nommèrent plusieurs de nos hadjis, pourvus d'abondantes ressources, et qui néanmoins, par prudence, en étaient réduits à se couvrir de haillons et à voyager sans monture. Forcé de reconnaître qu'ils avaient raison, je me bornai à la location d'une moitié de chameau, stipulant seulement que je pourrais me servir d'un cacolet ou *kedjeve*, attendu que, boiteux comme je l'étais et ne pouvant marcher (1), il serait trop fatigant pour moi de rester jour et nuit, pendant quarante stations, étroitement pressé, sur la même selle de bois, contre un de mes compagnons. Ilias n'accepta pas tout d'abord cette combinaison; il objectait, et à bon droit, que le cacolet constituerait un double fardeau pour le pauvre animal appelé à nous porter dans le désert. Khandjan finit par calmer ses scrupules. Je me trouvai donc assuré de pouvoir quelquefois me livrer au sommeil pendant ce voyage de Khiva que nous devions accomplir en vingt jours, et dont tout le monde nous parlait dans les termes les moins rassurants; mais ce qui me plaisait le plus, dans cet arrangement, c'était la certitude d'avoir pour vis-à-vis, pour contre-poids si l'on veut, hadji Bilal, mon meilleur ami, dont la société me devenait peu à peu indispensable.

La conférence terminée, nous payâmes d'avance, ainsi que l'exige la coutume, le prix de location dû au chamelier. Hadji Bilal récita une bénédiction, et lorsque Ilias eut promené ses doigts à travers sa barbe, composée à vrai dire de quelques poils très-clair-semés, l'affaire se trouva définitivement conclue. Nous n'avions plus qu'à demander à Ilias de partir le plus tôt possible. A cet égard, il ne voulut s'engager par aucune promesse; tout dépendait du kervanbachi envoyé par le Khan, et qui devait prendre la direction de la caravane. En peu de jours, nous fûmes prêts à partir pour Etrek.

Comme c'était dans cet endroit que les membres de la

_____

(1) M. Vambéry est, dit-on, devenu boiteux pour le reste de sa vie par les suites d'une blessure reçue en 1849 à Vienne, sur les barricades. — J. B.

caravane devait se rassembler, Khandjan eut la bonté
de me recommander à une *barbe grise*, acsacal ou *pir*
des brigands et qu'on nommait Kulkhan. Ce vieux pé-
cheur vint fort à propos faire connaissance avec nous. Sa
physionomie était des moins sympathiques, et, quand je
lui fus désigné comme son hôte futur, ses démonstrations ne furent pas autrement amicales. Longtemps il
examina mes traits, marmottant çà et là quelques paroles à l'oreille de Khandjan et tout disposé, semblait-il, à
voir en moi autre chose que le personnage pour lequel
on m'avait pris jusqu'alors. Je découvris bientôt la cause
de cette méfiance. Dans sa jeunesse, Kulkhan avait traversé les provinces méridionales de la Russie, en compagnie de Khidr Khan, alors au service du Tzar. Il avait
aussi passé plusieurs mois à Tiflis et s'était assez familiarisé avec nos manières européennes. Ayant vu, disait-
il, mainte et mainte nation, il ne connaissait pas encore
celle des Omanlis; on lui avait appris néanmoins qu'elle
était issue d'une tribu turcomane, origine attestée par
une ressemblance frappante avec les gens de celle-ci; par
conséquent, il avait lieu d'être surpris en me trouvant
une physionomie toute différente. Hadji Bilal le mit en
garde contre des informations inexactes, déclarant pour
son compte avoir passé plusieurs années dans le pays de
Roum, sans que jamais observation pareille lui eût été
suggérée. Kulkhan, là-dessus, nous annonça que, deux
jours après et de bonne heure, il comptait partir pour son
campement d'Etrek, et qu'en conséquence nous ferions bien
de compléter le plus tôt possible nos préparatifs de départ.

La dénomination de *pir* qu'on donnait à Kulkhan indique les prétentions qu'il avait à prendre le titre d'as-
cète ou de *sofi*. Cette glorieuse qualification, inscrite en
toutes lettres sur son cachet, ne lui inspirait pas une
médiocre fierté. Je n'ai guère vu l'hypocrisie religieuse

mieux symbolisée que par cet austère brigand, lorsqu'il siégeait au milieu de ses disciples. Entendre l'auteur de tant de crimes, la source de tant de désastres, expliquer gravement aux bandits les rites relatifs à la « purification des âmes » et les prescriptions en vertu desquelles un bon musulman règle la longueur de sa moustache, formait un spectacle éminemment curieux. Les élèves valaient le maître et semblaient animés du même esprit. La plupart de ces coupe-jarrets, rassurés par le sentiment qu'ils avaient de leurs pieux mérites, se croyaient déjà dans le paradis et anticipaient ses plus douces récompenses.

Lorsque nous quittâmes Gœmuchtèpe en compagnie de cet excellent *pir*, Khandjan et nos autres amis nous accompagnèrent jusqu'à une certaine distance. Conformément à la coutume des nomades, quand ils veulent témoigner à leurs hôtes une estime toute particulière, Khanjan fit ainsi plus d'une lieue à pied, malgré mes instances réitérées. Il voulait, disait-il, remplir ponctuellement tous les devoirs de l'ancienne hospitalité turcomane, afin que je ne pusse jamais, dans l'avenir, élever contre lui le moindre sujet de plainte. S'il faut dire la vérité, j'éprouvai un réel serrement de cœur en me dégageant de sa dernière étreinte, car je l'avais reconnu digne de toute estime. Sans aucun motif intéressé, non content de nous garder dans sa propre maison, moi et cinq autres pèlerins, il m'avait donné à profusion les renseignements que je sollicitais. Même aujourd'hui je regrette de ne pouvoir lui témoigner ma reconnaissance et, peut-être plus encore, d'avoir été réduit par les circonstances à tromper un ami tel que lui.

Notre route nous conduisait au nord-est et nous éloignait toujours davantage de la côte, dans la direction des deux grandes buttes, dont l'une est connue sous le nom de Cœresofi, l'autre sous celui d'Altin Tokmak. Outre celles-ci, on aperçoit de distance en distance de nombreux *yorska* (1) ; mais, à cela près, le sol du district n'est qu'une immense plaine. A un quart de lieue de Gœmuchtèpe, commencent de magnifiques prairies dont l'herbe, montant jusqu'aux genoux, exhale une odeur délicieuse ; elle sèche sur pied sans servir à qui que ce soit, car les habitants du pays n'élèvent pas de troupeaux. Quels charmants villages pourraient animer cette région si bien arrosée ! Au lieu de ce silence de mort, comme on aimerait à y entendre les mille bruits, les rumeurs vivantes du labeur rustique ! Notre petite caravane, composée des chameaux d'Ilias et des six chevaux de Kulkhan, marchait en bon ordre et sans se disperser, notre guide nous répétant volontiers que nous avions à craindre l'attaque de certains brigands sur lesquels son pouvoir ne s'étendait pas, et qui ne manqueraient pas de nous attaquer s'ils croyaient pouvoir le faire impunément. Ilias. pour cette fois, voulut bien m'épargner la fatigue du transport à dos de chameau ; il me fit prêter par Kulkhan un de ses chevaux, sur lequel je devais faire route jusqu'à Etrek. Malheureusement, ainsi que l'événement le prouva, Emir Mehemmed, le tyriaki afghan de Caratèpe, qui s'était impatronisé parmi nous de façon ou d'autre et n'avait pu se procurer aucune monture, réclamait mon assistance chaque fois qu'il s'agissait de traverser un bourbier, un marécage quelconque. Dans un moment où je l'avais ainsi en croupe, mon cheval prit peur tout-à-coup et fit un brusque écart. Avant que j'eusse pu voir de quoi il s'agissait, nous nous trouvâmes par terre, mon camarade et moi. Aux rires bruyants de nos compagnons qui nous suivaient de fort près, se mêlèrent aussitôt de singuliers petits cris. En cherchant à me relever, je m'aperçus que j'étais tombé sur deux san-

(1) Troisième orthographe du même mot. — J. B.

gliers en bas âge; c'était leur mère qui avait effrayé notre cheval, et maintenant, excitée par l'appel plaintif de sa progéniture, elle s'était arrêtée à peu de distance de nous, qui, dans la plus ridicule posture du monde, restions exposés à l'atteinte de ses redoutables défenses. Elle nous eût inévitablement chargés, si un cousin d'Ilias, nommé Chirdjan, venant à notre aide, ne lui avait barré le passage avec sa longue lance. Je ne saurais dire si la bravoure du jeune Turcoman, ou le silence des petits verrats, maintenant délivrés de leur gêne première, fut le principal instrument de notre salut; quoi qu'il en soit, cette mère exaspérée battit en retraite, et, sans cesser de faire face à l'ennemi, rentra dans sa bauge que nous nous étions empressés d'évacuer. Dans l'intervalle, le fils de Kulkhan avait trouvé moyen de rejoindre notre cheval échappé. En me le rendant, il me fit remarquer que je pouvais m'estimer heureux d'avoir été soustrait à un trépas infamant. Le musulman le plus pieux, mis à mort par un animal de la race porcine, arrive impur dans l'autre monde, où cent années de purgatoire ne suffisent pas pour effacer sa souillure.

Après environ quatre heures de marche dans la direction ci-dessus indiquée, parmi les marécages et les prairies, je constatai que nous étions parvenus sur les flancs inclinés du plateau qui s'étend au nord de Gœmuchtèpe. En effet, on voyait disparaître peu à peu, non-seulement les élévations dont j'ai parlé, mais aussi les montagnes qui marquent les frontières de la Perse. Quelques groupes de tentes, autour desquelles paissaient des chameaux, se rencontraient à peine de distance en distance. Bien que l'œil enchanté n'aperçût de toute part que les pâturages les plus verdoyants, ce district est encore moins peuplé que celui où m'avait naguère conduit Kizil Akhond. Il y manque une rivière comme la Gœrguène, et l'eau de source, qui sert aux usages quotidiens, se trouve épuisée avant que ces riches prairies aient suffisamment engraissé les troupeaux qu'on y mène. Aussi n'y voit-on de tentes que pendant les mois de mai et de juin. Nous fîmes halte à quatre milles seulement de Gœmuchtèpe, mais le voyage nous avait pris environ huit heures et nous étions, bêtes et gens, presque à bout de force.

Le lendemain, je fis connaissance avec le panier de bois qui devait me servir d'équipage ; quelques sacs de farine me tenaient en équilibre, hadji Bilal se privant pour cette fois du plaisir problématique de voyager à dos de chameau. Nous marchions toujours vers le nord, et à peine avions-nous fait deux lieues que, la verdure cessant tout à coup, nous nous trouvâmes sur les terres salées du désert, dont l'odeur forte et l'aspect sinistre ne flattaient ni le nez ni le regard. Nous en avions sous les yeux un excellent échantillon dans cette espèce de promontoire bas qu'on appelle Cara Sengher (Muraille noire) et qui se dresse à huit milles de distance, au nord de Gœmuchtèpe. Plus nous nous rapprochions de cette hauteur, plus le sol devenait mou ; à la base du promontoire, un véritable marais nous barra le chemin, et nous n'avançâmes plus qu'avec des difficultés toujours croissantes au milieu de cette boue presque liquide, où le pied spongieux des chameaux glissait pour ainsi dire à chaque pas. Ma monture témoigna de telles dispositions à me précipiter dans la fange, moi et mon panier, que je préférai descendre de mon plein gré. Après avoir piétiné pendant plus d'une heure dans une espèce de bouillie noire et puante, nous arrivâmes enfin à Cara Sengher. Non loin de là, se trouvait le campement de Kulkhan. Nous y prîmes la seule tasse de thé dont il m'ait gratifié pendant les dix journées que je fus obligé de demeurer à Etrek.

Ce temps d'arrêt ne plaisait à personne ; pour mon compte, je voyais diminuer si rapidement ma provision de farine que je crus dès lors devoir me réduire à la portion congrue, et retrancher deux poignées de ma ration quotidienne. Je pris également soin de ne pas mettre de levain dans le pain que je cuisais sous la cendre : le produit ainsi obtenu est plus considérable, il traverse moins vite les voies digestives, et l'aiguillon de la faim se fait sentir à de plus longs intervalles. Il nous fut permis, très-heureusement, de pratiquer çà et là quelques excursions de mendicité ; fort heureusement aussi, les Turcomans d'Etrek, qui n'en sont pas moins de grands voleurs, se montrèrent aussi généreux que les autres. Il était rare, par exemple, de passer devant une de leurs tentes sans y voir deux ou trois Persans courbés sous le poids des fers.

Déjà ces cruels tableaux me révoltaient à Gœmuchtèpe : qu'on juge de mes sentiments lorsque je pus me convaincre que le premier séjour était, auprès d'Etrek et relativement parlant, la dernière étape de la civilisation et de l'humanité. Les tentes ainsi que leurs habitants ne m'inspirèrent plus qu'horreur et dégoût.

Aussi ce ne fut pas sans une grande joie que je vis toutes les difficultés s'aplanir à la nouvelle qu'un messager d'Áta Bay était venu nous avertir dans la soirée que le *kervanbachi*, s'apprêtant à lever le camp dès le lendemain matin, nous donnait rendez-vous pour le jour suivant, à midi, sur l'autre bord de l'Etrek. Nous allions donc commencer ensemble la traversée des grands déserts. Ilias nous mit tous en demeure de compléter nos préparatifs dans le plus bref délai possible. Dès le soir même, en conséquence, chacun mit en bon ordre sa provision de pain, et nous passâmes au sel, une fois de plus, les quartiers de chameau que les nomades nous

avaient donnés en échange de nos fréquentes bénédictions. Je renonce à peindre la joie que j'éprouvai le lendemain lorsque, installé en face de hadji Bilal dans le
cacolet qui craquait sous moi, je me sentis emporté lentement loin d'Etrek par un chameau, dont l'allure faisait
songer aux ondulations de la vague marine.

Pour plus de sûreté, notre ami Kulkhan voulut à
toute force nous escorter encore ce jour-là ; en effet, nonobstant les quinze ou vingt mousquets dont nous dis-
posions, il était fort possible que nous vinssions à rencontrer des bandits en force supérieure, et dans ce cas,
la protection de Kulkhan nous deviendrait fort utile ;
car, ainsi que je l'ai dit plus haut, cet hypocrite est,
pour la plupart des brigands qui infestent les environs
de l'Etrek, une espèce de guide spirituel auquel ils
obéissent aveuglément.

Cette influence nous sembla bientôt établie par un
fait. Comme, afin d'éviter les débordements de l'Etrek,
nous cheminions tantôt vers le nord-ouest ou vers le
nord-est, dans une région sablonneuse, nous aperçûmes
environ cent cinquante tentes qui étaient celles d'un
clan appelé Kem. Depuis un temps immémorial, cette
branche s'est détachée de la tige des Iomouds, pour
venir dans ces parages inhabités. Ses brigandages exceptionnels l'ont mise en guerre avec toutes les autres
tribus, ce qui limite heureusement la force dont elle
dispose. Aux approches du campement redoutable,
plusieurs de nos traînards se hâtèrent de rejoindre la caravane, et nous demeurâmes convaincus que nous aurions été attaqués par ces brigands s'ils ne nous avaient
pas vus sous la direction de Kulkhan, l'épouvantail de
tout le pays.

A un quart d'heure de là, toujours avançant vers le
nord, nous traversâmes un petit bras de l'Etrek dont les

eaux commençaient à prendre un goût très-saumâtre,
signe certain que son lit allait bientôt se trouver à sec.
Entre cette branche et une autre moins importante encore, que l'on trouve un peu plus loin, se succèdent un
fonds de terres salées puis une belle prairie surchargée
de fenouils monstrueux. Nous mîmes une heure entière
à la traverser. Le cours d'eau que nous rencontrâmes
ensuite était un véritable fossé, très-profond. Ses marges
grasses et fortement inclinées gênèrent singulièrement
notre marche; plusieurs de nos bêtes de somme tombèrent avec leurs charges à l'eau : elle n'était pas très-profonde en cet endroit, mais les paquets une fois mouillés
devenaient plus lourds, et nous nous trouvâmes d'autant
moins en mesure de gravir une colline (Delili Burun),
que nous avions en face de nous. Bref, à deux heures de
l'après-midi, et bien que notre départ eût été très-mati-
nal, nous n'avions guère franchi plus de quatre milles;
nous résolûmes néanmoins de faire halte, puisque nous
avions jusqu'au lendemain midi pour rejoindre le kervanbachi, de l'autre côté de l'Etrek.

La hauteur que je viens de nommer est une sorte de
promontoire se détachant en relief sur une longue chaîne
d'insignifiantes collines, laquelle se prolonge vers le sud-
est. De l'endroit où nous étions arrêtés, la vue s'étend au
loin sur un beau pays. On découvre, à l'ouest, la mer
Caspienne qui ressemble à un lit de nuages bleus; les
montagnes de la Perse marquent vaguement les dernières
limites de l'horizon; mais l'aspect le plus intéressant est
celui de l'immense plateau, méridional par rapport à
nous, et sur lequel en maint et maint endroit nous dis-
tinguions, comme autant de taupinières, des tentes diversement groupées. Presque tout le pays d'Etrek et la
rivière qui le traverse s'étalaient ainsi à nos pieds, et les
endroits où cette rivière sort de son lit nous apparais-

saient de loin comme autant de lacs. Le voisinage du clan des Kems rendait nécessaires toute espèce de précautions; ainsi du moins l'affirmait Kulkhan, qui venait de se décider à passer la nuit avec nous. En conséquence, nous posâmes des sentinelles qui, relevées d'heure en heure, surveillaient tout ce qui pouvait leur sembler suspect.

Le lendemain, une marche de quatre heures nous conduisit aux bords de l'Etrek proprement dit. Nous perdîmes du temps à trouver un endroit guéable, attendu que la rivière, ordinairement large de douze à quinze pas, était maintenant doublée par suite d'un débordement. Le courant, il est vrai, n'en était pas très-fort; mais l'eau n'en venait pas moins jusqu'au ventre des chameaux, qui, les pieds glissants dans la vase détrempée, penchaient tantôt à droite, tantôt à gauche, et m'exposaient par un faux pas à quelque plongeon dans une boue infecte. Un heureux hasard nous garantit de tout accident, et à peine avions-nous fait halte que le kervan-bachi parut avec sa suite, y compris les trois buffles (deux femelles et un mâle) désirés sans doute par le royal malade dont ils devaient hâter la guérison, avec une impatience aussi vive que l'avait été la nôtre.

Dans les rangs des nouveaux venus, nous reconnûmes avec la joie la plus vive, ceux des derviches qui, à Gœmuchtèpe, avaient dû se séparer de nous parce qu'ils n'avaient pas les moyens de se procurer les chameaux destinés au transport de leurs provisions. N'ayant reçu d'eux aucune nouvelle, nous commencions à craindre qu'ils n'eussent pas pu nous rejoindre. On s'embrassa, on se serra dans les bras l'un de l'autre, comme des frères après une longue séparation. J'avoue que moi-même je me sentis fort ému en retrouvant le hadji Salih, Sultan Mahmoud, et, à dire vrai, tout le reste de la communauté mendiante.

Tandis que, plein de confiance, je me livrais ainsi au plaisir de revoir mes amis, le perfide Emir Mehemmed, essayait de me perdre auprès du kervanbachi. Persuadé que j'étais né en Europe et me prenant pour un agent secret, il s'imaginait que je portais des trésors sous mes guenilles et s'était efforcé de me séparer de mes compagnons pour m'avoir à son entière discrétion et m'exploiter en me tenant sous le coup d'une dénonciation. Furieux de ce que j'avais répondu à ses avances en lui conseillant des prières et des mortifications, il s'était résolu à me ruiner et m'avait dénoncé au kervanbachi qui, par conséquent, me reçut avec une méfiance si marquée qu'Ilias en fut indigné.

Nous sortîmes de cette audience malencontreuse pour aller retrouver hadji Bilal et lui expliquer ce qui venait d'arriver. Prenant feu tout aussitôt : « C'est cet Afghan, c'est ce fou, s'écria-t-il, qui renouvelle ici ses méchants propos d'Étrek : n'a-t-il pas voulu nous persuader que notre hadji Rechid, capable de lui en remontrer sur le coran et la langue arabe, n'était qu'un *Frenghi* déguisé?... « Dieu pardonne mes péchés (1)! » J'ai eu beau l'assurer que nous l'avions reçu des mains mêmes de l'ambassadeur ottoman et que sur son passe-port nous avions vu le sceau du Khalife, il refuse de nous croire et persiste dans ses diffamations. Je vois bien que le kervanbachi s'y est laissé prendre ; mais notre homme aura lieu de s'en repentir quand nous serons arrivés à Khiva où les khadis et les oulémas ne manquent point : nous lui montrerons à quoi l'on s'expose en présentant comme infidèle un pieux musulman. »

Environ deux heures après, le kervanbachi, dont l'autorité s'étendait dorénavant sur le convoi tout entier, donna ordre que les outres fussent remplies, vu que trois

(1) Cette exclamation se répète trois fois. — A. V.

jours de marche nous séparaient de la source la plus prochaine. Muni de ma peau de bouc, je me rendis comme les autres sur le bord de l'eau. Toutefois, les tourments de la soif m'étant inconnus, je m'acquittais de ma besogne avec une certaine négligence, contre laquelle mes collègues me mirent en garde. Dans le désert, me firent-ils remarquer, chaque goutte d'eau est pour ainsi dire une « goutte de vie ; » le pèlerin altéré veille sur son outre comme sur la prunelle de ses yeux. Quand tout fut prêt, on réunit les chameaux dont le kervanbachi dressa le compte ; nous en avions quatre-vingts pour quarante voyageurs, en tout, dont vingt-six étaient des hadjis sans armes, et le reste se composait de Turcomans Iomouds, sauf un Ousbeg et un Afghan, tous ces derniers suffisamment prêts au combat. Nous formions donc une de ces petites caravanes, incapables de résistance sérieuse, qui se mettent en route selon l'usage oriental, en confiant au destin le soin de les protéger.

Une fois tout le monde à son rang, nous eûmes encore à prendre congé de l'escorte turcomane qui nous avait conduits jusqu'à la limite du désert. La prière des adieux fut entonnée d'un côté par hadji Bilal, et de l'autre par Kulkhan. Après le dernier *amen*, suivi de ce geste invariable qui consiste à se prendre la barbe pour la caresser ensuite, les deux détachements s'éloignèrent en sens opposé. Lorsque les cavaliers qui nous quittaient, venant à franchir l'Étrek, nous eurent perdus de vue, ils nous envoyèrent en guise d'adieu quelques coups de fusil. De ce moment, nous marchions directement vers le nord en route pour Khiva.

CHAPITRE V

Le Bogdayla et le Kizil Takir. — Indignation des hadjis contre l'é-
mir Mehemmed. — Passage de la Cœrentagui et ruines de Mechedi Misriyan. — Les lettres de change. — Ordre d'une journée
de voyage. — Les Balkans du Turkestan. — Ordre de marche
dans le désert. — Le Dœden, ancien lit de l'Oxus.— Distribution
gratuite d'eau. — Le Caflankir. — Ilias Beg nous reçoit dans
son village khivite.

'Notre caravane marchait sans pouvoir découvrir la
moindre trace d'un sentier quelconque, frayé par les
pieds des chameaux ou par les sabots de tout autre animal. Ces districts qui s'étendent de l'Etrek au grand désert sont généralement appelés le *Bogdayla*. Après le
coucher du soleil, nous fîmes encore deux heures de route
sur un sol sablonneux qui offrait pourtant quelque résistance, et dont la surface, légèrement ondulée, ne s'élevait
jamais beaucoup au-dessus du niveau général. Peu à peu
le sable disparut et, vers minuit, nous avions sous les
pieds une argile si ferme et si sonore que le pas régulier
des chameaux arrivait de loin à nos oreilles comme une
mesure battue dans le silence des nuits. Ces sortes d'endroits portent ici le nom de *takir*, et comme celui où
nous marchons est d'une teinte rougeâtre, il s'appelle
Kizil-Takir. On ne s'arrêta qu'à la pointe du jour, et

cependant nous n'avions fait que six milles ; cette lenteur
d'allure s'explique d'abord par la nécessité de ne pas imposer, dès le début, une fatigue trop forte à nos chameaux, mais plus spécialement par les égards dus aux
buffles du khan de Khiva, considérés comme des
voyageurs de première importance. L'un d'eux, ou plutôt
l'une d'elles, était dans une situation digne d'intérêt, qui
la mettait hors d'état de marcher de conserve avec nos
chameaux, même au train le plus ordinaire. Il fallut, en
conséquence, faire halte jusqu'à huit heures du matin, et
pendant que nos bêtes de somme fourrageaient de tous
côtés les chardons et autres plantes du désert, nous
eûmes tout le temps de procéder à notre déjeuner, où ne
se révélait pas encore la nécessité d'une abstinence trop
sévère ; nos outres étaient pleines, et de fréquentes gorgées d'eau douce nous facilitaient la déglutition d'un pain
grossier sans mélange de levain. Comme nous avions
campé les uns près des autres, je m'aperçus que le kervanbachi, ainsi qu'Ilias et mes principaux compagnons,
engagés dans une conversation très-suivie, jetaient de
temps à autre un regard sur moi. Je devinai sans peine
le sujet de leur entretien, mais j'affectai de n'y prêter aucune attention, et après avoir tourné quelques feuillets
de mon coran avec une ferveur apparente, je me dirigeai
vers eux comme pour prendre part à leur causerie. L'honnête Ilias et hadji Salih firent quelques pas au-devant
de moi, et me dirent, m'emmenant à l'écart, que le kervanbachi ne se souciait guère de me laisser m'adjoindre
à lui pour le voyage à Khiva, mon extérieur plus ou
moins suspect l'ayant mis sur ses gardes. Il redoutait surtout la colère du Khan, vis-à-vis duquel il risquait de se
trouver en état de récidive. Effectivement, quelques années
auparavant, il avait conduit à Khiva un envoyé des
Frenghis (Européens), qui, durant cet unique voyage,

avait trouvé moyen de prendre un fidèle tracé de toute
la route, consignant sur le papier, avec une habileté
diabolique, les moindres sources et les moindres hauteurs.
Furieux de cette indiscrétion, le Khan avait fait exécuter
deux hommes auxquels l'étranger était redevable de quelques informations, et le kervanbachi lui-même n'était
sorti d'affaire que grâce à l'intervention de personnages
influents: — « A force d'insister, continuèrent mes amis,
sur l'impossibilité où nous sommes de te laisser derrière
nous dans le désert, nous avons fini par obtenir de lui
qu'il t'emmènerait, mais à deux conditions : d'abord, tu
te laisseras fouiller pour qu'on voie si, comme les Frenghis en général, tu as sur toi des dessins ou des *plumes
de bois* (des crayons) ; en second lieu, tu t'engageras à ne
prendre en secret aucune note relative aux routes et à la
configuration du pays. Si tu enfreins cette dernière promesse, nous t'abandonnerons à ton sort, fût-ce même au
centre du désert. »

J'avais tout écouté avec la plus grande patience, mais,
lorsqu'ils eurent fini, je me tournai d'un air indigné
vers hadji Salih, et, parlant assez haut pour que le kervanbachi ne pût s'empêcher de m'entendre : — « Hadji,
m'écriai-je, tu m'as vu à Téhéran, et tu sais qui je
suis !... Dis à cet Amandurdi, qu'en sa qualité d'honnête homme, il n'aurait jamais dû prêter l'oreille aux absurdes propos d'un ivrogne impie comme cet Afghan. On
ne se joue pas impunément de la religion, et, d'ici à peu
de temps, il perdra les moyens de porter contre qui que
ce soit des accusations si délicates. Une fois à Khiva, je
me charge de lui montrer sur qui s'égaraient ses indignes soupçons. »

Mes derniers mots, articulés avec une certaine violence
et de façon à être entendus par toute la caravane, excitè-
rent une véritable irritation chez mes collègues, surtout

parmi les plus pauvres, et, si je ne m'étais appliqué à les calmer, ils eussent fait un mauvais parti à l'émir Mehemmed, l'Afghan calomniateur. Personne ne fut plus surpris que le kervanbachi lui-même, du zèle avec lequel les hadjis prenaient mes intérêts. Aux différentes représentations qui lui étaient faites coup sur coup, il ne répondait plus que par une formule incessamment répétée : « Dieu le sait! Dieu le sait ! » Au fond, c'était un fort brave homme, ne voulant de mal à qui que ce fût ; mais c'était en somme un oriental, disposé, moins par malice que par goût pour le mystère, à ne voir en moi qu'un étranger déguisé. En même temps, chose singulière, il ne se refusait pas à prendre de moi des renseignements sur mainte et mainte question de polémique religieuse, puisqu'il avait appris à Gœmuchtèpe que j'étais versé dans la science des livres.

Après huit heures de répit, le convoi se remit en route, mais bientôt ses allures se ralentirent peu à peu. Quelques-uns des Turcomans mirent pied à terre pour examiner avec soin, de droite et de gauche, les petits monticules dont nous étions entourés. Ainsi que je l'ai su, un de nos compagnons, Eid Mehemmed, cherchait à découvrir la tombe de son frère qui a succombé ici dans un combat livré l'an dernier : il s'était même muni d'une bière pour transporter le corps à Khiva. L'endroit de la sépulture finit par être découvert ; on creusa la terre, et le corps à moitié décomposé fut placé dans le cercueil qu'on enveloppa d'un feutre épais. A la suite de cette opération, accompagnée des prières et des citations du coran usitées en pareil cas, et à laquelle j'avais dû prendre part comme les autres, Eid Mehemmed nous distribua des pains qu'il avait fait cuire en commémoration de l'événement. Puis, traversant une grande plaine stérile, nous recommençâmes à marcher au nord. Pour rattraper le temps perdu, force nous fut d'avancer toute la nuit sans interruption. Il faisait très-beau et, chaudement tapi dans mon panier, je contemplais à loisir les magnificences des cieux étoilés, plus beaux et plus sublimes dans le désert que partout ailleurs. Le sommeil finit cependant par me gagner. Je reposais depuis une heure au plus, quand je fus réveillé en sursaut par de rudes clameurs : « Hadji, me criait-on de tous côtés, regarde ta boussole; il semble que nous ayons perdu notre route. » Le briquet battu, je m'aperçus, à la lueur de l'amadou brûlant, qu'en effet au lieu d'aller vers le nord nous avions pris la direction de l'est. Le kervanbachi, redoutant pour nous le voisinage périlleux de certains marais, nous prescrivit de ne plus bouger jusqu'à l'aurore. Nous n'étions égarés, Dieu merci, que depuis une demi-heure, moment où le ciel s'était couvert de nuages. Aussi atteignîmes-nous la station marquée, en dépit de ce retard imprévu; là, nos bêtes de somme, lâchées à travers les épines et les chardons, purent se refaire de leurs fatigues (1). Je vis avec surprise, dans ce nouveau campe-

(1) Voici quelques détails que nous empruntons aux souvenirs que M. Vambéry a consignés dans l'*Intellectual Observer*.—Pendant les trois premières journées de marche, le silence si imposant du désert, silence qui peut être comparé à celui de la tombe, s'empara de mon âme comme une sorte d'enchantement. Je restais souvent des heures entières, les yeux fixés, perdu dans une sorte de rêverie, qu'on troublait rarement, persuadé que j'étais plongé dans de pieuses méditations. Je m'aperçus pourtant de l'étrange figure que plusieurs de mes compagnons endormis faisaient sur leurs chameaux, et de la gaieté qu'excitaient dans notre bande, leurs poses burlesques et leurs tressaillements soudains. L'un d'eux se sentait-il gagner par le sommeil, il saisissait avec ses deux mains le pommeau de la selle; mais cette attitude ne l'empêchait pas d'être jeté tantôt en avant et de se cogner le menton avec une telle violence que toutes ses dents s'entrechoquaient, tantôt en arrière avec un soubresaut qui menaçait de le précipiter à terre. Ce cas se renouvelait d'ailleurs assez fréquemment, à la grande joie des assistants et le malheureux joignait, au désagrément d'avoir mesuré le ter-

ment, récolter une grande quantité de carottes, longues d'un demi-pied et de la grosseur du pouce, que recommandait une saveur sucrée des plus agréables. L'intérieur, seulement, était dur comme du bois et ne se pouvait manger ; il en était de même pour une espèce d'oignons sauvages dont une quantité notable se trouvait au même endroit. Je saisis cette occasion de me régaler en faisant bouillir un certain nombre de carottes pour mon repas du matin, et j'en emportai une provision dans les plis de ma ceintute.

Le 15 mai, nous nous trouvons dans un district sauvage sillonné d'immenses tranchées. J'entends dire autour de moi qu'il présente à chaque voyage un aspect

rain, celui de devenir le héros du jour et le point de mire d'un feu roulant de plaisanteries.

« La fatigue ne se fait généralement sentir qu'après une marche de plusieurs heures. Tous les yeux se tournent alors vers le kervanbachi, occupé lui-même à chercher un lieu favorable pour la halte, et par là j'entends le voisinage d'un bon pâturage pour les chameaux. A peine l'a-t-il découvert qu'il s'y dirige en toute hâte, tandis que les membres les plus jeunes de la caravane se dispersent de côté et d'autre pour ramasser des racines sèches ou d'autres combustibles.

« L'installation se fait promptement, car l'espoir de goûter un repos si nécessaire ranime pour un instant les forces épuisées. En un clin d'œil, les cordes sont détachées, les ballots enlevés et empilés en petits tas, à l'ombre desquels le voyageur a coutume de s'étendre. A peine les chameaux ont-ils gagné leurs pâturages, qu'un calme solennel envahit la caravane. Ce calme est, je puis le dire, une sorte d'extase, car chacun jouit avec délice du repos et de la fraîcheur.

« Le Tartare est, de tous les peuples de l'Asie, celui qui, par son caractère et par ses mœurs, s'accommode le mieux de la vie bizarre du désert. Grâce à son fatalisme, il peut vivre au milieu des dangers toujours menaçants. Accoutumé à la malpropreté, à la pauvreté, à des privations de toute sorte, il lui importe peu de conserver pendant des mois entiers les mêmes vêtements et une couche de crasse sur le visage. Sa tranquillité d'esprit a toujours été pour moi un sujet d'étonnement. Elle me frappait surtout le soir, au moment de la prière, à laquelle chacun prenait part. La caravane différent et des difficultés toujours nouvelles, résultant de la raideur des pentes.

Les pauvres chameaux, dont quelques-uns portent des charges énormes, ont beaucoup souffert du sable sec sur lequel ils ne pouvaient prendre pied, ayant à monter et à descendre continuellement. On les attache ici les uns aux autres avec une corde fixée à la queue de celui qui marche devant et passée ensuite dans les narines perforées de celui qui marche derrière. Cet agencement a pour conséquence que, si une des bêtes du cortége vient à s'arrêter un seul instant, celles qui la précèdent, avançant toujours, lui infligent en tirant sur la corde une effroyable torture. Par égard pour ces pauvres animaux, nous met-

se formait sur une seule ligne, à la tête de laquelle se plaçait l'iman qui, le visage tourné vers le soleil couchant, récitait les prières. La solennité de cet acte était encore augmentée par le calme qui régnait dans toute la nature, et, lorsque les rayons de l'astre pâlissant venaient éclairer les visages de mes compagnons, ces figures avaient, malgré leur aspect farouche, une telle expression de béatitude qu'il semblait que ces hommes possédassent tous les biens de la terre et n'eussent plus rien à désirer. Je n'ai pú m'empêcher souvent de me demander quelle impression ils éprouveraient dans un wagon de première classe, ou au milieu du comfort et du luxe d'un hôtel de premier ordre. Combien peu ces contrées soupçonnent les bienfaits de la civilisation ! Telle est la vie d'une caravane pendant le jour. La nuit, le désert devient à la fois plus dramatique et plus dangereux. L'obscurité ne permettant plus à la vue de sonder l'horizon, il n'y a de sécurité que dans un cercle extrêmement restreint ; et, soit que la caravane continue sa route, soit qu'elle fasse halte, chacun s'efforce de rester aussi près que possible de ses compagnons. Pendant le jour, la caravane s'étend sur une longue file ; mais la nuit, elle se divise en six ou huit groupes qui, rapprochés les uns des autres, forment un carré compacte, dont les lignes extérieures sont occupées par les plus forts et les plus hardis. L'ombre des chameaux qui avancent lentement produit un effet curieux et saisissant par le clair de lune. Les nuits obscures sont pleines d'épouvante ; l'homme le plus hardi n'oserait s'écarter d'un seul pas de la caravane : autant vaudrait quitter le foyer domestique pour aller errer dans la Forêt Noire. — (*Rev. Britann.* — 1866. Août. p. 349 à 353.

tons pied à terre quand la route offre, comme ce jour-là, des difficultés exceptionnelles. Bien qu'il me fût très-pénible de me traîner sur ce sable profond, je me vis contraint d'y marcher pendant quatre heures de suite, lentement, il est vrai, mais sans la moindre trève.

Jusqu'à présent, nul n'aurait pu deviner la route que nous devions suivre en dernier lieu. Cacher ses desseins est en ce pays une nécessité de premier ordre, attendu qu'on y est constamment menacé de quelque surprise. Néanmoins notre provision d'eau s'épuisait rapidement et il devenait évident que, le lendemain au plus tard, nous serions forcés de gagner un puits dont les approches ne sont possibles que si la tranquillité du pays permet aux bergers Iomouds d'Ataboz de pénétrer jusque-là. Nous avançâmes ce soir-là sans trop de malencontre, la file des chameaux ne se rompit guère, et, lorsque se produisit un accident de ce genre, nos hommes, avertis presque aussitôt, purent courir à temps sur la trace des animaux égarés. En pareil cas la marche n'est pas suspendue et, pour que l'individu ainsi aventuré dans d'épaisses ténèbres ne soit pas exposé à se perdre, un des membres de la caravane a pour mission spéciale de continuer avec le messager un dialogue à voix haute, afin que l'autre puisse se guider sur ces interpellations, qui prennent au sein de l'obscurité je ne sais quel accent lugubre. Que si un vent contraire emporte au loin les paroles de salut, le malheureux séparé de ses compagnons n'en court pas moins les plus grands risques. Le lendemain matin (16 mai), nous découvrîmes vers le nord-est une chaîne de montagnes qu'on appelle la Cœrentagui ; mais ce ne fut que vers le soir que nous en fûmes assez près pour distinguer nettement le relief de leurs contre-forts inférieurs. On nous avait signalé, à Etrek, ce passage comme l'endroit où nous devions rencontrer des Iomouds. Nous n'avions cependant aucune certitude à cet égard, et il nous importait de savoir si la paix était suffisamment établie pour permettre l'arrivée des Iomouds ou si, en leur absence, nous trouverions les montagnes occupées par des ennemis. Un homme intrépide fut dépêché en reconnaissance et nous le suivîmes tous des yeux avec une vive anxiété. Heureusement, en approchant, nous apercevions plusieurs groupes de tentes ; mais il restait à savoir à quelle tribu appartenait ce campement placé sur notre chemin.

Tandis que mes compagnons se plaisaient à contempler la Cœrentagui et ses vertes vallées, le cœur me battait à la pensée que j'allais voir les ruines, probablement d'origine grecque, qui se prolongent à l'ouest de cette montagne. A l'instant même où j'avais aperçu celle-ci pour la première fois, mon regard s'était arrêté au sud-ouest, sur une colonne isolée, qu'on pouvait prendre de loin pour une espèce de géant. Je discernai plus tard, dans la même direction, à mesure que nous nous élevions sur le plateau, une seconde colonne plus massive que la première, mais moins élevée et dans le voisinage immédiat de la montagne. Ces ruines, connues sous le nom de Mechedi Misriyan, étaient sur ma gauche et tellement près que j'en pouvais discerner les moindres détails.

A ce moment, on avait constaté que le campement précédemment aperçu appartenait à des Iomouds ; l'on décida qu'on y passerait la journée tout entière pour y négocier l'acquisition de quelques chameaux. Cela s'accordait tout à fait avec mes désirs en me donnant l'occasion d'examiner plus à loisir les ruines en question.

Je m'y rendis le lendemain matin (17 mai), accompagné par Ilias et quelques-uns de nos pèlerins. Il avait fallu trouver plus d'un prétexte pour amener ces derniers à visiter un endroit qu'ils envisageaient comme le séjour des génies ou *djins*. Les ruines éta!ent à une demi-lieue environ de nos tentes, bien que les hautes murailles de cette construction carrée, ses deux tours encore entières et deux autres à demi écroulées, nous eussent paru beaucoup plus voisines. Tout autour de ce groupe et enveloppant le rempart supérieur, lequel a quarante à cinquante pieds d'élévation sur six à huit de largeur, il en existe un beaucoup plus bas et complètement ruiné, du côté du sud. Le dernier a dû servir d'ouvrage extérieur au fort encore debout et que je regarde, pour moi, comme une antique citadelle. C'est, j'imagine, en vue de compléter son système de défense, qu'a dû être elevé l'aqueduc qu'on voit s'allonger dans la direction du sud-ouest jusqu'aux montagnes de la Perse, et qui allait chercher à cinquante lieues (cent cinquante milles anglais) l'eau nécessaire pour alimenter les citernes de la forteresse.

Je ne suis assez versé ni dans l'archéologie ni dans l'architecture pour asseoir un jugement précis au sujet de ces curieuses reliques, mais je ne crois pas me tromper en leur assignant une origine grecque : les briques carrées dont elles se composent étant exactement semblables par leurs dimensions, leur qualité, leur couleur, à celles de Gœmuchtèpe et du Kizil Alan (mur d'Alexandre) (1).

Je remarquai encore d'autres ruines, groupées à la cime septentrionale de la Cœrentagui. Il faisait nuit quand nous passâmes auprès d'elles, et l'obscurité ne me permit guère de distinguer autre chose qu'une demi-douzaine

(1) Voici la tradition turcomane au sujet de ces ruines : Dieu, particulièrement bien disposé pour le Turkestan peuplé de braves, y avait d'abord placé la Kaaba, depuis transportée en Arabie ; mais un diable de couleur verte, boiteux par-dessus le marché, qu'on appelait Gœkleng (mot à mot *boiteux vert*), et de qui les Gœklens descendent, se permit de la détruire. — « L'insolence de leur ancêtre, ajoutait le farouche étlymologiste à qui je dois ces détails, vous expliquera pourquoi nous sommes toujours en guerre avec cette tribu. » — A. V.

de chapelles, isolées l'une de l'autre, et dont les toitures en dôme se dressent encore vers le ciel.

Les nomades qui habitent cet endroit sont venus en foule visiter la caravane. Une sorte de négoce s'est établi; j'ai vu se conclure, à crédit, des ventes et des achats d'une certaine importance. La rédaction des lettres de change, et surtout leur transcription, m'a été naturellement dévolue. Il m'a paru assez surprenant que le débiteur, au lieu de remettre sa signature au créancier, garde lui-même le titre de sa dette au fond de sa poche; c'est pourtant ainsi que les affaires se font dans tout le pays. Un créancier, que je questionnais sur cette manière de procéder si contraire à nos habitudes, me répondit avec une simplicité parfaite : « Pourquoi conserverais-je cet écrit, et à quoi me servirait-il ? Le débiteur au contraire en a besoin, pour se rappeler l'échéance de la dette et le chiffre de la somme qu'il s'est obligé à me restituer. »

A partir du 18 mai, nos calculs nous donnaient deux étapes pour parvenir au Grand Balkan (1) et quatorze encore jusques à Khiva. Pendant ce temps, nous ne devions rencontrer que quatre sources ou puits, fournissant une eau saumâtre, et nous ne devions voir selon toute probabilité aucun homme vivant. Notre guide, cependant, vu que nous étions à la mi-mai, espérait trouver en quelques endroits écartés un peu d'eau de pluie. La misérable eau que nous avions puisée dans la citerne de la Cœrentagui, déjà fort malpropre quand nous l'avions mise dans nos outres, s'était, en ballotant sur le dos des chameaux, promptement transformée en une espèce de boue nauséabonde. Telle qu'elle était pourtant, nous la devions épargner, car nous n'avions aucun lieu d'espérer

____

(1) Il faut se rappeler que, dans la Turquie d'Europe, la chaîne la plus importante des montagnes, qui bordent au sud le bassin du Danube, s'appelle aussi les Balkans. — J. B.

trouver de l'eau de pluie avant d'avoir atteint une station située au-delà du Grand Balkan.

Mieux faits maintenant aux rigueurs du trajet, nous commencions à voyager avec plus d'ordre et de régularité. Nos haltes quotidiennes étaient ordinairement au nombre de trois, chacune d'une heure et demie à deux heures. Pendant la première, avant le lever du soleil, on cuisait le pain de la journée ; la seconde, à midi, était destinée à ménager, soit aux hommes, soit aux bêtes de transport, un répit qui les soulageât de la chaleur excessive ; la troisième enfin, précédant la tombée du jour, nous donnait le temps d'avaler un misérable souper uniquement composé de pain et d'eau, celle-ci comptée pour ainsi dire goutte à goutte. Mes associés, aussi bien que les Turcomans, avaient emporté un approvisionnement de graisse de mouton qu'ils mangeaient avec leur pain et dont ils m'eussent volontiers fait part. Mais je m'en abstenais avec soin, convaincu que la plus extrême modération en fait de nourriture pouvait seule atténuer les tourments de la soif et m'endurcir aux fatigues de la route. Nous étions maintenant sur un terrain argileux et dur, produisant à peine çà et là quelques misérables végétations, mais plus généralement stérile. De nombreuses crevasses ramifiées à l'infini s'y étendaient comme un réseau de veines. Nonobstant la variété de leurs complications à perte de vue, je ne saurais dire combien on se sent fatigué de ces aspects monotones auxquels manque toute espèce de vie, ni avec quelle joie, parvenu à la station, le voyageur se repose pendant quelques minutes de ce mouvement onduleux qu'imprimait à son corps le pas du chameau.

Le lendemain matin (19 mai), nous aperçûmes vers le nord ce qui semblait un nuage d'un bleu sombre. C'était le Petit Balkan où nous devions arriver le jour d'après, la chaîne même dont les Turcomans m'avaient tant de fois vanté la hauteur, les beaux paysages et les richesses minérales. Malheureusement, ce soir-là, notre kervanbachi, d'ordinaire si vigilant, se laissa surprendre par le sommeil, et notre chef de file, placé en tête des chameaux, nous mit dans un péril d'où nous sortîmes à grand'peine la vie sauve. Il faut dire ici qu'on trouve, au pied du Petit Balkan, beaucoup de marais salins, recouverts d'une croûte épaisse et blanche; elle en identifie l'aspect à celui des terrains plus consistants qui les avoisinent, ces derniers étant eux-mêmes revêtus d'une légère couche de sel. Nous avancions sans défiance dans cette direction périlleuse, lorsque les chameaux, qui sentaient la terre manquer sous leurs pieds, ne voulurent plus avancer et devinrent subitement insensibles à toute espèce d'incitations. Chacun de sauter en bas de sa monture, et qu'on juge de mon effroi quand, mes pieds posant sur le sol, je m'y trouvai vacillant comme à bord d'un bateau en dérive. La consternation était générale. Le kervanbachi criait çà et là que chacun eût à rester sur place, vu qu'il était inutile de songer à nous tirer d'affaire avant le jour. Une forte odeur de soude rendait l'atmosphère presque insupportable à respirer. Il n'en fallut pas moins attendre pendant trois bonnes heures que l'Aurore aux doigts de rose, — *Aurora liberatrix*, — vînt ouvrir les portes de l'Orient. Il ne nous fut pas très-facile de rebrousser chemin, mais nous n'en étions pas moins fort joyeux et fort reconnaissants de la faveur céleste qui nous avait retenus littéralement au bord de l'abîme. Quelques pas de plus, en effet, et nous arrivions sur un point où une partie du convoi, le convoi tout entier peut-être, eût disparu dans un gouffre invisible. Telle était l'opinion unanime de nos Turcomans.

Dans la matinée du 20 mai, nous arrivâmes au Petit

Balkan, dont la chaîne s'étend du sud-ouest au nord-est. Parallèlement à elle, on voyait à peine se dessiner une espèce de cap, contrefort avancé du Grand Balkan. Le Petit, au pied duquel nous campions, forme, sur un parcours d'environ douze milles, une rangée de montagnes dont les cimes sont à peu près de niveau et où on ne trouve guère d'ouverture à signaler. Peut-être ces montagnes ne sont-elles pas aussi nues, aussi stériles, que celles de la Perse. Çà et là on y remarque des herbages, et l'ensemble a des teintes d'un vert bleuâtre. Leur hauteur, appréciée à vue d'œil, semble atteindre trois mille pieds.

Ce jour-là et le lendemain matin (21 mai), nous continuâmes à les côtoyer. Vers le soir, la caravane gagna le pied du promontoire formé par le Grand Balkan. Je n'en ai pu voir de près qu'une bien faible partie, mais ce simple coup d'œil a justifié pour moi la qualification qu'il porte. Il paraît occuper un espace plus considérable que l'autre, et les cimes en sont plus élevées. Nous nous trouvions sur un embranchement qui, du massif principal, se dirige vers l'est. Quant au grand Balkan lui-même, prolongé vers la mer Caspienne jusqu'à un golfe auquel il donne son nom, il s'incline vers le nord-est. S'il faut croire tout ce que j'en ai entendu dire à Khiva et parmi les Turcomans, ce groupe de montagnes abonde en métaux précieux ; mais je n'ai pas pu vérifier ce fait. Pris dans son ensemble, l'endroit où nous passâmes la nuit n'était pas sans charme, à l'heure surtout où le soleil, prêt à disparaître, jetait ses clartés dans les vertes vallées du Petit Balkan. Seulement, sur ces paysages accidentés, sur ces images riantes, planait, comme un voile de deuil, l'idée d'une solitude complète, d'un immense abandon. Dans ces contrées désertes, l'insécurité vous accompagne, on est constamment sur ses gardes;

on craint l'apparition d'une face humaine, signal presque inévitable d'attaque et de lutte armée. Qui rencontre un homme dans le désert, rencontre probablement un ennemi et doit se préparer à combattre.

Le crépuscule venait de s'éteindre, quand on donna l'ordre du départ. Le kervanbachi nous fit remarquer que nous étions arrivés à l'entrée du véritable désert. Il rendait justice à notre expérience comme voyageurs, mais ne croyait pas inutile de nous rappeler que nous devions autant que possible, soit le jour, soit la nuit, nous abstenir de parler haut et de laisser échapper la moindre clameur. A partir de ce moment, il fallait cuire notre pain avant le coucher du soleil; chacun devait s'interdire de faire du feu la nuit pour ne pas appeler l'attention d'un ennemi constamment aux aguets; enfin, dans nos prières, nous devions implorer sans cesse Amandjilic et sa puissance protectrice; puis, si l'heure du péril venait à sonner, ne pas nous conduire comme des femmes.

On nous avait informés à la Cœrentagui qu'une cinquantaine de bandits, appartenant aux Tekkés, hantaient les abords des Balkans; mais le kervanbachi ne mit ce renseignement à profit qu'en évitant les puits appelés Djenac Couyousou, dont les eaux sont d'ailleurs si salées qu'aucun chameau n'y voudrait toucher s'il a bu depuis moins de trois jours. Vers minuit, à deux milles de notre point de départ, et sur une pente des plus raides, on nous signifia de mettre tous pied à terre, attendu que nous étions dans le Doeden, c'est le nom que les nomades indigènes donnent à l'ancien lit de l'Oxus (1). Or, les

(1) Malte-Brun n'a pas cru que l'Oxus ait jamais pu envoyer, vers l'ouest, une de ses branches tomber dans le golfe de Balkan, vers le S. E. de la mer Caspienne; mais M. Huot a scientifiquement combattu cette opinion. Voir la fin du livre 132 de la *Géographie Universelle*. Ed. 1844. t. IV., p. 615 et suiv. La question paraît décidée aujourd'hui. — J. B.

pluies du dernier hiver avaient effacé jusqu'aux dernières traces d'un chemin qui, l'année précédente, était encore facile à discerner. Nous traversâmes obliquement le canal à moitié comblé, et nous commençâmes à gravir la rive opposée qui est la plus escarpée des deux ; mais ce ne fut qu'au point du jour, après beaucoup de fatigues, que nous eûmes atteint le sommet du plateau.

Les Turcomans rattachent de leur mieux, dans leurs récits mythologiques, l'ancien cours de l'Oxus aux ruines de Mechedi-Misriyan, en prétendant que ce fleuve coulait jadis sous les murs de l'édifice qui devait être la Câba, mais qu'irrité par les crimes des Goeklens, il s'est ultérieurement détourné vers le nord

A mesure que les Balkans s'effaçaient derrière le sombre azur des nuages, le désert sans limites apparaissait à nos yeux plus immense et plus imposant. Jusque-là, j'avais toujours soutenu que la sublimité des solitudes existait seulement pour les imaginations enthousiastes. C'était une erreur, je dois l'avouer. Dans les basses terres de la Hongrie, mon bien-aimé pays natal, j'ai vu comme une réduction du désert ; je l'ai retrouvé à l'état d'esquisse, sur une plus grande échelle, pendant que je traversais en Perse une portion du *désert salé :* mais combien me frappa davantage le spectacle maintenant offert à mes yeux ! Non, ce n'est pas la fantaisie de l'esprit, c'est la nature elle-même qui, sans chimérique prestige, nous donne par moments la perception nette de son magnifique langage, l'intelligence de ses œuvres les plus grandioses. Bien des fois, pour atténuer la tristesse de ces vastes plaines abandonnées, j'ai voulu me figurer, dans leur voisinage immédiat, des cités populeuses et vivantes, mais je n'y suis jamais parvenu ; ces éminences sablonneuses qui s'étendent à perte de vue, ce silence de mort qui glace le cœur, cette pourpre pâle que revêt le soleil à son lever et à son coucher : tout exclut l'idée de l'existence collective et du mouvement qu'elle produit. On se sent plus isolé qu'on ne saurait le dire, au sein de ces immenses déserts, les plus vastes peut-être du monde entier.

Vers midi, le 22 mai, nous campâmes dans le voisinage d'Yeti Siri, ainsi nommé à cause des « sept puits » qu'on trouvait jadis dans cet endroit. Trois d'entre eux fournissent encore, à la rigueur, un peu d'eau saumâtre et d'une odeur fâcheuse, mais les quatre autres sont complètement à sec. Le kervanbachi manifestant l'espoir que nous pourrions découvrir dans la soirée quelque dépôt d'eaux pluviales, et bien que ce qui restât dans mon outre fût à peu près réduit à l'état de vase, je ne voulus pas échanger ce misérable résidu contre le liquide infect et amer que m'offraient ces sources désolées; les chameaux y burent cependant, et certains de mes compagnons n'hésitèrent pas à s'y approvisionner. J'étais étonné de voir ces derniers se montrer aussi avides que nos quadrupèdes eux-mêmes, et ils ne firent que rire de l'abstinence que je leur prêchais, ne prévoyant pas qu'ils auraient peu après à se repentir de n'avoir pas suivi mes sages conseils.

La halte fut courte et nous repartîmes pour gravir une colline plus élevée que les monticules environnants. Nous y trouvâmes deux cacolets abandonnés, dont les hôtes, me dit-on, avaient dû périr dans le désert. On ajoutait que tout réceptacle où un homme a pris place devient, pour les Turcomans, un objet de respect ; le détruire est une espèce de sacrilége. Superstition bizarre et inattendue! Il est méritoire de faire des prisonniers et de les vendre, la dévastation du pays ennemi passe pour un acte de vertu, et le misérable panier de bois dans lequel un homme s'est assis demeure, par cela même, inviolable et sacré !... Le désert et ses habitants n'ont-ils pas quelque chose d'étrange et de mystérieux ?

Cependant nos recherches pour découvrir de l'eau potable ayant tout à fait échoué, je commençais à me trouver fort inquiet de me voir condamné pour toute boisson à ce limon calcaire dont mon outre renfermait encore quelques gorgées. A l'école des privations, on apprend la valeur des plus simples dons de la Providence. Jamais je n'avais mieux apprécié l'importance d'une goutte d'eau : jamais je n'avais envisagé au même point de vue l'abus qu'on fait de cet élément prodigué en pure perte.

Je ne mangeai que des bribes de pain, détrempées dans de l'eau que j'avais fait bouillir, ayant ouï dire qu'elle perdait ainsi une partie de son amertume.

Prêt à tout endurer jusqu'au moment où nous rencontrerions l'eau de pluie, je me félicitais de n'avoir pas imité mes compagnons, maintenant aux prises avec la plus violente diarrhée. On soupçonnait fort quelques Turcomans, et le kervanbachi plus qu'un autre, de garder par devers eux une certaine quantité de ce liquide si nécessaire à tous ; mais c'étaient là des conjectures difficiles à émettre hautement lorsque, en portant atteinte à l'outre du voisin, on semblait en vouloir à sa vie, et dans un moment où l'homme assez mal avisé pour solliciter d'un autre, soit comme don soit comme prêt, la plus petite quantité d'eau, se serait vu taxer de folie. Ce soir-là, je perdis l'appétit, et, malgré le sentiment d'une excessive débilitation, je n'éprouvais aucune envie de prendre le plus léger aliment. La chaleur était devenue écrasante. Les forces me manquaient absolument, et, gisant sur le sol, je ne me croyais plus en état de me relever, quand je vis nos gens se grouper autour du kervanbachi ; quelques-uns m'invitaient à venir les rejoindre ; « de l'eau, de l'eau ! » disaient-ils. Ce mot magique me rendit une vigueur nouvelle. Debout sans savoir comment, je constatai avec un mélange de joie et de surprise que le kervanbachi distribuait à chacun de nous une ration équivalente à deux verres de cette boisson tant désirée. Le brave homme nous expliqua que, depuis bien des années, il gardait secrètement, à chaque traversée du désert, une provision d'eau, relativement considérable, pour la répartir à ses compagnons aux moments d'extrême disette ; — et c'était là un grand acte de piété, car un proverbe du pays dit formellement qu'une seule goutte d'eau, gratuitement donnée dans le désert à l'homme tourmenté par la soif, emporte avec elle les péchés de cent années.

Le fait est qu'on ne saurait ni mesurer le bénéfice d'un pareil présent, ni décrire la volupté dont il est la source. Ranimé, désaltéré, je croyais avoir recouvré pour trois jours de force ; le pain cependant me manquait encore. Faute d'appétit, faute de volonté, j'avais négligé de préparer mon feu, et maintenant même, au lieu d'aller chercher du bois à quelque distance, je crus, la paresse aidant, que le fumier des chameaux pourrait me tenir lieu de combustible. La quantité que j'en ramassai n'était probablement pas suffisante, car, après une demi-heure de cuisson sous les cendres chaudes, la croûte n'était pas encore formée. Il fallut bien se décider et ramasser, de çà de là, un petit fagot de brindilles, auxquelles je me hâtai de mettre le feu, sans réfléchir qu'il faisait déjà nuit. Le kervanbachi, m'interpellant aussitôt à haute voix, me demanda si je prétendais ainsi mettre les brigands sur nos traces ? J'en fus donc réduit à éteindre mon four ambulant et à reprendre mon pain sans levain, qu'il me fallut dévorer à moitié cuit.

Dans la matinée du 24 mai, nous parvînmes à l'extrême limite des sables où nous nous étions traînés pen-

dant trois fois vingt-quatre heures, au milieu des souffrances et des privations qui m'avaient, en me réduisant
au désespoir, conduit souvent à douter du succès de mon
entreprise. Maintenant nous étions assurés de rencontrer
de l'eau pluviale partout où existerait un sous-sol argileux.
Le kervanbachi confirmait notre espoir, en nous montrant de tous côtés des pistes de gazelles et d'ânes sauvages. Il pressait le pas et fut effectivement le premier à
découvrir, de ses yeux de lynx, un petit lac d'eau douce
qu'il désigna de loin à la caravane. « De l'eau ! de l'eau !»
Cette clameur joyeuse passa de bouche en bouche, et le
simple aspect de la boisson promise, avant même que les
lèvres ne l'eussent encore touchée, suffit pour apaiser nos
tourments et calmer nos inquiétudes. Nous arrivâmes à
midi sur les bords du lac ; plus tard, complétant cette
première découverte, nous reconnûmes l'existence de
plusieurs autres creux de terrain remplis de l'eau la plus
pure. Je fus rendu des premiers au bord du principal réservoir, avec mon outre et tout ce que j'avais en fait de
vases, moins pressé de boire que de me munir d'eau
avant que la foule l'eût troublée et réduite à l'état de
fange. Une demi-heure plus tard, chacun déjeunait avec
un entrain, une joie enthousiaste, dont il me serait difficile de donner une idée. A partir de cette station, nommée Deli Ata, nos outres, jusques à Khiva, demeurèrent
constamment pleines, et la traversée du désert fut dès
lors, je ne dirai pas agréable, mais libre de ses principaux inconvénients. Vers le soir, nous parvînmes sur un
point où le printemps régnait dans toute sa gloire. Établis au milieu d'innombrables étangs, que rattachaient
l'un à l'autre ce qu'on appellerait volontiers des guir-
landes de prairies, nous pouvions nous croire les jouets
d'un rêve en nous rappelant où nous avions campé la
veille. Pour surcroît de satisfaction, nous apprîmes que

nous n'avions plus à redouter aucune surprise, bien qu'il nous fût recommandé, pour cette nuit encore, de ne pas allumer nos feux. Il est bon d'observer ici que les enfants du désert attribuaient uniquement à notre pieux caractère, à nos mérites comme hadjis, cette abondance d'eau tout à fait imprévue. Nous renouvelâmes nos provisions, et le départ eut lieu sous les plus favorables auspices.

Ce soir-là même, nous arrivâmes à une énorme tranchée, que jamais nous ne pensions atteindre assez tôt. Par delà se trouve le plateau qu'on appelle Caflankir (Champ du tigre) ; il marque le commencement des territoires appartenant au khanat de Khiva.

La montée du plateau, longue de trois cents pieds, fut une rude besogne pour nous tous, bêtes et gens. L'ensemble offre un spectacle extraordinaire : si loin que puisse atteindre le regard, la terre, où nous étions parvenus, ressemble à une île émergeant du sein d'un océan de sable. On ne voit aboutir ni la profonde tranchée que nous avions traversée, ni celle qui existe au nord-est. Toutes deux, à en croire les Turcomans, sont d'anciennes branches de l'Oxus, et le Caflankir n'était jadis qu'une île enveloppée par ces larges canaux. Ce qui est certain, c'est que ce district tranche sur le reste du désert, aussi bien par le sol et la végétation que par le nombre des animaux qui y trouvent un asile. Jusqu'ici nous avions rencontré çà et là, isolément, des gazelles et des ânes sauvages, mais, sur cet immense pâturage, ils étaient réunis par troupeau de plusieurs centaines. Dans le courant du second jour que nous y passâmes, nous aperçûmes, vers midi, un énorme nuage de poussière qui s'élevait du côté du nord. Aussitôt chacun appréta ses armes et notre anxiété redoublait à mesure que s'approchait le tourbillon menaçant. Nous finîmes par distinguer une masse mouvante qui ressemblait à une file d'escadrons prêts à nous charger. Mais alors nos guides déposèrent leurs armes ; moi je me contenais avec une impatience de plus en plus fébrile. Quand le tourbillon fut à cinquante pas, on entendit un piétinement pareil à celui que produiraient un millier de cavaliers bien instruits, s'ils s'arrêtaient court au même signal. La poussière tomba, et nous nous vîmes en face de je ne sais combien d'ânes sauvages, très-valides et très-vigoureux, qui venaient de faire halte en bon ordre. Ils nous contemplèrent quelques instants ; puis, découvrant selon toute probabilité que nous n'appartenions pas à la même catégorie d'animaux, ils reprirent leur course rapide et disparurent vers l'occident.

Étudié du côté qui regarde Khiva, le relief du Caflankir offre l'aspect d'une véritable muraille ; sa marge, parallèle à l'horizon, est aussi bien nivelée que si la retraite des eaux datait seulement d'hier. Du point dont je parle, il ne nous fallut qu'un jour pour arriver, le 28 mai au matin, sur les bords d'un lac appelé *Chor Gœl* (Mer salée) ; le rectangle qu'il forme a quelque douze milles anglais de circonférence. On résolut de s'y arrêter pendant six heures, afin d'accomplir le *gusl* (1) prescrit aux mahométans, et d'autant plus obligatoire qu'il s'agissait de célébrer l'Eidi Courban, une des fêtes principales de mahométisme.

Enfin nous aperçûmes les murailles argileuses de quelques chaumières abandonnées ; ce nous fut une grande joie ; car, depuis notre départ de Caratèpe, aucune construction ne s'était offerte à nous, qui ressemblât à une

---

(1) Le *gusl* est l'ablution de tout le corps, nécessaire seulement en cas de solennité. Il diffère de l'ablution partielle qui doit se faire avant les cinq prières de chaque jour, mais qu'on remplace, quand on n'a pas d'eau, en se frottant avec de la poussière et du sable. — A. V.

demeure récemment habitée. Nous arrivions donc parmi des populations sédentaires. Cependant une insurrection des Tchaudors, qui poussaient leurs ravages jusque sur ces frontières de la Khivie, nous obligeait encore à nous entourer de précautions. Le lendemain (30 mai), nous aperçûmes des groupes de tentes et nous entendîmes crier autour de nous: « Soyez les bien-venus ! » Notre camarade Ilias qui comptait des amis parmi les gens campés dans ces parages, se hâta d'aller recueillir, à la ronde, un peu de pain frais et d'autres présents-*courban* (friandises de choix) ; il revint, amplement pourvu, nous distribuer de la viande, du pain et du *kimis* (boisson d'un goût acide qu'on prépare avec du lait de jument). Bien que notre halte ne se prolongeât guère au-delà d'une heure, bon nombre de ces pieux nomades vinrent nous trouver, pour satisfaire, en nous serrant la main, à leurs religieuses aspirations. En échange de quatre ou cinq formules, je reçus une forte ration de pain et plusieurs morceaux de viande, chameau, cheval ou mouton.

Dans la soirée de ce jour, nous fûmes rejoints par cinq cavaliers qu'on envoyait au-devant de nous et qui devaient nous servir d'escorte jusqu'à Khiva. Nous gagnâmes dans la matinée suivante un village peuplé d'Ousbegs, dépendant d'Akyap et marquant la dernière limite du désert qui commence à Gœmuchtèpe. Selon l'usage, nous fîmes dans les domiciles de ces braves gens une tournée de visites, où nos bénédictions eurent pour récompense une collecte abondante. J'y revis quelques objets de provenance européenne et ces vestiges d'une terre aimée firent bondir mon cœur dans ma poitrine.

Un peu plus loin, nous entrions dans le village natal d'Ilias, c'est-à-dire un district à la surface duquel se dispersaient, au milieu des prairies et des terres cultivées, les tentes et les habitations des Iomouds appartenant au même *aoul* que lui. Nous ne fîmes notre entrée solennelle chez Ilias que le premier juin, en compagnie d'une foule de ses parents et amis, accourus pour nous souhaiter la bienvenue. Il offrait de me loger sous une tente fort propre et suffisamment meublée ; mais je préférai son jardin où m'appelait l'irrésistible séduction de quelques arbres aux cimes touffues. Sevré de verdure depuis si longtemps, j'avais soif de me retrouver sous ces frais ombrages dont l'abri mobile et le frémissement harmonieux se prêtent, mieux que tous les toits du monde, au repos du corps et de la pensée.

Pendant les deux journées que je passai au milieu des Turcomans à demi civilisés, ceux-là, veux-je dire, qui sont à demi sédentaires et à demi nomades, je fus étonné de l'aversion qu'ils manifestaient pour tout ce qui ressemble à une résidence ou à un gouvernement fixe. Encore qu'ils habitent depuis plusieurs siècles immédiatement auprès des Ousbegs, ils n'ont adopté ni les mœurs ni les coutumes de leurs voisins ; ils évitent tout rapport avec eux et, bien qu'issus d'une souche commune, bien que parlant le même idiome, ils se conduisent de telle façon qu'un Ousbeg leur est plus étranger peut-être qu'un Hottentot ne l'est à un Européen.

CHAPITRE VI

LE KHARIZME ET KHIVA

Beauté des environs de Khiva. — La ville à l'intérieur. — Dernière trahison de l'émir Méhemmed. — Chukroullah Bay me protége. — Audience du khan Seid Mehemmed. — Population de Khiva. — Préjugés sur le Sultan. — Hadji Ismaël. — Seconde audience du Khan. — Supplice des rebelles, et des adultères. — Récompenses suivant le nombre de têtes coupées. — Le Kharizme. — Les deux Ourguendj. — Produits et commerce. — Derniers conseils de Chukroullah Bay. — Les hadjis sortent de Khiva plus riches qu'ils n'y étaient entrés.

Au point du jour, après une nuit passée dans une prairie où toute la caravane, bêtes et gens, avait été en butte aux attaques des cousins les plus gros, les plus effrontés que j'aie jamais rencontrés, nous nous mîmes en route pour Khiva. Je n'avais pas pu fermer l'œil de la nuit et j'étais d'assez mauvaise humeur, lorsqu'il me fallut prendre place sur mon chameau. Cependant le pénible souvenir de l'insomnie s'effaça promptement sous l'impression que me faisaient les splendeurs printanières. Plus nous avancions, plus la végétation devenait luxuriante. Le sol des environs de Khiva est effectivement d'une fertilité extraordinaire, due beaucoup moins au choix des cultures qu'à l'excellence de l'irrigation et aux qualités propres à l'eau de l'Oxus.

D'abord je me figurai que, si la nature prenait à mes yeux un aspect si souriant et si beau, c'était à cause du voisinage de ces déserts dont les formes hideuses flottaient encore dans mon imagination ; mais je ne tardai pas à me convaincre que l'effet de ce contraste ne suffisait pas pour rendre compte de l'effet que j'éprouvais. Aujourd'hui que je viens de traverser la zône la plus gracieuse et la plus riche des régions européennes, les petites forteresses, ombragées de hauts peupliers, qu'on rencontre à chaque pas dans les environs de Khiva ; les prairies à l'herbe épaisse et les champs chargés de moissons qui les entourent, me semblent encore aussi beaux qu'au premier jour où je les vis. Si les poëtes orientaux eussent porté de ce côté leur lyre inspirée, ils auraient trouvé, mieux que dans les horribles déserts de la Perse, des tableaux et des sujets dignes d'être chantés. Au centre de ces jardins, la capitale du pays, s'élevant avec ses dômes et ses minarets, fait une impression favorable sur le voyageur qui la contemple de loin.

L'intérieur de la ville ne répond pas néanmoins à l'impression que produit son aspect extérieur. Cette capitale est de beaucoup inférieure à une des villes de la dernière catégorie de celles qu'on rencontre en Perse. Trois ou quatre mille maisons de terre-battue, éparpillées au hasard dans toutes les directions ; plus un rempart, également en terre, qui marque à peu près les limites de cette agglomération ; la cité qu'une enceinte intérieure sépare au besoin de la citadelle ; des bazars, dont peu sont dignes d'attention ; des mosquées, peu remarquables ; quelques colléges, aux cours plantées d'arbres, et qui ont l'air d'édifices au milieu de ces huttes de boue que la pluie délaye et que le soleil crevasse ou disloque : voilà Khiva. Ce n'est pas autre chose.

Au seuil de la ville, où mes traits européens pourraient

me trahir dès l'abord ; je sentais mes nerfs surexcités au dernier point ; sans avoir peur toutefois, car une longue habitude m'avait familiarisé avec le danger et je portais sur moi de quoi échapper, par une mort plus douce, aux tortures effroyables qu'emploie la question mahométane. J'étais donc résolu à faire avec calme tous mes efforts pour déjouer au besoin la jalouse surveillance du bigot qui tyrannise ce pays.

En arrivant, nous vîmes venir à nous plusieurs fidèles khivites, des mains desquels, sans descendre de chameau, nous reçûmes du pain et des fruits secs. Un si grand nombre de pèlerins ne s'était pas montré dans la ville depuis longtemps ; en conséquence, nous excitions un étonnement général et nous entendions retentir autour de nous les exclamations de bienvenue les plus enthousiastes.

Quand nous pénétrâmes dans le bazar (1), hadji Bilal entonna un des cantiques appelés *telkin*. Ma voix dominait celle de mes compagnons et je ne pus m'empêcher d'une émotion très-vive quand je vis les gens qui m'entouraient se jeter sur moi pour me baiser et les pieds et les mains ; que dis-je ? les loques elles-mêmes qui pendaient autour de mon corps.

Selon l'usage, nous allâmes descendre au caravanserail, qui sert également comme bureau de douanes, et où l'ar-

---

(1) M. Vambéry n'indique pas de quel bazar il veut parler ici ; mais, comme, dans son chapitre XVII, en donnant de la ville une description dont nous reproduisons plusieurs passages, il n'indique, outre le marché aux esclaves, que le *Tim*, comme digne d'attention, nous pensons que c'est de celui-ci qu'il s'agit. Voici ce qu'il en dit : « Le *Tim*, petit édifice bien construit, avec des voûtes élevées, *comprenant un caravanserail* et environ cent-vingt boutiques où l'on vend des objets fabriqués en Russie, en Perse ou à Bokhara, est entouré de quatre marchés où on achète le pain, les épices, le savon et les chandelles, et où l'on se fait raser les cheveux, et non la barbe, par une douzaine de barbiers. » — J. B.

rivée des voyageurs aussi bien que celle des marchandises est soumise au plus rigoureux contrôle. C'est le principal mehrem, chambellan ou confident du Prince, qui remplit à Khiva les fonctions redoutables de directeur général des douanes. A peine avait-il adressé à notre kervanbachi les questions d'usage, que le perfide Emir Mehemmed, se frayant un chemin jusqu'à eux, s'écria, d'une voix éclatante : « Nous avons amené ici trois intéressants quadrupèdes, et un bipède plus curieux encore. » La première partie de sa phrase désignait naturellement nos buffles, premiers échantillons d'une race d'animaux qu'on ne connaissait pas encore dans le pays ; la seconde s'adressait directement à moi. Immédiatement, je devins l'objet de tous les regards, et parmi les murmures de l'assistance indignée, je distinguais aisément les mots d'*espion*, d'*Européen* et de *Russe.* Refoulant de mon mieux le sang qui me montait aux joues, je m'apprêtais à quitter la place, quand le Mehrem m'enjoignit de demeurer. Pendant l'examen qu'il entama aussitôt à mon sujet, il se servit d'expressions souverainement discourtoises. Je m'apprêtais à lui répondre, quand survint hadji Salih, dont l'extérieur commandait le respect, et qui, n'étant au courant de rien, parla de moi, dans les termes les plus favorables, à notre inquisiteur stupéfait. Celui-ci, passant aussitôt du ton le plus rogue au sourire le plus accort, m'indiqua un siége à côté de lui. Hadji Salih me pressait par signes de me rendre à cette muette invitation ; mais, affectant les dehors de l'homme offensé, je me retirai, au contraire, après avoir jeté au Mehrem un regard de courroux.

Ma première démarche, au sortir de là, fut de courir chez Chukroullah Bay, qui, sans être investi d'aucunes fonctions officielles, occupait alors une cellule dans le collége ou *médresse* de Mehemmed-Emin-Khan, le plus bel édifice de Khiva (1). C'était un homme qui, durant une dixaine d'années, avait appartenu à la cour du Sultan. Je me rappelais vaguement l'avoir vu assez fréquemment chez Ali Pacha, plus tard ministre des affaires extérieures, et, comme j'étais parfaitement sûr de connaître Constantinople aussi bien que qui que ce fût, je ne désespérais pas de pouvoir persuader à un homme, familier avec la langue, la vie et les principaux personnages de Stamboul, que j'étais une de ses anciennes relations. Je me fis donc annoncer comme un effendi, arrivant de Stamboul, où j'avais eu le bonheur d'entrer en rapports avec lui, ce qui ne me permettait guère de traverser Khiva sans frapper à sa porte. L'apparition d'un effendi à Khiva, circonstance exceptionnelle entre toutes, causa quelque surprise au vieillard. Il vint lui-même au-devant de moi, et son étonnement s'accrut encore quand il se vit en face d'un mendiant couvert de haillons et singulièrement défiguré; ceci, pourtant, ne l'empêcha pas de me recevoir. A peine avions-nous échangé quelques mots dans le dialecte de Stamboul, que l'ancien ambassadeur, de plus en plus intéressé, m'adressa questions sur questions au sujet des nombreux amis qu'il avait laissés dans la capitale turque, et sur la situation des affaires politiques depuis l'avénement du souverain qui règne aujourd'hui. Ainsi que je l'ai dit, j'avais toute confiance dans le rôle que je me préparais à jouer. Chukroullah Bay, de son côté, prêtant l'oreille aux détails que je lui donnais sur ses anciennes connaissances, et tout entier au plaisir d'entendre parler d'elles, était complètement hors de garde. Sa

_____

(1) Le Medemin Khan Medressi, construit en 1842, par un architecte persan, sur le modèle d'un caravanserail de premier ordre, compte 130 cellules où peuvent loger 260 étudiants. A droite s'élève une tour massive qui domine un peu le double étage du collége, mais n'a pas été achevée, à cause de la mort du constructeur. — A. V.

surprise, par exemple, ne diminuait pas. « Au nom de Dieu, cher effendi, me disait-il, quelle idée vous a pris de venir en cet affreux pays, et surtout de quitter pour nous ce paradis terrestre qu'on appelle Stamboul? — Ah, *Pir* (1)! » m'écriai-je en soupirant, et, sans un mot de plus, j'étendis une main sur mes yeux en signe d'obéissance. Le bon vieillard, musulman bien appris, ne pouvait se tromper sur le sens de cette espèce d'invocation. J'insinuais par là qu'appartenant à quelque ordre de derviches, je remplissais une mission de mon chef (*pir*), mission à laquelle tout *mourid* (disciple) doit se dévouer, alors même qu'elle l'exposerait à perdre la vie. Cette explication lui parut satisfaisante, mais il demanda le nom de mon ordre, et quand je lui parlai des Nakichbendi, l'intelligent diplomate conjectura, — je l'avais prévu, — que Bokhara devait être le but de mon pèlerinage. Il voulait s'occuper sur-le-champ de me procurer un abri dans le collége, où lui-même avait son domicile; mais je dus aussitôt l'informer de ma situation par rapport à mes compagnons de voyage, et ne tardai pas à le quitter avec promesse de réitérer promptement ma visite.

En rentrant au caravanserail, j'appris que les autres hadjis avaient déjà reçu congé de s'installer dans une *tekkie* appelée Tœchebaz (2). Je m'y rendis aussitôt et constatai qu'on m'y avait réservé une cellule déjà prête à me recevoir. Le retard que j'avais mis à les rejoindre devint, à l'instant même, le sujet de mille questions pressantes,

(1) Le mot *Pir*, qui signifie « directeur ou chef spirituel, » représente assez bien celui de « Père, » quand nous adressons ce dernier à un ministre de la religion.

(2) La *tekkie* est une sorte d'établissement hospitalier, moitié monastère, moitié hôtellerie, où s'arrêtent les derviches en voyage. Le nom de celle-ci était dérivé des mots *tort chabbaz* (les quatre Faucons ou les quatre Héros), employés pour désigner les quatre monarques dont la tombe existe ici et qu'on regarde comme les fondateurs de cette pieuse institution. — A. V.

et chacun regretta que je ne me fusse pas trouvé là au
moment où le misérable Afghan, si disposé à me compromettre, avait été forcé de battre en retraite sous les
reproches et les invectives, tant de mes compagnons eux-
mêmes que des Khivites accourus à notre rencontre :
« A merveille, pensai-je ; une fois débarrassé des mé-
fiances populaires, il sera relativement facile de me démêler avec le Khan. »

Dès le lendemain, je vis arriver un messager de cour,
qui m'apportait, avec un léger présent du Khan, l'ordre
de me rendre, le soir même, à *l'ark* (1) c'est-à-dire au palais, vu que Son Altesse attachait le plus grand prix à
recevoir les bénédictions d'un derviche né dans la Terre-
Sainte de Stamboul. Je promis d'obéir ; mais, une heure
d'avance, je me rendis au logis de Chukroullah Bay.
L'excellent homme désirait assister à l'entrevue. Il m'accompagna donc au palais du Khan, fort voisin du collége et, chemin faisant, me donna ses conseils sur les divers points d'étiquette auxquels je devais prendre garde ;
puis il me parla de ses différends avec le mehter.

Ce fonctionnaire sur qui roule le soin des affaires in-
térieures de la cour et du pays, voyant un rival en lui,
ne négligeait aucune occasion de lui faire tort et pourrait vouloir, par ricochet, me ménager un accueil défa-
vorable. En ce moment, à cause de l'absence du vizir ou
premier ministre et du frère aîné du Roi, qui comman-
daient les troupes occupées à combattre les Tchaudors,
il se trouvait occuper la plus haute charge de l'Etat. La
prudence m'obligeait donc, quand même je n'aurais pas
voulu me conformer à l'usage, de me présenter d'abord à
lui pour lui offrir mes respects. D'ailleurs il était impos-

(1) On peut remarquer la ressemblance de ce mot avec le latin
arx et se rappeler le sens qu'a dans cette langue l'expression *arcem
occupare*. — J. B.

sible de ne point passer devant son bureau qui ouvrait sur une cour située en avant de l'appartement du souverain.

Des pétitionnaires des deux sexes, de tout âge et de toute classe, encombraient à notre arrivée les salles et les cours du palais. On ne voyait pas qu'ils eussent changé leurs vêtements ordinaires, et plus d'une femme était venue porter ses griefs aux pieds du trône avec un marmot sur les bras. Personne ici n'est forcé d'inscrire son nom sur la liste d'un huissier, et quiconque a pu se frayer passage au premier rang entre sans difficulté avant tous les autres. La foule cependant s'écarta dès qu'on nous aperçut, et j'eus le plaisir d'entendre les femmes qui me montraient l'une à l'autre se répéter entre elles, à demi-voix : « Regardez ce saint homme ; c'est le derviche de Constantinople qui vient prononcer sur la tête de notre Khan des paroles de bénédiction. Puisse Dieu écouter ses prières ! »

Ainsi qu'on m'en avait prévenu, je trouvai le mehter dans une salle à moitié remplie de ses subordonnés, qui saluaient d'un sourire approbateur la moindre parole de leur maître. Son teint basané et la longue barbe épaisse qui tombait jusque sur sa poitrine le désignaient assez comme *sart* (d'origine iranienne). Ses vêtements mal faits, son énorme bonnet de fourrure, étaient en harmonie avec ses traits grossiers et sa tournure inélégante. En me voyant approcher, il adressa aux gens de son entourage immédiat quelques paroles prononcées avec l'accent de la raillerie. J'allai droit à lui, et, après l'avoir salué le plus sérieusement du monde, je pris aussitôt la place d'honneur qui revient de droit aux derviches. Suivirent les prières d'usage, et, lorsque toute l'assistance eut dit « Amen » en se caressant la barbe, il y eut, entre le mehter et moi, un cérémonieux échange de ces civilités que réclame l'étiquette orientale. Le ministre tenait à étaler son esprit ; il fit observer qu'à Constantinople les derviches eux-mêmes étaient élevés avec soin et parlaient généralement arabe ; et cela, bien que je me fusse uniquement servi jusqu'alors du dialecte de Stamboul. Il ajouta que Sa Majesté (à ces mots, chacun se leva de son siége) avait manifesté le désir de me voir. Il serait charmé d'apprendre que j'eusse apporté avec moi quelques lignes du Sultan ou de son ambassadeur en Perse. A ceci je répondis que mon voyage n'avait aucunement trait aux choses de ce monde, et que je ne demandais rien à personne ; mais que, pour ma sécurité personnelle, je m'étais muni d'un firman impérial en tête duquel était le *tugra* (le sceau du Sultan). Je lui remis alors mon passe-port imprimé, qu'il baisa respectueusement et passa sur son front, à plusieurs reprises, comme pour rendre hommage à l'autorité suprême d'où émanait ce précieux document. Ensuite il se leva pour aller le déposer entre les mains du Khan et, revenu presque aussitôt, il me dit que je pouvais pénétrer dans la salle d'audience.

Le khan de Khiva devant lequel j'allais paraître est « le maître du sol ; » en cette qualité, il exerce sur tout le pays l'autorité du chef de famille et dispose arbitrairement des biens et de l'existence de ses sujets. Les caprices les plus abusifs de sa despotique autorité ne rencontrent d'autre barrière que celle que peuvent élever les oulémas, quand ils ont à leur tête des hommes savants et vertueux. Si l'oppression des chefs en Asie est si grande, c'est que les opprimés en sont les complices par leurs vices et leur lâcheté. Or à Khiva beaucoup d'oulémas s'efforcent avec un zèle sincère d'améliorer leurs compatriotes et d'adoucir les habitudes brutales que tendent à développer chez eux des guerres continuelles. D'ailleurs le Khan lui-même a ses devoirs. Ainsi, chaque jour, il doit donner en public une audience d'au moins quatre heures, et n'en est dispensé que pour cause de maladie. Personne ne pouvant être exclu de ces réunions quotidiennes, le prince est souvent obligé d'écouter les plus infimes griefs, et de régler parmi ses sujets les moindres différends domestiques. On m'a dit que le Khan s'amusait beaucoup des querelles conjugales, et se plaisait à les envenimer sans en avoir l'air. Il arrive parfois que le mari et la femme, habilement exaspérés, se prennent aux cheveux devant lui, et, sans égard pour la Majesté Royale, échangent de rudes gourmades. Le « Père de la patrie, » riant à se tenir les côtes, n'est jamais plus heureux que lorsqu'il les voit, après deux ou trois tours de salle, tomber l'un sur l'autre dans la poussière où posent les pieds du trône.

Celui qui régnait alors s'appelait Seid Mehemmed. Il n'est arrivé au pouvoir en 1856 qu'à cause de la renonciation spontanée de son frère aîné Seid Mahmoud Toere, qui a préféré à régner contenter sa passion pour l'opium. C'est un des tyrans les plus débauchés, les plus cruels et les plus incapables qui aient jamais gouverné le Kharizme.

Cependant nous étions parvenus à la porte de la chambre où il se tenait. Chukroullah m'y arrêta quelques instants pendant qu'on se livrait en dedans à des préparatifs indispensables. En effet, tout en m'annonçant comme derviche, mon introducteur n'avait pas négligé de dire que j'étais, à Constantinople, en relations avec les pachas du plus haut rang et qu'il serait à propos de garder autant que possible, vis-à-vis de moi, tout le prestige de la puissance. Enfin deux messagers de cour vinrent me prendre par les bras en me témoignant le plus grand respect; on leva un rideau, et je vis devant moi Seid Mehemmed, khan de Khiva, à demi-couché sur une espèce d'estrade, accoudant son bras gauche à un coussin de velours et tenant de la main droite un sceptre d'or plus court que je ne l'aurais supposé.

Suivant le cérémonial prescrit, j'élevai d'abord les mains par un geste qu'imitèrent aussitôt le Khan et toutes les personnes présentes; puis, après avoir dit un passage du coran, je récitai une prière, terminée par un *amen* prononcé à voix haute, en me tenant la barbe à deux mains. Le Khan était encore occupé à caresser la sienne, quand l'assistance s'écria en chœur : « Puisse ta prière être exaucée! » Le prince dont je m'étais approché me tendit ses deux mains et, quand j'eus posé à plat les miennes contre les siennes, je reculai de quelques pas, la cérémonie de réception étant terminée. Alors le Khan se mit à me questionner sur l'objet de mon voyage et sur les impressions que m'avaient laissées soit l'aspect du désert, ou mes rapports avec les Turcomans, soit la ville de Khiva. Je répondis que j'avais beaucoup souffert, mais que j'étais amplement payé de mes peines par la vue de la beauté de Sa Majesté. « Je remercie Allah continuai-je, de m'avoir procuré ce bonheur suprême, et regarde cette faveur du destin comme d'un heureux augure pour le chemin qui me reste à faire. » Malgré mes laborieux efforts pour employer le dialecte ousbeg au lieu de celui qu'on parle à Stamboul, ce dernier étant presque inintelligible pour les natifs du Turkestan, le roi n'en fut pas moins réduit à demander la traduction de mes paroles. Il voulut savoir ensuite combien de temps je me proposais de rester dans sa capitale, et si j'étais pourvu de l'argent nécessaire à mon voyage. Mon intention, lui répondis-je, était de visiter d'abord les pieux sunnites dont le sol du Khanat abrite les reliques, et de faire ensuite mes préparatifs pour passer outre. J'ajoutai, quant à mes ressources :

« Nous autres derviches, nous ne prenons aucun souci de bagatelles semblables. Le souffle saint, que le chef de mon ordre m'a départi pour mon voyage, suffit pour me sustenter quatre ou cinq jours sans autre aliment, et je n'ai qu'un vœu à former ici-bas, c'est que Dieu permette à Votre Majesté de vivre au moins cent vingt ans. » Il parut que ce discours avait plu, car S. A. m'assigna sur-le-champ un bel âne et vingt ducats de gratification. Je refusai ceux-ci, en alléguant le péché que commet un derviche lorsqu'il s'avise de thésauriser ; en revanche, je remerciai le prince de son autre cadeau, mais j'appelai son attention sur le précepte sacré en vertu duquel un âne blanc est requis pour de tels pèlerinages, et je le priai de donner ordre qu'on m'en fournît un de cette couleur. J'allais me retirer, lorsque le Khan exprima le désir d'être mon hôte pendant la courte résidence que je comptais faire dans sa capitale ; il me priait donc d'accepter, pour défrayer mes repas quotidiens, les deux *tenghe* (1) que son *haznadar* était chargé de me compter. Un remercîment cordial et une nouvelle bénédiction précédèrent mon départ, salué, par la foule qui encombrait l'avant-cour et le bazar, de *Selam Aleïkoum* (2) on ne peut plus respectueux.

Ce prince, perdu de débauches, a les yeux profondément enfouis sous leurs orbites, la barbe rare et clair-semée sur le menton, les lèvres blêmes, la voix cassée et tout l'extérieur d'une espèce d'idiot inaccessible à la pitié.

Une fois seul dans ma cellule, j'exhalai un long soupir de satisfaction en songeant à la situation critique d'où

(1) Le *tenghe* représente à peu près soixante-quinze centimes ; le *haznadar* est le trésorier de la couronne. — A. V.

(2) C'est notre *salamalec*, dont nous respectons ici la forme primitive. — A. V.

mon heureuse étoile m'avait fait sortir sain et sauf. N'était-ce pas une faveur spéciale que d'avoir rencontré dans cette entrevue redoutable tant de ménagements et de courtoisie ? Ne devais-je pas me féliciter de voir s'ouvrir devant moi toutes les routes du Kharizme, avec la liberté d'aller désormais où je le voudrais, tant que les loisirs ne me manqueraient point ?

Je l'espérais du moins mais je comptais sans les invitations du Khan, des personnages officiels et des plus notables commerçants qui semblèrent se donner le mot pour me faire perdre mon temps. Dès qu'on eut appris la bonne disposition du souverain à mon égard, chacun voulut m'avoir à sa table, moi et les autres hadjis. Il s'ensuivit que, tous les jours, je devais me rendre chez sept ou huit hôtes différents et prendre, pour ne pas violer les usages, un léger repas dans toutes les maisons où j'entrais. C'était un vrai supplice et je frémis encore au souvenir de ce temps où j'étais obligé, dès trois ou quatre heures du matin, avant l'aurore de m'asseoir en face d'énormes plats de pilau, c'est-à-dire de riz nageant dans de la graisse de mouton, sur quoi je devais me jeter avec toutes les apparences d'un appétit féroce. Combien d'occasions n'ai-je pas eues de soupirer après le pain azyme du désert ! Que j'aurais volontiers échangé cette malsaine abondance contre un dénûment plus hygiénique !

Dans l'Asie centrale, même au sujet d'une visite ordinaire, on a l'habitude d'étendre une serviette grossièrement tissée en fils de différentes couleurs et fort malpropre en général. Sur ce linge bariolé, on place du pain pour deux personnes, et l'hôte à qui on le sert doit en manger quelques morceaux. « Être rassasié, » voilà une expression qui n'est jamais admise dans ce pays-ci et qu'on regarde comme le signe d'une origine inférieure. Mes confrères en pèlerinage, grâce à leur brillant appétit, se montraient gens du meilleur ton. Je m'étonnais seulement de leur voir absorber une telle quantité de pilau, car je calculais que chacun d'eux devait avoir sur l'estomac, à l'issue de certains repas, deux livres de riz et une livre de suif, sans parler du pain, des carottes, des navets et des radis qui figuraient comme accessoires dans ces festins orientaux ; et tout ceci arrosé, sans la moindre exagération, par quinze à vingt grandes platées de thé vert. En face de pareils héros, je faisais assez pauvre figure, et on s'étonnait généralement qu'un homme, si versé dans la connaissance des livres, ne possédât pas mieux les notions de la civilité la plus ordinaire.

Parmi les oulémas de la cité de Khiva, certains beaux esprits me ménageaient des tortures d'un autre genre. Ces merveilleux, qui préfèrent la Turquie et Constantinople à tous les pays du monde, voulaient tirer de moi, qui passais pour un type de l'érudition turco-islamite, un exposé complet de maintes difficultés religieuses. C'était une terrible épreuve pour ma patience que de voir ces Ousbegs au crâne épais, aux turbans énormes, entamer avec moi une polémique touchant les prescriptions sur la manière de se laver les mains, les pieds, la figure et l'occiput, ou bien chercher de bonne foi comment, pour ne violer aucun précepte sacré, le bon musulman doit s'asseoir, s'étendre, marcher, dormir, etc. Le Sultan, successeur reconnu de Mahomet, et avec lui les grands de sa cour, sont réputés à Khiva pour des modèles accomplis en fait de pieuses observances. S. M. l'Empereur des Turcs est, aux yeux de ces gens-ci, le type accompli du musulman : ils se le figurent avec un turban long de cinquante aunes (1) à tout le moins, une barbe épaisse,

(1) Le turban représente le poêle ou drap mortuaire que tout bon musulman doit porter sur la tête comme un perpétuel mémento de l'heure dernière. Le coran n'exige pour ce voile funèbre

tombant plus bas que la ceinture, et une robe qui descend jusqu'aux orteils. Vouloir rectifier ces idées, affirmer qu'il a les cheveux taillés et la barbe rasée, et que ses habits sont faits à Paris par Dusautoy, ce serait risquer sa vie. Vraiment j'étais peiné de ne pouvoir donner à mes auditeurs, souvent aussi prévenants qu'aimables, les explications véridiques qu'ils attendaient de moi ; mais je n'osais pas me risquer à les froisser ainsi dans toutes leurs illusions les plus chères, dans leurs manières de voir, si différentes de nos idées.

Le couvent *Tœchebaz* où nous étions logés avait une pièce d'eau et une mosquée encloses dans ses murailles ; par conséquent la cour en servait à peu près de place publique, car c'est dans la cour des mosquées, où, comme dans la nôtre, existe, la plupart du temps, une pièce d'eau le long de laquelle des ormeaux et des palmiers magnifiques (1) étendent une ombre épaisse, que les Khivites viennent trouver le repos et la distraction, dont jouissent dans les cafés nos oisifs d'Europe. Les promeneurs et les visiteurs fourmillaient donc autour de nous, et nous avions le loisir d'étudier, sans bouger, les échantillons de toutes les classes de la population du Kharizme.

D'abord les esclaves à tête noire, c'est-à-dire les Persans. Ils sont moins malheureux qu'on ne le suppose et, grâce à leur adresse ou à leur fourberie, ils amassent assez promptement de quoi racheter leur liberté.

---

qu'une longueur de sept aunes ; mais les dévots excèdent souvent cette mesure normale et entassent sur leur tête trente-cinq à quarante-deux aunes de belle mousseline, ou cinq à six fois ce que le Prophète leur a demandé. — A. V.

(1) Khiva n'est pourtant guère qu'à la latitude de Rome, et nous n'avons en Europe que le palmier nain qui pousse dans plusieurs endroits comme à Barcelone, Nice et à Naples, sur le continent. — J. B.

Puis l'ancienne population iranienne du Kharizme, fort peu nombreuse à Khiva. Ici, on l'appelle les Sarts et, à Bokhara, les Tadjics. C'est parmi eux que doit être pris le *mehter* ou ministre de l'intérieur. Ils sont ingénieux, mais les Ousbegs ne les aiment guère, et quoique ces deux races vivent côte à côte depuis près de cinq cents ans, fort peu de mariages se concluent entre elles.

Les Kasaks ou Kirguis (1) sont fort rares depuis que leur peuple a passé tout entier sous la domination de la Russie.

Des individus de deux autres peuples nomades paraissent aussi dans notre cour de loin en loin. D'abord les Caracalpacs, agriculteurs et pasteurs, qui errent l'été de l'Amou-Daria au Sir-Daria, et se piquent d'avoir les plus belles femmes du Turkestan. Ils passent en revanche pour être de grands idiots. On les divise en dix tribus et on les évalue à dix mille tentes. Plusieurs fois révoltés, ils ont toujours été replacés sous le joug de Khiva.

Puis les Turcomans proprement dits. Nous voyions des Gœklens en très-petit nombre; moins encore des Tchaudors, alors en pleine insurrection; quelques Iomouds, bien qu'ils ne puissent pas s'habituer à la vie sédentaire. D'ailleurs ceux-ci ne sont pas mieux vus à Khiva qu'ils n'aiment à y venir, depuis les scènes tragiques dont a été accompagné l'avénement du khan actuel. A cette époque, en 1856, ils avaient amené dans la ville un cousin du khan Coutloug Mourad, voulant, disaient-ils, rendre hommage à ce dernier. Le cousin, dans l'audience solennelle qui lui fut accordée, profita du moment où il était dans les bras du souverain pour le poignarder. Celui-ci tomba mort sur le coup et les Iomouds se jetèrent sur les gens de la mai-

(1) En général *Kirguis* signifie *nomade*. Appliqué à une tribu spéciale, il désigne une subdivision des Kasaks qui habite le Khoand sur la frontière du Turkestan. — A. V.

son royale qui venaient d'assister à cette tragédie. Le premier mouvement de consternation durait encore lorsque le mehter, dénonçant du haut des murs de la citadelle l'abominable forfait commis sous ses yeux, invita les Khivites à massacrer tous les Iomouds qui avaient pénétré à l'intérieur de la ville. Une populace furieuse attaqua aussitôt les Turcomans qui, paralysés par la crainte, opposèrent à peine quelque résistance. Le couteau des femmes khivites joua dans ce massacre un rôle aussi actif que les armes de leurs maris. Le sang ruissela littéralement dans les rues de la ville, et l'enfouissement des cadavres exigea six jours de travail. Ces horribles événements avaient laissé des souvenirs qui étaient encore présents à toutes les mémoires.

L'immense majorité de la population du Kharizme et de Khiva est donc composée d'Ousbegs. Ce sont eux qui forment aussi le fond de celle de Bokhara et de Cachgar. Ils sont divisés en trente-deux taïfes ou tribus principales. La division est ancienne; mais il est très-remarquable que ces tribus particulières sont néanmoins dispersées pêle-mêle sur la vaste contrée que nous venons d'indiquer; et il semble étonnant, je dirais volontiers incroyable, que des Ousbegs de Khiva, de Khocand, de Yercand, parlant un langage différent, n'ayant ni coutumes, ni physionomies semblables, se regardent néanmoins comme appartenant, non pas à une seule nation, mais à la même tribu, souvent au même clan.

Je me borne à remarquer ici que presque toutes ces tribus ont leurs représentants à Khiva, et que les Khivites tirent un légitime orgueil de leur antique nationalité ousbègue, restée bien autrement pure que celle des Bokhariotes et des habitants de Cachgar. A première vue, cependant, l'Ousbeg khivite rend manifeste le mélange de son sang avec celui de la race iranienne, car il porte la barbe, ce qui est regardé par tous les Touranis comme un indice d'origine étrangère ; mais son galbe et son teint ne laissent aucun doute sur sa descendance tartare. Jusque dans les traits généraux de son caractère, l'Ousbeg khivite se montre supérieur aux autres dérivés de la même souche. Il est honnête, loyal, et garde les vertus sauvages des nomades qui l'entourent, sans rien y mêler de la duplicité raffinée qui est l'apanage de la civilisation orientale. Il prend rang immédiatement après l'Osmanli de Turquie, et de l'un comme de l'autre on pourrait, je crois, même de nos jours, tirer bon parti.

Avec son bonnet de fourrure en forme de turban et ses grandes bottes de cuir à semelles épaisses, l'Ousbeg se promène volontiers dans Khiva ayant pour tout vêtement, ou peu s'en faut, une longue chemise qui est en été son négligé favori. Je finis par l'adopter aussi, m'étant aperçu que ce commode appareil, tant que la chemise demeurait blanche, pouvait être porté, même dans les bazars, sans blesser aucune idée de convenance. Les femmes entourent leur tête de hauts turbans sphériques, fabriqués avec quinze à vingt mouchoirs de Russie. Je les vois encore enveloppées dans leurs larges robes, et chaussées de bottes grossières, arpenter la ville à grands pas sous les rayons d'un soleil écrasant, pour rapporter au logis de lourdes cruches pleines d'eau.

En effet, la chaleur de ces premiers jours de juin était réellement accablante ; mais je n'en étais pas moins forcé de me clore dans ma cellule sans fenêtres ; car, si je me laissais entraîner sous les ombrages attrayants de notre cour, je me trouvais aussitôt environné d'une foule compacte, qui me harcelait des sollicitations les plus ridicules. L'un voulait que je l'instruisisse dans sa religion ; celui-là désirait savoir s'il existe au monde une cité comparable à Khiva ; un troisième demandait à être renseigné, une fois pour toutes et d'une manière certaine, pour savoir comment le diner et le déjeuner du grand Sultan lui sont chaque jour apportés de La Mecque, et s'ils ne mettent réellement qu'une minute à venir de la Caaba sur les rives du Bosphore. Que penseraient ces bons Ousbegs s'ils savaient seulement quelle figure font sur la table d'Abdoul Medjid les vins de Bordeaux-Lafitte et de Château-Margaux ?

Souvent une femme, s'arrêtant devant ma porte, me demandait ou un *peu de poudre de santé*, poussière que les pèlerins ramassent dans une maison de Médine, qui a été, suivant la tradition, habitée par Mahomet ; ou une sainte insufflation, pour quelque infirmité plus ou moins authentique. Je ne me sentais pas toujours le courage de désappointer ces pauvres créatures, dont plusieurs me rappelaient les blondes filles de l'Allemagne (1). Alors je m'approchais de ma cliente accroupie sur le seuil. Comme marmottant une prière, je remuais les lèvres ; je posais le doigt sur la partie douloureuse et soufflais avec force à trois reprises sur la malade ; un soupir s'exhalait de ma poitrine pour marquer la fin de l'acte solennel et, de fait, beaucoup de ces pieuses dévotes éprouvaient à l'heure même un notable soulagement, digne récompense de leur foi naïve.

Parmi les connaissances que je pus faire sous les ombrages de Khiva, je noterai comme particulièrement digne d'intérêt celle du hadji Ismaël, qui me fut présenté à titre de *Stambouli ;* son langage effectivement, sa tenue et son costume étaient si bien ceux des Con-

---

(1) Dans tout ce que dit M. Vambéry, nous ne trouvons rien qui justifie l'opinion accréditée que « les Khiviens tiennent leurs femmes enfermées dans des harems. » Elle est d'ailleurs en pleine contradiction avec certains détails que M. Abbots a donnés sur les femmes de Coungrad, avant leur mariage. il est vrai. — J. B.

stantinopolitains, que je fus réduit à l'accepter pour tel
et à le serrer tendrement dans mes bras en qualité de
compatriote. Il paraît que ce pieux hadji avait passé
vingt-cinq ans dans la capitale de la Turquie et s'était
fait accueillir en plus d'une maison honorable, du
moins prétendait-il m'avoir rencontré, à telle ou telle
époque, dans le sein de telle ou telle famille haut placée.
Bien mieux, sans imposer trop d'efforts à sa mémoire, il
se rappelait mon père qui était, disait-il, un mollah de
Topkhané (1). Loin de le signaler comme un effronté
menteur, je l'assurai au contraire qu'il avait lui-même
laissé d'excellents souvenirs à Stamboul, et que son retour
y était attendu avec impatience. Selon ses propres récits,
cet aventurier avait exercé successivement à Constantinople les professions d'instituteur, d'étuviste, d'ouvrier en
cuir, de calligraphe, d'apothicaire, et par conséquent
de sorcier, l'un ne va guère sans l'autre. Dans sa ville
natale, surtout à raison de cette dernière spécialité, on
avait une haute opinion de ses talents. Comme il possé-
dait un certain nombre d'appareils distillatoires, les
Khivites, qui le voyaient extraire l'essence de toute
sorte de végétaux, s'adressaient à lui chaque fois qu'ils
avaient besoin d'un élixir. Sa clientèle était nombrense :
elle comprenait beaucoup de grands personnages ; le
Khan lui-même avait souvent eu recours aux talents
d'Ismaël.

Sur ces entrefaites, notre profession de hadji était
devenue aussi lucrative pour moi que pour mes collègues. Dans la seule ville de Khiva, mes collectes particulières produisirent environ quinze ducats. L'Ousbeg de
ces contrées, bien qu'à peine dégrossi, est le plus noble
type de l'Asie centrale, et je pourrais qualifier « d'agréable » mon séjour chez ces braves gens, si la sourde riva-

(1) Un des quartiers de Constantinople.

lité du mehter et de Chukroullah ne m'avait tenu dans un danger permanent : le premier toujours disposé à me nuire pour faire pièce à l'homme par qui j'avais été pré-senté. Ne pouvant plus songer à contester mon origine turque, il tâchait d'insinuer au prince que j'étais un « derviche pour rire, » et probablement un agent secret du sultan de Bokhara.

Comme j'avais été mis au courant de cette intrigue, je ne fus pas surpris le moins du monde en recevant, peu après ma première audience, une seconde invitation à me rendre chez le Khan. La chaleur était extrême, et il me paraissait déjà fort désagréable de me voir dérangé de ma sieste; mais ce qui me déplaisait par dessus tout, c'était d'avoir à traverser la grande place du château où avaient été envoyés les prisonniers faits pendant la campagne contre les Tchaudors, et où ils attendaient l'heure de leur exécution. Le Khan, dont la suite était ce jour-là plus nombreuse qu'à l'ordinaire, me dit avoir appris que j'étais également versé dans les sciences mondaines, et que je possédais un beau style fleuri (le mot local est *incha*); il ajouta qu'il désirait beaucoup obtenir de moi quelques lignes écrites « à la manière de Stamboul. » Certain que ce désir lui avait été suggéré par le mehter lui-même, très-fier de sa réputation en fait de calli-graphie et qui s'était fait renseigner par les hadjis sur l'exacte portée de mes talents, j'écrivis ce qui suit avec les objets de bureau qui me furent présentés séance tenante (1) :

« Très-majestueux, puissant, redouté monarque et sou-verain ! Noyé dans ta royale faveur, le plus pauvre et le plus humble de tes serviteurs n'oublie pas que, selon le proverbe Arabe : « Ceux qui ont une belle écriture sont

____

(1) Traduction littérale.

dénués d'esprit, » et jusqu'à ce jour il a consacré peu de temps à l'étude de la calligraphie ; aussi est-ce uniquement en mémoire du proverbe persan : « tout défaut qui plaît au roi est une vertu, » qu'il se hasarde à te soumettre.ces lignes. »

L'emphase extravagante des titres que je lui donnais, conformément du reste aux usages de Constantinople, chatouilla délicieusement l'amour-propre du Roi. Quant au mehter, il était d'un esprit bien trop lourd pour comprendre le sarcasme caché sous une fleur de rhétorique. Je reçus l'ordre de m'asseoir. Après m'avoir fait servir une tasse de thé, accompagnée d'un morceau de pain, le Khan me pria de causer avec lui. Ce jour-là, nous ne parlâmes que de politique ; mais, pour conserver mon caractère de derviche, je forçai mes interlocuteurs à m'arracher les paroles une à une. Le mehter se tenait aux aguets, pour trouver sous quelque mot la confirmation de ses soupçons ; mais il y perdit sa peine, et le Khan, lorsqu'il me congédia d'une façon gracieuse, m'ordonna d'aller prendre chez son trésorier de quoi défrayer mes dépenses quotidiennes.

Comme j'ignorais où était le bureau de ce fonctionnaire, le Khan m'y fit conduire par un messager. Dans le trajet, je devins le témoin de scènes dont l'horreur ne s'effacera jamais de mon souvenir. Au milieu d'une cour, se trouvaient à peu près trois cents Tchaudors récemment faits prisonniers. Ces malheureux, dominés par la crainte de leur prochain supplice et livrés à toutes les angoisses de la faim, avaient l'air de sortir du tombeau. Ils étaient divisés en deux sections. Dans la première, étaient ceux qui, n'ayant pas atteint leur quarantième année, devaient être vendus comme esclaves ou distribués par le Khan à ses courtisans ; la seconde comprenait ceux que leur rang ou leur âge faisait ranger parmi les acsacals et qui restaient soumis à un châtiment imminent. Les premiers, réunis l'un à l'autre au moyen de colliers de fer, par files de dix à quinze, furent successivement emmenés ; les autres attendaient, avec une résignation parfaite, qu'on exécutât l'arrêt porté contre eux. On eût dit autant de moutons sous le couteau du boucher. Pendant que plusieurs d'entre eux marchaient soit à la potence, soit au bloc sanglant sur lequel plusieurs têtes étaient déjà tombées, je vis, à un signe du bourreau, huit des plus âgés s'étendre à la renverse sur le sol. On vint ensuite leur garrotter les pieds et les mains, puis l'exécuteur, s'agenouillant sur leur poitrine, plongeait son pouce sous l'orbite de leurs yeux dont il détachait au couteau les prunelles ainsi mises en saillie. Après chaque opération, il essuyait sa lame ruisselante sur la barbe blanche du malheureux supplicié.

Spectacle atroce, je puis le dire! L'exécution aussitôt terminée, les victimes, délivrées de leurs liens et jetant de tous côtés les mains autour d'elles, cherchaient à se relever. Ces malheureux entrechoquaient leurs têtes aveuglées, ou trop faibles pour se tenir debout, ils se laissaient retomber à terre avec un sourd gémissement qui, lorsque j'y pense, me donne encore le frisson.

Si abominables que ces détails puissent paraître au lecteur, il me faut bien ajouter que ces cruautés se justifiaient par la loi des représailles, et que les Tchaudors étaient ainsi punis pour avoir traité avec les mêmes raffinements de barbarie les membres d'une caravane ousbègue surprise par eux, dans le cours de l'hiver précédent, sur la route d'Orenbourg à Khiva. Elle comptait, dit-on, jusqu'à deux mille chameaux, et les Turcomans, qui, après avoir pris possession d'une immense quantité de marchandises russes, auraient dû se contenter d'un si riche butin, n'en dépouillèrent pas moins, de tout ce

qu'ils possédaient en fait de vêtements et de denrées ali-
mentaires, les Ousbegs khivites dont elle se composait
en grande partie. Ceux-ci périrent à peu près tous au
milieu du désert, quelques-uns de faim, les autres de
froid. Huit à peine sur soixante parvinrent à se sauver.

Il ne faudrait pas regarder comme un cas exceptionnel
l'horrible scène que je viens de décrire. A Khiva, comme
dans toute l'Asie centrale, on n'est sans doute pas cruel
pour le plaisir de l'être, mais on trouve de tels procédés
parfaitement naturels. La coutume, la religion et les
lois : tout s'accorde à les sanctionner.

Ainsi le souverain actuel de Khiva, cherchant à se
signaler comme protecteur de la religion, n'a pas trouvé
d'autre moyen que d'employer une extrême rigueur dans
la punition de toute infraction aux préceptes sacrés. Par
exemple, c'est conformément aux clauses pénales édictées
par les saints livres que l'homme qui jette un regard sur
une femme enveloppée de son voile est pendu. La
femme, bien qu'elle ait pu être tout-à-fait innocente de
complicité dans ce malheureux regard, est enterrée
jusqu'au buste dans le voisinage de la potence et lapidée
à coups de boules de terre durcie. Dès la troisième dé-
charge, une enveloppe de poussière rend méconnaissable
cette infortunée, dont le cadavre déchiré n'a déjà plus
forme humaine, et qu'on abandonne aux lentes angoisses de l'agonie. Toute offense à la religion est aussi pu-
nie de mort, et il n'y a guère de jour où quelque misérable n'y soit condamné.

Le trésorier auquel on me menait était occupé, lors de
mon arrivée, à ranger en quatre catégories différentes des
robes de soie de couleur voyante, et décorées de grandes
fleurs en fils d'or. On les désignait sous les noms de robes à quatre, à douze, à vingt et à quarante têtes. Elles
étaient destinées à être remises comme vêtements d'hon-

neur et de récompense aux soldats qui rapportaient en trophée un nombre de têtes égal à celui qui servait à désigner les robes.

Un des assistants me dit que, « si cet usage n'existait pas au pays de Roum, je ferais bien de me rendre le lendemain matin sur la principale place, où j'assisterais à la distribution de ces glorieux emblèmes. » Je me gardai bien de manquer à cette assignation, et je vis, en effet, arriver du camp à peu près cent cavaliers, dont les vêtements poudreux avaient un air tout à fait martial. Chacun d'eux amenait au moins un prisonnier, et parmi ceux-ci, des femmes, des enfants, attachés soit à la queue du cheval, soit au pommeau de la selle. Il portait de plus, sanglé derrière lui, un grand sac où se trouvaient les têtes enlevées à l'ennemi, témoignage irréfragable des hauts faits accomplis sur le champ de bataille. Son tour venu, il offrait les prisonniers soit au Khan, soit à quelque notable personnage, et, débouclant ensuite son sac qu'il saisissait par les deux angles inférieurs, il vidait aux pieds de l'agent comptable, celui-ci les repoussant du pied comme s'il se fût agi de pommes de terre, le monceau de têtes, barbues ou imberbes, en échange duquel allaient lui être octroyés des insignes plus ou moins honorifiques. Suivant l'importance de la livraison, il était porté sur les registres pour tel ou tel nombre de têtes, et la rétribution ne se faisait pas attendre au delà de quelques jours.

Nonobstant des coutumes si barbares, des spectacles si révoltants, c'est encore à Khiva et dans ses dépendances que j'ai passé, sous le déguisement de derviche, les meilleures journées de tout mon voyage. Les hadjis, auxquels on faisait si bon accueil, étaient à leur tour excellents pour moi. Les passants, dès que je me montrais en public et sans que j'eusse autrement besoin de solliciter leur charité, m'accablaient de menus cadeaux, vêtements, provisions, etc. Je prenais soin de ne jamais accepter une somme trop considérable, distribuant à mon tour, parmi ceux de mes frères qui n'avaient pas autant de prise sur la pitié publique, les effets les meilleurs et les plus élégants, tandis que je me réservais, comme il sied à un vrai derviche, ce qui m'avait été donné de plus grossier et de plus pauvre. Malgré ces libéralités, ma situation financière avait changé du tout au tout, et, s'il m'est permis de l'avouer sans détour, je me voyais avec une véritable satisfaction pourvu d'un âne robuste, la ceinture garnie d'argent, à la tête d'une bonne garde-robe, possesseur de provisions abondantes; en un mot, équipé à merveille pour la suite de mon entreprise.

Je joindrai ici plusieurs des observations que ce séjour m'a mis à même de recueillir sur la Khivie.

Le khanat de Khiva est aussi appelé Kharizme ou Kharesmie d'un mot qui signifie « belliqueux, brave à la guerre », ou Ourguendji, du nom de son ancienne capitale. Il est aujourd'hui divisé en trente-deux districts, ayant chacun pour chef-lieu une ville où réside un *bay* ou gouverneur particulier. Après celui de Khiva, les districts qui méritent le plus d'intérêt sont ceux d'Ourguendj la vieille et d'Ourguendj la nouvelle.

La vieille Ourguendj ou *Kœhne Urgendj*, à une quarantaine de lieues au nord-ouest de Khiva, a été la capitale du khanat. De son antique splendeur, il ne reste plus que deux édifices : le *mazloum-khan-solougou*, et le dôme de Toerebeg-khan, qui est élégamment incrusté de briques en émail ; en outre, deux tours en ruines, l'une plus importante que l'autre, construites dans ce style massif qui caractérise les tours de l'Asie centrale. La démolition de ces dernières est attribuée, par une légende, à la fureur des Calmoucs, irrités de ce qu'elles semblaient reculer devant leurs attaques, lorsqu'ils s'en croyaient tout proches. La vieille Ourguendj n'est plus qu'un village.

La nouvelle, au contraire, située à onze lieues de Khiva, vers le nord-est, forme le centre principal des manufactures khivites (1).

J'ai déjà plusieurs fois parlé de la fécondité du territoire. Voici ceux de ses produits qui se distinguent par leurs excellentes qualités : le blé par exemple; le riz, spécialement celui de Gœrlen ; la soie dont la plus belle vient de Chahbad et de la nouvelle Ourguendj; le coton; le *ruyan*, espèce de racine d'où l'on tire une couleur rouge fort estimée ; enfin les fruits, dont le mérite supérieur ne saurait être contesté ni en Perse, ni en Turquie, ni même en Europe. Je recommanderai spécialement les pommes de Hezaresp, les pêches et les grenades de Khiva, mais par-dessus tout ces incomparables melons dont la réputation est parvenue jusqu'à Pékin, si bien que le souverain du Céleste Empire ne manque jamais, lorsqu'il reçoit les présents que lui envoie la Tartarie chinoise, de réclamer quelques melons *ūrkindji*. Ils se vendent fort cher, même en Russie, où une charge de melons d'hiver s'échange contre du sucre, à égalité de poids.

En fait d'articles manufacturés, le plus notable est l'*Urgendj tchapani* (le surtout d'Ourguendj). Il est taillé, à peu près sur le modèle de nos robes de chambre, dans une étoffe rayée de deux couleurs (soie et laine souvent tissées ensemble). Khiva est aussi renommée pour sa fa-

(1) Elle compte 20 mosquées et 8,000 habitants. Son district a une population de 55,000 âmes. Ses nombreuses boutiques, remplies de marchandises de prix, venues de toutes les parties de l'Orient, éblouissent la vue par leur éclat. Il règne dans les rues un bruit continuel, occasionné par l'affluence des marchands et par les cris des chameaux qui plient sous le poids du fardeau dont ils sont chargés. *Mouravieff: Voyage en Turcomanie et à Khiva.*—J. B.

brique de bronzes, Hezaresp pour ses robes, et Tach-Haus pour ses toiles.

Le principal commerce se fait avec la Russie. Des caravanes, comprenant de mille à deux mille chameaux, partent au printemps pour Orenbourg, en automne pour Astrakan, où elles portent du coton, de la soie, des fourrures, des vêtements à l'usage des Tartares Nogais, du cuir chagriné, des fruits enfin, destinés aux marchés de Nichnei ; elles rapportent, en retour, des chaudrons et autres vases de fer fondu, de la perse (celle-là même dont nous couvrons nos meubles, mais que les femmes emploient ici pour leurs devants de chemises), des mousselines premier choix, des calicots, du drap, du sucre, du fer, des fusils de pacotille et une petite quantité de ces objets que le commerce désigne comme « articles de fantaisie. » L'exportation du poisson se fait sur une grande échelle, bien que les Russes aient leurs propres pêcheries, protégées par trois bateaux à vapeur en station sur la mer d'Aral et qui peuvent remonter jusqu'à Coungrad, selon les clauses d'un traité conclu il y a six ans par la dernière ambassade que le cabinet de Saint-Pétersbourg ait envoyée à Khiva. Le *vêtement* de Khiva trouve à Hérat une grande faveur et y réalise des prix élevés ; cependant il n'y parvient que par l'entremise de Bokhara et malgré les pillages des Turcomans, ce qui diminue beaucoup l'importance du trafic. Avec la Perse, c'est-à-dire d'Astrabad à Khiva, le transit est tout entier entre les mains des Iomouds qui ramènent chaque année dans la capitale cent ou cent cinquante chameaux chargés de naphte et de buis pour fabriquer des peignes. Le commerce le plus important de Khiva se fait donc avec Bokhara. On y expédie des robes et des toiles qui se transportent jusqu'à Hérat ; on y achète du papier et de menus objets de fantaisie fabriqués à Bokhara même, des épices et du thé qui viennent de plus loin. A l'intérieur, le commerce alimente, dans tous les centres de population, une ou deux foires hebdomadaires ; et, dans les endroits même exclusivement hantés par les nomades, où n'existe pas l'ombre d'un bazar, une place de marché est indiquée par une ou deux huttes d'argile. Ces foires prennent immédiatement le caractère d'une fête, comme je m'en suis convaincu à Chorakhan (voir le chapitre suivant). L'Asiatique fait souvent dix ou douze milles pour y venir acheter quelques bagatelles, un paquet d'aiguilles, moins encore s'il le peut ; ce n'est qu'un prétexte en effet pour se produire en public dans tout son éclat, paré de ses plus belles armes et monté sur son plus beau cheval.

Les principales manufactures du Kharizme sont à Ourguendj et à Khiva. Le tissu dont on use le plus généralement s'appelle *aladja;* c'est une étoffe que tout le monde porte sans distinction de sexe. A Khiva, on la fait de coton et de soie écrue, et le fabricant la livre sous la forme de vêtements confectionnés qui sont en grande estime sur tous les marchés de l'Asie centrale. En outre, on tisse des étoffes de soie, des châles de laine pour turban, des toiles grossières et mauvaises, et une sorte de calicot à dessin rouge foncé qui s'emploie pour dessus de lit dans le Turkestan et l'Afghanistan.

Le cuir est travaillé ici avec une supériorité marquée. La peau de *chagrin* (en tartare, *sagri*) y est faite en perfection. On emploie bien pour fabriquer des outres les peaux importées de Russie ; mais les chaussures et le harnachement des chevaux ne se confectionnent qu'avec du cuir préparé dans le Turkestan. Khiva y réussit moins que Bokhara. On n'y connaît qu'un épais cuir jaune, également employé pour la semelle et l'empeigne. Avec le plus fin, on façonne les *meskh,* qui se portent en guise de bas dans le soulier même; avec le plus grossier, des *kouch* qui ressemblent à nos galoches.

Cependant l'augmentation croissante de la chaleur inspirait à mes compagnons de légitimes appréhensions pour le succès de notre voyage à Bokhara ; nous nous résolûmes donc à quitter Khiva. J'allai prendre congé de Chukroullah Bay, envers qui j'avais contracté de si grandes obligations pendant notre séjour. L'excellent vieillard m'émut profondément par les instances qu'il me fit pour me dissuader de mes aventureux projets. C'est sous les plus sombres couleurs qu'il me peignit la « noble Bokhara, » où je voulais aller. Selon lui, la politique de l'Emir n'était que méfiance et trahison, hostile non-seulement aux Anglais mais à toute sorte d'étrangers. Même il me confia, strictement sous le sceau du secret, que, peu d'années auparavant, un Osmanli, envoyé à Bokhara par Rechid Pacha comme instructeur militaire, avait été traîtreusement mis à mort, quand il voulut, après un certain temps de résidence, retourner à Stamboul (Constantinople).

Ces chaleureuses objections de Chukroullah Bay, qui dans le principe acceptait avec la confiance la plus explicite la réalité du titre que j'avais pris, me causèrent une surprise extrême : « Si cet homme, pensai-je, a conçu en me voyant plus souvent quelques doutes sur ma qualité de derviche, il a dû percer à jour mon incognito, et peut-être maintenant nourrit-il sur mon compte des idées, des soupçons tout différents. » Ce brave homme avait, dans sa jeunesse, en 1839, rempli une mission auprès du major Todd, à Hérat ; plus tard, à diverses reprises, il avait habité Saint-Pétersbourg. Il me parlait sans cesse des Frenghis ou Européens qu'il fréquentait à Constantinople, et dont il avait gardé un souvenir affectueux. Serait-ce donc que, familiarisé avec nos façons de voir et comprenant notre ardeur de recherches scientifiques, il avait mis une bienveillance toute particulière à m'accorder sa protection ? Je l'ignore ; mais, quand je lui fis mes adieux, il me sembla surprendre une larme au bord de sa paupière ; — et qui sait d'où venait cette larme?

Le Khan reçut aussi de moi une dernière bénédiction. Il m'enjoignit de passer, à mon retour, par Khiva, ayant résolu de m'adjoindre à un envoyé qu'il comptait expédier à Constantinople pour recevoir, des mains du nouveau Sultan, l'investiture traditionnelle du khanat : « Kismet! » lui répondis-je. Ce mot signifiait que l'on fait un péché en anticipant sur l'avenir. Nous verrons plus tard ce que le « destin » nous tenait en réserve.

Lorsque tout fut prêt pour le voyage, on vit arriver l'un après l'autre, dans la cour ombragée du Tœchebaz, les membres de la caravane. Ce jour-là, pour la première fois, je pus apprécier pleinement l'influence bienfaisante de la charité khivite sur les mendiants qui la composaient. Seuls, les plus avares gardaient encore quelques vestiges de leurs anciens haillons; mais généralement, à la place de ces chapeaux de feutre, déjetés et crevés, qu'ils portaient chez les Iomouds, mes amis avaient coiffé le turban aux plis neigeux ; tous les havresacs étaient mieux garnis, et, ce qui parlait plus haut encore, le plus pauvre de nos pèlerins avait un petit âne pour lui servir de monture. Ma position personnelle était fort améliorée; car, en sus du baudet dont le Khan m'avait gratifié, j'avais à moitié part l'usage d'un chameau, et tandis que je cheminais sur le premier, le second portait mon sac de voyage, renfermant des vêtements (ce pluriel mérite d'être noté), des provisions, et certains manuscrits dont j'avais fait emplette. Je ne me contentais plus, comme dans le désert, de farine bise ; j'étais muni de *pogat-*

cha (1) blancs, de riz, de beurre et même de sucre. Quant à mon costume, je n'avais pas voulu le changer. Je possédais, il est vrai, une chemise, mais je mè gardais bien de la mettre; c'était prendre des habitudes efféminées et renoncer de trop bonne heure à l'austérité de mon rôle.

Avant de partir nous nous étions assemblés pour délibérer sur la route à choisir parmi les trois qui mènent de Khiva à Bokhara, et, d'après les conseils d'un grand marchand d'habits qui faisait le voyage avec nous, on avait préféré celle qui passe par Khanca et Chourakhan, bien qu'elle fût un peu plus longue; mais elle paraissait la plus facile à cette époque de l'année et surtout la moins dangereuse, parce qu'elle suit la rive droite de l'Oxus ou Amou-Daria.

Enfin, au bout d'un mois de séjour, je me trouvai prêt à quitter Khiva, en souhaitant toute sorte de prospérités aux connaissances que j'y avais faites, et, je puis le dire, aux amis que j'y laissais.

(1) Petits gâteaux préparés avec de la graisse de mouton. — A. V.

CHAPITRE VII

DE KHIVA A BOKHARA

Départ de Khiva. — Nous traversons l'Oxus à gué. — Marché de
Chourakan. — Le désert Tœyeboyoun et les Kirguis. — Alerte!
les Tekkés approchent! — Fuite à travers le désert Destructeur
de la vie. — On meurt de soif. — Tebbad ou simoun. — Visite
des douaniers et des enquêteurs bokhariotes à Khakemir.

Ce fut un lundi, vers la fin de la journée, que, faisant
trêve à nos bénédictions et nous arrachant avec peine aux
démonstrations passionnées de la foule accourue autour
de notre convoi, nous sortîmes de Khiva par la porte
d'Ourguendj. Plusieurs dévots, dans l'excès de leur zèle,
coururent après nous jusqu'à une demi-lieue de la cité.
Ils pleuraient littéralement notre départ et nous les entendions s'écrier avec désespoir : « Qui sait si notre ville
aura jamais l'honneur de revoir en ses murailles un si
grand nombre de saints? » Mes collègues, perchés sur
leurs chameaux, s'y trouvaient à l'abri de toute manifes-
tation gênante ; mais moi, sur mon âne, et, par conséquent beaucoup plus bas, je dus subir, à mainte et mainte
reprise, le témoignage direct d'une amitié tellement
démonstrative que ma monture elle-même, fatiguée de
tant d'accolades, finit par m'emporter au galop. Ravi de
l'incident, je ne réfrénai ce brillant essor qu'à bonne

8.

distancé des enthousiastes laissés derrière nous. Encore
fallut-il user de violence pour ralentir l'allure de mon
coursier aux longues oreilles, et quand, après l'avoir fait
passer à un trot rapide, je voulus obtenir de lui une
marche plus modérée, sa mauvaise humeur se trahit par
une mélopée déchirante et si bruyante que j'aurais préféré la critiquer d'un peu plus loin.

Nous passâmes la première nuit à Godje, qui n'est guère
à plus de deux milles de Khiva. Malgré l'insignifiance de
cette bourgade, elle a son *calenterkhane* (1), comme il en
existe du reste dans les plus petits hameaux du Khiva et
du Khocand. De Godje à Khanca, le pays est uniformé-
ment cultivé; nous vîmes, tout le long de la route, des
mûriers magnifiques, et comme mon âne, toujours intrépide, maintenait son droit de préséance en tête de la
caravane, je pus me régaler à mon aise de leurs fruits su-
crés, qui avaient à peu près la grosseur du pouce.

Toujours à l'avant-garde, j'entrai le premier dans les
murs de Khanca où se tenait une foire hebdomadaire, et
je fis halte devant le *calenterkhane*, situé à l'autre extrémité de la ville sur le bord d'un ruisseau et, comme
d'ordinaire, ombragé par des peupliers et des ormeaux.
J'y trouvai deux derviches à demi-nus, en train d'avaler
la dose d'opium qui est le prélude à leur méridienne.
Ils m'en offrirent une petite portion et furent très-étonnés
de me la voir refuser, puis ils me firent du thé sur ma demande, et, pendant que je le buvais, absorbèrent leur
poison quotidien. Une demi-heure après, tous deux
étaient partis pour le royaume des songes. Sur les traits
de l'un, je notai quelques indices d'un ravissement intérieur; mais les crispations convulsives qui agitaient la
face de l'autre rappelaient plutôt les angoisses de l'agonie.

(1) Caravanserail à l'usage des derviches.

Pendant que je les observais, la caravane me rattrapa et je dus me joindre à elle, car, bien qu'il faille ordinairement une heure à peine pour gagner d'ici les bords de l'Oxus, nous n'avions pas de temps à perdre si nous voulions traverser le fleuve avant la nuit. Malheureusement et par extraordinaire, disait-on, la route se trouva si mauvaise, qu'avant que nous eussions pu nous tirer des marécages où nous étions embourbés, le soir était déjà venu. Nous fûmes donc obligés de nous résoudre à passer la nuit en plein air sur le bord de la rivière.

L'Oxus (1) est si large, en cet endroit, que l'œil porte à peine d'une rive à l'autre ; je reconnais que, selon toute probabilité, il est en cette saison très-notablement grossi par les pluies printanières. Ses flots jaunes et son courant assez rapide m'offraient un spectacle qui ne m'était pas indifférent. De notre côté, la berge est couronnée d'arbres et de fermes, si loin que le regard la suive à l'horizon. Des indices de culture se laissent entrevoir sur l'autre rive, à l'intérieur des terres ; et vers le nord une montagne, nommée l'Ovéïs Caraayne, apparaît comme un immense nuage perpendiculairement suspendu à la voûte céleste. L'eau de l'Oxus n'est pas aussi bonne à boire dans son lit principal que dans les canaux et tranchées où on la retient et où elle dépose à loisir, sur le sable, ce qu'elle entraîne de sédiments impurs. Au point où nous sommes, mêlée de fin gravier, elle crie sous la dent, et avant de s'en servir on était obligé de la laisser reposer quelque temps. Pour ce qui est de ses qualités hygiéniques et de sa douceur, les habitants du Turkestan ne lui reconnaissent aucune rivale ; non pas même l'eau du Nil, — du « béni » comme on dit ici. J'attribuai d'abord ce préjugé à l'impression que doit produire sur des voyageurs altérés par la traversée du désert la pre-

(1) Amou-Daria ou Djihoun.

mière eau potable qui se rencontre sur leur route. Mais je dois reconnaître, après expérience faite, que le mérite relatif des eaux de l'Oxus est devenu, pour moi, comme pour les Turcomans, un véritable article de foi.

Le lendemain matin, de bonne heure, on trouva le gué. A Gœrlen Hezaresp, où nous étions, et sur plusieurs autres points guéables, le gouvernement s'est réservé le droit de taxer le passage, et le concède ensuite à des fermiers qui l'exploitent. Ceux-ci ne se permettent pourtant de transporter à l'autre bord que des étrangers munis d'un *petek* ou passe-port delivré par le Khan, lequel s'obtient moyennant une minime rétribution. Les hadjis avaient un passe-port collectif, mais je m'en étais procuré un autre, spécial à ma personne. Toutefois ce ne fut qu'après plusieurs débats que le passeur, cédant moins à une inspiration charitable qu'à la crainte de manquer à un devoir impérieux, consentit à nous prendre gratis, nous, nos bagages et nos ânes.

La traversée commença vers dix heures du matin, et nous ne nous trouvâmes réunis sur la haute berge qui aboutit vers la droite au canal de Chourakhan qu'après le coucher du soleil. Il faut savoir que le fleuve lui-même avait été franchi en une demi-heure; mais le courant nous avait fait dériver beaucoup plus bas que le point où nous voulions débarquer. Pour revenir là, nous avions dû monter ou redescendre à plusieurs reprises un nombre de petits bras, où nous nous engravions presque certainement de dix en dix mètres; et cette tâche ingrate, fatigante, accomplie par une chaleur des plus étouffantes, avait absorbé la plus grande partie de la journée. Ce qui était le plus terrible, on me croira sans peine, c'était de débarquer nos ânes chaque fois que nous touchions et de les rembarquer quand nous étions à flot. Quelques-uns surtout, plus obstinés que les autres, nous réduisaient à la triste nécessité de les prendre à bras le corps et de les porter comme des enfants, soit pour les faire sortir du bateau, soit pour les y réintégrer. Je ne puis m'empêcher de rire encore, en y songeant, de la figure que faisait un de nos compagnons, appelé hadji Yakoub, avec ses jambes de héron, au moment où il mit sur ses épaules son petit âne et où celui-ci, dont il tenait l'avant-train fortement serré sur la poitrine, s'efforçait, tout tremblant, de cacher sa tête derrière la nuque de mon digne collègue.

Une fois à bord, nous apprîmes qu'il nous fallait attendre toute une journée l'arrivée des chameaux que nous avions loués. Le kervanbachi et moi, suivis de deux autres voyageurs qui pouvaient comme nous se fier à la rapidité de leurs montures, nous partîmes donc pour faire une excursion à Chourakhan, sous prétexte de compléter nos approvisionnements au marché qui s'y tenait ce jour-là; mais en réalité pour nous distraire.

Cette espèce de ville, dont un bon mur de terre forme l'enceinte, ne compte que fort peu d'habitations, mais en revanche a plus de trois cents magasins, ouverts deux fois la semaine et hantés soit par les tribus nomades, soit par les colons sédentaires du pays environnant. Elle appartient à l'Emir-ul-Ouméra (1), dont nous admirâmes les jardins. Tandis que mes compagnons parachevaient à loisir leurs emplettes, je retournai au calenterkhane situé devant l'unique porte de la ville; j'y trouvai plusieurs derviches réduits à l'état de véritables squelettes par l'abus fatal de cet opium qu'on appelle *beng* (2). Ils gisaient çà et là, sur le sol humide de leur sombre cellule, tristement défigurés et dans un état d'abrutissement qui

(1) Frère aîné du Khan.
(2) On reconnaît ici le *bhang* des Indous, un extrait de chanvre pareil au *haschich*. — A. V.

faisait peine à voir. Ils me saluèrent à mon entrée et, pour complément de bienvenue, placèrent devant moi du pain et des fruits. Quand je voulus payer mon écot, ils refusèrent en riant et me disant que plusieurs d'entre eux, depuis tantôt vingt ans, n'avaient pas touché une pièce de monnaie. Le district entretient ces derviches, et je vis en effet, dans le cours de l'après-midi, arriver plus d'un grand cavalier Ousbeg, qui venait acquitter sa quote-part de cette espèce d'impôt et recevait, en échange, une pipe chargée de son poison favori. Le *beng* est le narcotique préféré des Khivites, et beaucoup s'y adonnent pour éluder les prescriptions du coran qui prohibent le vin et les liqueurs spiritueuses. C'est une conséquence funeste de l'extrême rigueur avec laquelle le pouvoir civil réprime ici toute infraction aux lois édictées par le Prophète.

Comme il se faisait tard, j'allai à la recherche de mes compagnons, que j'eus quelque peine à démêler dans les rangs mobiles de la foule. Vendeurs et chalands, tout le monde était en selle, et je m'amusais à regarder comment les femmes kirguises, également à cheval, amenaient au-dessus des lèvres de leurs pratiques le goulot des grandes outres pleines de *kimis* (1) et administraient à chacun la ration demandée, sans laisser perdre jamais une goutte de la précieuse liqueur ; l'adresse, des deux parts, était égale.

Une fois réunis, nous courûmes pour rejoindre notre caravane qui s'était mise en marche dans un district

(1) Les Kirghiz sont particulièrement célèbres pour la fabrication de cette boisson faite avec du lait de jument ou de chamelle. Dans l'Asie centrale, on lui reconnaît la propriété d'engraisser et on l'emploie comme liqueur enivrante. J'en ai souvent goûté, mais jamais sans pouvoir en avaler plus de quelques gouttes, à cause de son acidité que je trouvais excessive et qui m'agaçait les dents. — A. V.

nommé « Bord-du-Canal » (Yapkenary) et qui en effet est coupé en tous sens par de nombreuses tranchées d'irrigation : riante et fertile oasis qui s'étend sur huit milles de long et six de large entre les rives du fleuve et les sables du désert, qu'on n'atteint pourtant qu'après avoir traversé d'excellents pâturages. Nous courûmes plusieurs lieues, sous une chaleur accablante, au milieu de sables trop fréquents ; mais par bonheur nous rencontrâmes assez souvent des groupes de tentes appartenant à des Kirguis, et je n'avais qu'à m'en approcher pour voir les femmes s'empresser autour de moi, avec leurs outres en peau de bique, et se disputer bruyamment le droit de m'offrir à boire. On regarde comme souverainement hospitalier de ranimer ainsi le voyageur altéré par cette saison brûlante, et c'est obliger un Kirguis que de le mettre à même de pratiquer ce pieux devoir. La caravane nous attendait avec la plus grande impatience, et d'ailleurs toute prête à partir vu que, dorénavant, nous ne devions plus marcher que la nuit, grand soulagement pour nous et nos bêtes. Immédiatement après notre arrivée, le convoi se mit en route, et c'était un spectacle attrayant que de le voir dérouler sa file sinueuse sous les clartés de la lune, ayant à droite l'Oxus dont les eaux s'écoulaient avec un bruit monotone, à gauche l'effrayant désert de la Tartarie. Notre camp fut posé le lendemain sur une berge élevée du même fleuve, dans un district qui porte le nom de Tœyeboyoun (Cou de chameau), probablement à cause des saillies, des reliefs inégaux que présentent ici les rives de l'Oxus ; les Kirguis y font, chaque année, un séjour de quelques mois. Dans l'espace de dix heures, je vis venir tour à tour s'installer auprès de nous jusqu'à trois familles de cette race nomade ; mais, à peine leur curiosité satisfaite, elles levaient le siége et passaient leur chemin. Rien ne pouvait me donner une idée plus nette de leur manière de vivre ; et lorsque par la suite je questionnai une femme kirguise sur les motifs de cette instabilité perpétuelle : « Je vous garantis, me dit-elle en riant, qu'on ne nous verra jamais, indolents comme vous autres mollahs, demeurer plusieurs jours de suite assis à la même place : l'homme est fait pour se mouvoir comme le soleil, comme la lune, comme les étoiles, les eaux, les animaux de tout ordre, oiseaux ou poissons, apprivoisés ou sauvages. Il n'y a d'immobiles que les morts et la terre où ils reposent ! ». J'allais présenter quelques objections à l'encontre de cette philosophie vagabonde, quand nous entendîmes retentir au loin des cris parmi lesquels je distinguai ces mots : *Buri ! Buri !* (au loup, au loup !) Mon interlocutrice, à l'instant même, se précipita vers son troupeau qui paissait à quelque distance, et poussa de telles clameurs que l'animal rapace prit la fuite, se contentant pour cette fois d'emporter l'ample et lourde queue de l'un des moutons qu'il allait mettre à mort. J'étais bien tenté de demander à la bergère, quand elle fut de retour, ce qu'elle trouvait de si avantageux dans la « mobilité » du loup ravisseur ; mais son trouble ni ses regrets ne lui eussent permis de me répondre et, sans prolonger l'entretien, je rejoignis le convoi.

Nous repartîmes avant le coucher du soleil et continuâmes à marcher dans le voisinage du fleuve. Ses bords, profondément encaissés, sont souvent encombrés de saules, d'herbes énormes et de roseaux. Bien que la route entre Khiva et Bokhara passe pour très-fréquentée, nous n'avions rencontré encore que des nomades errants çà et là et des gardiens de la frontière, mais pas un seul voyageur, lorsque, vers minuit, nous fûmes inquiétés par l'approche de cinq cavaliers lancés au galop. Depuis notre départ, nous avions appris que les Tekkés, sachant l'Émir son armée loin de Bokhara, s'étaient mis à infester les abords de cette capitale. Nous étions donc fort peu rassurés. Mais, au lieu de brigands, nous vîmes arriver des marchands khivites qui nous affirmèrent que la route de Bokhara n'offrait aucun péril et nous annoncèrent que, d'ici à quarante-huit heures, nous rencontrerions leur caravane sur laquelle ils avaient pris l'avance.

Ainsi soulagés de toute inquiétude, nous campâmes, le lendemain matin, à Tunuclu. C'est une ancienne forteresse en ruines, assise sur une hauteur dont l'Oxus baigne les pieds, et qui elle-même est couverte de la plus magnifique verdure. Là commence une route qui, se dirigeant au nord est, traverse un désert sablonneux dont l'agréable surnom est le Destructeur de la vie (Djan batirdurgan, appelé aussi Khalata Tchœli). Elle n'est fréquentée qu'en hiver après la chûte des neiges, lorsque, l'Oxus étant glacé, les Turcomans peuvent le franchir, circuler sans obstacle dans toute la contrée et couper la route qui, par Caracœl, mène à Bokhara.

La chaleur, sur ces entrefaites, se faisait de plus en plus intense, mais sans trop gêner nos mouvements, attendu que, voyageant de nuit, nous passions la journée entière au bord d'un grand fleuve rempli d'eau douce; là, nous nous rappelions, avec une joie reconnaissante, ce que nous avions souffert à Cahriman Ata et ailleurs, dans le vaste désert qui sépare Gœmuchtepe de Khiva. Ces agréables comparaisons allaient faire place à de cruelles inquiétudes, et les fredaines de quelques aventuriers turcomans nous menaçaient de mortels dangers, auxquels nous échappâmes seulement par un heureux hasard. L'aube pointait à peine sur l'horizon quand deux hommes à moitié nus, qui venaient dans une direction opposée à la nôtre, hélèrent de loin la caravane. Dès qu'ils l'eurent rejointe, ils se laissèrent tomber à nos pieds, demandant à plusieurs reprises un morceau de pain. Je fis droit, tout aussitôt, à leurs plaintives instances. Restaurés par les premières bouchées, ils se mirent à nous conter qu'ils étaient des bateliers natifs d'Hezaresp, et qu'un *alaman* tekké, tombant sur eux à l'improviste, les avait dépouillés de leur barque, de leurs vêtements, de leur pain, épargnant à grand'peine la vie de ces pauvres diables ; les brigands étaient au nombre de cent cinquante, et préméditaient une razzia sur les troupeaux des Kirguis établis dans les environs : « Pour l'amour de Dieu, ajouta un de ces hommes, prenez la fuite ou cachez-vous !... Sans cela, vous les rencontrerez d'ici à quelques heures, et votre qualité de pèlerins ne vous mettra pas à l'abri de leurs rapines. Ils vous laisseront ensuite dans le désert, sans aliments et sans bêtes de somme, car ces mécréants sont capables de tout. » Pour notre kervanbachi, déjà victime de deux rencontres pareilles et qui avait à peine réussi à s'en tirer les braies nettes, tant de recommandations étaient inutiles. Aussitôt qu'il eut entendu les mots d'*alaman* et de Tekké, il se hâta de nous faire tourner bride et de battre en retraite, aussi rapidement que le permirent nos chameaux surchargés de bagages. Vouloir, avec tout notre attirail, échapper à des Turcomans alertes et bien montés eût été naturellement le comble de la folie ; mais, d'après nos calculs, le passage en bateau de cent cinquante cavaliers devait prendre toute la matinée, et tandis que les brigands suivraient la route, où les retardaient quelques précautions indispensables, nous pouvions regagner Tunuclu et, de là, une fois nos outres garnies, nous jeter à travers le désert « Destructeur de la Vie. » Triste ressource ! mais la seule qui nous offrît quelques chances d'échapper à la captivité ou à la mort. Moyennant des efforts surhumains, nous parvînmes à conduire à Tunuclu nos pauvres animaux, rendus de fatigues. Là nous dûmes leur accorder quelque repos et leur laisser le temps de se nourrir ; autrement nous n'aurions pas pu atteindre même notre première station dans les sables. Trois heures durant, sous le coup d'une vive terreur, nous demeurâmes donc en cet endroit, renouvelant l'eau de nos outres et nous préparant à ce trajet dont nous allions affronter les périls.

Dans cet intervalle, notre marchand d'habits, que les Turcomans avaient déjà une fois rançonné, se mit à dépeindre, sous les plus noires couleurs, les périls qu'offrait le « Destructeur de la Vie » au plus fort de la canicule. On y mourrait faute d'eau ou on y serait enseveli par le sable que soulève le vent d'est (*simoun* ou *tebbad*) (1). Plusieurs de nos compagnons, ceux dont les sacs étaient le mieux garnis ou qui se sentaient le moins de courage, avaient déjà préféré se cacher avec lui sous les taillis de la berge, lorsque vint à passer, complètement vide, un bateau dont les patrons, se rapprochant de nous, offrirent de nous conduire à Hezaresp. Alors la désertion menaça de devenir générale.

Pour moi ce fut l'instant critique du voyage. « Rentrer à Khiva, me disais-je, équivaut à la ruine complète de mes projets. D'ailleurs, en quelque lieu que j'aille, ma vie court à peu près les mêmes risques. En avant donc ! Toujours en avant ! Mieux vaut affronter la fureur des éléments que les tortures arbitrairement infligées par un tyran sans principe. » Je demeurai donc avec le kervanbachi, ainsi que hadji Salih, hadji Bilal et une douzaine d'autres. Cependant l'émotion nous gagnait tous. Au moment où la barque allait démarrer, ceux d'entre nous qui s'y étaient déjà installés proposèrent de décider par un pronostic ou *fal* la question qui nous divisait. Nous nous partageâmes les cailloux dont le nom-

_____
(1) Mot persan qui signifie « vent de la fièvre. » — A. V.

bre indiquait celui des versets que nous devions lire en ouvrant au hasard le coran, et hadji Salih, expert en ces matières, fut chargé de la consultation. Dès qu'il en eut constaté le résultat, presque tous les hadjis, sautant à terre, revinrent se joindre à nous. Comme nos préparatifs étaient complets, et pour prévenir toute nouvelle hésitation, le signal fut immédiatement donné. Nous partîmes, et, avant le coucher du soleil, en obliquant un peu à partir des ruines de Tunuclu, nous étions en pleine marche vers le désert.

Les souffrances d'un voyage dans de pareilles régions étaient encore si présentes à notre mémoire qu'elles rendaient plus poignantes mes angoisses et celles de mes compagnons. De plus, tandis que nous avions traversé le désert de Gœmuchtèpe à Khiva au mois de mai, c'était en juin que nous tentions de nouveau une semblable aventure. Alors, nous avions eu la ressource de dépôts formés de loin en loin par les eaux de la pluie; maintenant, nous ne trouverions ni source ni amas d'eau dont nous pussions faire usage. Nous avions donc la plus grande peine à nous éloigner de cet Oxus qui, sous l'ardeur des derniers rayons de soleil, se montrait à nous dans son éclatante splendeur. Derrière nous, l'eau et la vie; devant, les sables et la mort. Nos chameaux eux-mêmes qui s'étaient abondamment désaltérés, jetaient du côté du fleuve des regards pleins de tristesse.

Quelques étoiles brillaient au ciel quand nous nous trouvâmes à l'entrée du désert. D'après la consigne, nous y devions marcher dans le silence le plus absolu afin de nous dérober à l'attention des Turcomans, que nous supposions près de nous et qui, en l'absence de la lune, pouvaient ne pas nous apercevoir. Heureusement le pied des chameaux sur ce sol poudreux et moux n'éveillait aucune sonorité ; mais il se pouvait que, nos ânes se mettant à braire inopinément, l'écho révélât au loin, à travers le silence nocturne, la fuite où nous cherchions notre salut. Vers minuit, nous fûmes tous obligés de mettre pied à terre, nos bêtes de somme enfonçant jusqu'aux genoux dans un sable de plus en plus ténu. Cette espèce de poussière formait, à l'endroit dont je parle, une suite non interrompue de petites collines. Je me traînai de mon mieux sur ces sables éternels, aussi longtemps que la fraîcheur me vint en aide, c'est-à-dire jusqu'à l'aube du jour; mais alors je sentis se gonfler celle de mes mains qui, tenant mon bâton, me servait continuellement de point d'appui. Transférant en conséquence mes effets sur le dos de l'âne, je m'installai en leur lieu et place sur celui du chameau; si essouflé qu'il parût, il se démêlait encore mieux que moi, pauvre boîteux que je suis, sur ce terrain friable et mouvant.

Notre station matinale portait le nom charmant d'Adamkyrylgan (traduisez : Endroit où périssent les hommes), et il suffisait de jeter un regard vers l'horizon pour se convaincre que cette appellation tragique ne lui avait pas été gratuitement donnée. Qu'on se représente un océan de sable s'étendant à perte de vue, façonné d'un côté par le souffle furieux des ouragans en hautes collines semblables à des vagues; de l'autre, en revanche, représentant assez bien le niveau d'un lac paisible à peine ridé par la brise du couchant. Dans l'air, pas un oiseau; sur la terre, pas un animal vivant, pas même un ver, pas même un grillon. Nuls vestiges autres que ceux dont la mort a semé ces vastes espaces; des monceaux d'os blanchis que chaque passant recueille et réunit pour servir de jalons à la marche des voyageurs qui lui succèderont. Il est presque inutile d'ajouter que nous ne fûmes pas poursuivis. Les Turcomans eux-mêmes hésitent à s'engager à cheval dans de pareilles solitudes, et je ne connais pas d'homme sur terre qui voulût se montrer plus intrépide. Restait à savoir si les éléments déchaînés ne viendraient pas nous faire obstacle ; et le sang-froid oriental, tout inébranlable qu'il est, faiblissait, ce me semble, devant une prévision de ce genre ; du moins croyais-je lire une anxiété profonde dans les sombres regards que mes compagnons échangeaient entre eux, chemin faisant.

Selon le programme du kervanbachi, nous devions compter en tout, de Tunuclu à Bokhara, six journées de route, la moitié à travers sables, le reste sur un sol égal et ferme où l'on trouve des herbages et un certain nombre de troupeaux. Nous calculions donc que nous ne pourrions guère manquer d'eau plus d'un jour et demi ; malheureusement, soit à cause de l'ardeur extrême du soleil ou par une rapidité particulière d'évaporation, nous nous aperçûmes que l'eau de l'Oxus, dont nous nous abstenions le plus possible, diminuait, dès la première étape, avec une rapidité surprenante. Nous nous mîmes donc à surveiller avec un redoublement de vigilance nos provisions de ce précieux liquide ; plusieurs de nous, vaincus par le sommeil, finirent même par s'endormir en serrant leur outre dans leurs bras, ce qui nous faisait sourire, malgré les inquiétudes auxquelles nous étions en proie. Nous allions le plus vite que nous pouvions, marchant de cinq à six heures le jour comme la nuit, malgré une chaleur capable de tout fondre. Plus tôt nous sortirions de la région des sables, moins longtemps nous aurions à souffrir de la soif ou à redouter les tempêtes de poussière, soulevées par le vent d'est. Malheureusement les forces de nos chameaux s'épuisaient. Dès le premier jour, nous en avions perdu deux et les autres étaient horriblement souffrants des fatigues précédentes et de celles qu'ils rencontraient dans le désert.

Quant à nous, bien que le terrible vent d'est n'eût pas

encore soufflé, l'élévation de la température diurne nous privait déjà de nos forces, et deux de nos plus pauvres associés, se traînant comme ils pouvaient à côté de leurs bêtes chétives, tombèrent si malades, une fois leur eau épuisée, qu'il fallut les attacher à plat ventre sur les chameaux, vu qu'ils étaient parfaitement incapables d'y conserver leur assiette. On les avait soigneusement abrités, et tant qu'ils purent articuler une parole, nous n'entendîmes sortir de leurs lèvres desséchées que cette exclamation monotone : « De l'eau, de l'eau !... Par pitié, par charité, quelques gouttes d'eau !... » Helas ! leurs meilleurs amis refusaient impitoyablement de leur sacrifier la moindre gorgée de ce liquide qui, pour nous, représentait la vie, et lorsque, le quatrième jour, nous arrivâmes à Medemin Boulag, un de ces malheureux fut soustrait par la mort aux tortures de la soif. J'assistai à l'agonie de cet infortuné. Sa langue était absolument noire ; la voûte de son palais avait pris une teinte d'un bleu grisâtre ; ses lèvres étaient parcheminées, sa bouche béante, ses dents à nu ; sauf cela, ses traits n'avaient pas beaucoup changé. Il est fort douteux que, dans ces terribles extrémités, on eût pu le sauver en le faisant boire ; d'ailleurs pas un de nous ne s'en serait avisé.

C'est une chose horrible à voir qu'un père cachant à son fils, un frère cachant à son frère, l'eau dont il peut être nanti ; mais, je le répète, lorsque chaque goutte représente une heure de vie, et quand on est aux prises avec les angoisses de la soif, les tendances généreuses et l'esprit de sacrifice, qui se manifestent fréquemment en d'autres occasions aussi critiques, perdent toute action sur le cœur de l'homme.

Après trois jours passés dans la partie sablonneuse du désert, une dernière étape devait nous conduire à la plaine solide, en vue des montagnes Khalata, dont la chaîne prend ici une direction septentrionale. Nous étions, par malheur, condamnés à une déception nouvelle. Incapables de plus longs efforts, nos bêtes de somme se refusèrent à la marche, et il fallut demeurer un jour encore en plein sable. C'était le quatrième, et il ne restait guère que six verres d'eau dans mon outre à peu près vide. Je les buvais goutte à goutte, quand une soif implacable ne me laissait pas d'autre alternative. A un moment donné, la peur me prit, car il me sembla voir une tache noirâtre se former au centre de ma langue; aussi avalai-je immédiatement tout d'un trait, croyant sauver ma vie, la moitié de ce qui me restait encore; mais il en résulta seulement une forte sensation de chaleur, immédiatement suivie d'un mal de tête qui s'aggrava dans la matinée du cinquième jour. Vers midi, au moment où nous commencions à distinguer les monts Khalata parmi les nuages dont ils étaient couverts, je sentis mes forces m'abandonner peu à peu. Plus nous approchions des montagnes, plus s'atténuait l'épaisseur des sables, et nos regards cherchaient de tous côtés avec ardeur quelques traces de troupeau, quelque hutte de bergers, lorsque le kervanbachi et ses gens, signalant un nuage de poussière qui semblait venir de notre côté, nous avertirent qu'il fallait, sans retard, mettre pied à terre. Nos pauvres chameaux, plus expérimentés que nous, avaient déjà reconnu l'approche du *tebbad :* après une clameur désespérée, ils tombèrent à genoux, allongeant leurs cous sur le sol et s'efforçant de cacher leurs têtes dans le sable. Derrière eux, comme à l'abri d'un retranchement, nous venions de nous agenouiller, quand le vent passa sur nous avec un frémissement sourd et nous enveloppa d'une croûte de sable épaisse d'environ deux doigts. Les premiers grains dont je sentis le contact produisirent sur moi l'effet d'une véritable pluie de feu. Si nous avions subi le choc du *tebbad* à quelques six milles de là, dans la profondeur du désert, nous y restions tous, infailliblement. Je n'eus pas le loisir d'observer ses dispositions à la fièvre et aux vomissements, que l'on dit causées par le vent lui-même; mais, après son passage, l'atmosphère devint plus épaisse et plus écrasante.

A la limite des sables, nous prîmes une route qui devait, par une marche de dix-huit milles à travers la plaine, nous conduire à Bokhara. Vers le soir, nous trouvâmes des sources dont l'eau n'était pas potable pour l'homme, mais où nos animaux purent se rafraîchir.

Quand nous nous remîmes en chemin tous abattus, à demi-morts, nous n'étions soutenus que par l'espoir d'un secours prochain. Je n'étais plus en état de quitter sans aide ma haute monture. En vain je chercherais ici à donner l'idée du martyre causé par la soif. La mort, je le crois fermement, n'est pas accompagnée de souffrances pareilles. Jamais en face d'autres périls la lutte ne m'a semblé au-dessus de mon courage; la soif me brisait, m'anéantissait; le mal de tête me stupéfiait; mes entrailles brûlaient d'un feu dévorant. Vers minuit, un sommeil de plomb m'ôta le sentiment de mes douleurs. Le matin, en rouvrant les yeux, je me trouvai dans une hutte d'argile entouré de gens à longue barbe, que je reconnus pour des Persans. « Vous n'êtes certainement pas un hadji, » me disaient-ils, tout en me faisant avaler quelque boisson chaude. Plus tard ils me servirent un mélange de lait aigre, d'eau et de sel, qu'on appelle *airan* et qui me remit sur pieds.

Je pus alors constater que nous étions redevables de cette bienfaisante hospitalité à un certain nombre d'esclaves, qui venaient, en plein désert, à dix milles de Bokhara, soigner les troupeaux de leurs maîtres; ceux-ci leur fournissent une très-petite quantité d'eau et de pain, jamais assez pour les mettre en état de s'approvisionner en vue d'une évasion quelconque. Et cependant, ces pauvres exilés n'avaient pas hésité à partager ces rares aliments avec des mollahs sunnites, c'est-à-dire avec les pires ennemis de leur race. Ils me témoignèrent des égards particuliers quand ils virent que je parlais leur langue natale, non que le persan ne soit également usité dans le Bokhara, mais ce n'est pas tout à fait celui dont on se sert dans l'Iran. Ces malheureux Persans, dont je me séparai avec un mélange de reconnaissance et de pitié, nous laissèrent emporter une partie de leur eau.

Nous avions projeté, en les quittant, d'aller visiter Khodja Oban. On y trouve le tombeau d'un saint, ce qui est un lieu de pèlerinage où, en notre qualité de hadjis, nous devions nous rendre, bien qu'il fût un peu en dehors de notre route ; mais, au grand désespoir de mes compagnons, nous nous égarâmes la nuit parmi les dunes qui se dressent à la limite du désert. Après de longues recherches, nous étions arrivés, au point du jour, sur les bords d'un lac d'eau douce. C'était la fin du désert, de nos inquiétudes et de nos misères. Nous avions atteint les frontières du Bokhara proprement dit. Une marche de deux lieues nous conduisit dans un district arrosé d'un bout à l'autre par des canaux dérivés de la Zerefchan, rivière qui passe à Bokhara. Des cultures assez soignées se montraient dans toutes les directions, et nous entrâmes à Khakemir, bourg d'à peu près deux cents maisons, à deux lieues de la capitale, et où le kervanbachi avait sa résidence. Nous fûmes obligés d'y passer la nuit afin d'attendre le collecteur des taxes et le rapporteur qui devaient accomplir, en dehors de la ville, les recherches et les enquêtes dont ils devaient rendre compte à l'autorité.

Ils arrivèrent le lendemain matin de fort bonne heure

et me parurent avoir tout spécialement à cœur d'obtenir
quelques renseignements sur les pays d'où nous venions.
Ils commencèrent naturellement par inspecter nos bagages. La plupart des hadjis avaient dans leur havresac
des grains sacrés de la Mecque, des dattes de Médine, des
peignes fabriqués en Perse, et des couteaux, ciseaux, dés
et petits miroirs provenant de l'Europe. Mes associés
se tuaient à dire que l'Émir, — « plût à Dieu lui accorder cent vingt ans de vie ! » — ne voudrait jamais faire
payer aucuns droits à de pieux pèlerins ; mais le collecteur, fidèle aux devoirs de sa charge, n'enregistrait pas
moins, article par article, sans s'arrêter à ces protesta-
tions, les marchandises déballées devant lui. J'assistai,
avec deux autres mendiants, à toute l'opération. Lorsque
l'agent des douanes s'occupa de moi, l'aspect de mon visage parut l'égayer, et ce fut en riant qu'il me prescrivit
d'ouvrir ma caisse, « attendu que *vous autres*, conti-
nua-t-il (sous-entendu *vous autres Européens,* car il
croyait probablement me reconnaître pour tel), vous ne
manquez jamais de belles marchandises. » Me trouvant
en ce moment-là de fort bonne humeur, et jetant par-
dessus les moulins mon bonnet de derviche, j'interrom-
pis ici le rusé Bokhariote : « En effet, lui dis-je, on a
d'assez magnifiques choses à vous montrer, et vous les
verrez si vous prenez la peine d'examiner tout ce que je
possède en fait de biens meubles et immeubles. » Comme
il insistait, nonobstant cette ironie, pour ne rien omettre, je courus chercher mon âne à qui je fis monter l'escalier, et que j'introduisis dans la chambre, sans trop
m'inquiéter des tapis dont elle était garnie ; puis, au milieu des rires que cet incident avait soulevés, je me hâtai
d'ouvrir mon havresac et d'étaler aux pieds du douanier
les haillons et les bouquins dont j'avais fait collection
pendant mon séjour à Khiva. Il jeta autour de lui un

regard surpris et demanda, fort désappointé, si je n'avais rien de plus. Hadji Salih, saisissant l'occasion, lui expliqua ce que j'étais, mon saint caractère et l'objet que je me proposais en voyageant; du moindre détail, il fut pris note avec le soin le plus minutieux, et le collecteur cependant ne cessait de me regarder en hochant la tête de la façon la plus significative. Quand il en, eut fini avec nous, le rapporteur entra immédiatement en fonctions et se livra, au sujet de chacun de nous, à une enquête minutieuse qui me parut d'autant plus ridicule que nous venions du Kharisme, pays que son langage, son origine et sa religion identifient avec le Bokhara. Après que tous ces préliminaires eurent été réglés, le collecteur voulut nous empêcher d'aller nous installer dans la ville selon notre bon plaisir ; mais hadji Salih, fort de sa grande influence dans le pays, et qui avait pris maintenant la direction de la caravane, le laissa discuter et nous fit partir immédiatement de Khakemir. Au bout d'une demi-heure de marche à travers une campagne couverte de champs cultivés et de magnifiques jardins, nous aperçûmes « la noble Bokhara, » ses nombreux édifices, ses tours massives, ses minarets, tous surmontés d'une sentinelle posée sur une patte ; car, à Bokhara, les cigognes sont aussi nombreuses qu'elles sont rares à Khiva.

CHAPITRE VIII

LA NOBLE BOKHARA

La ville et le khanat de Bokhara. — Le tekkie Husein. — Bazars et population cosmopolite. — Commerce et industrie. — Le quai du Réservoir du Divanbeghi. — Derviches Nakichbendis. — Rigorisme de l'émir Mozaffar-ed-Din Khan. — Espionnage. — Controverse religieuse. — Le Righistan. — L'arche de l'Émir. — Les colléges bokhariotes. — L'orthodoxie de Bokhara conteste celle de Constantinople. — Pharisaïsme bokhariote. — La vie à Bokhara. — Départ pour Samarcande.

Nous approchions de Bokhara, en venant du couchant, vers la porte *Imam;* mais nous n'y entrâmes pas, attendu que, le monastère ou *tekkie;* que nous voulions gagner, se trouvant au nord-est de la ville, nous aurions été obligés de nous ouvrir jusque là un chemin à travers la foule qui encombre le bazar. Nous préférâmes donc faire un circuit et prendre le long des remparts. En bien des endroits, nous reconnûmes qu'ils étaient énormément dégradés. Cette promenade me fit constater aussi dès lors que la culture des environs est inférieure à celle qui embellit le voisinage de Khiva. Plus tard, j'ai calculé que la circonférence totale de Bokhara, qu'on m'avait évaluée à une journée de marche, ne dépasse point quatre milles en réalité.

Le khanat auquel elle donne son nom est divisé en

douze districts dont les principaux sont ceux de Bokhara, de Caracœl (1), de Samarcande et de Cheri-Sebz. Ce dernier est presque continuellement en révolte ouverte. L'armée du Khan est estimée à 40,000 cavaliers, dont la majeure partie appartiennent au district de Bokhara; mais ce nombre semble exagéré, car, dans ses guerres, l'Émir est obligé d'entretenir une force auxiliaire qui lui coûte une cinquantaine de mille francs par an.

Nous pénétrâmes dans la ville par la porte appelée Mezar (2) et nous fûmes assez vite arrivés au monastère ou *tekkie* où nous devions descendre. Ce vaste bâtiment n'a pas moins de quarante-huit cellules ouvrant, au rez-de-chaussée, sur une cour plantée de beaux arbres. Le supérieur ou *khalfa* actuel est le petit-fils du *khalfa* Husein, renommé pour ses mœurs saintes, et dont le *tekkie* lui-même a pris le nom. L'estime généralement accordée à cette famille est attestée par ce fait, que le petit-fils d'Husein est à la fois imam et khatib (ou chapelain) de l'Émir, position officielle qui me rendait assez fier d'avoir un hôte pareil. Hadji Salih, classé parmi les disciples (*murid*) du saint, et qui dès lors était regardé comme un membre de la famille, m'avait servi d'introducteur. Le révérend abbé, personnage de bonne tenue

(1) Caracœl ou Karakoul, à 15 lieues au S. O. de Bokhara, est la troisième ville du khanat; on lui donne 30,000 habitants. — J. B.

(2) Les plus belles rues de Bokhara n'ont pas plus de six pieds de largeur; les autres en ont à peine trois ou quatre. Les maisons, bâties sans alignement, sont en terre de couleur grisâtre, mêlée à de la paille, et n'offrent du côté des rues que des murailles sans fenêtre, à un seul étage et avec une porte percée au milieu. La façade donne sur la cour, où les toits avançant en saillie sont soutenus par des colonnes et forment un abri contre les rayons du soleil. Installées de manière à être fraîches et agréables pendant les chaleurs, elles n'ont ni vitres, ni cheminées, ni poêles, et exposent à tous les dangers du froid et de l'humidité durant la mauvaise saison. — V. Meyendorf et Kharrikoff. — J. B.

et d'extérieur agréable, portant à merveille le turban
blanc et l'habit d'été en fine soie, me fit l'accueil le plus
cordial; après une demi-heure d'une conversation aussi
emphatique, aussi quintessenciée que possible, ce brave
homme, de plus en plus satisfait, se mit à déplorer l'absence du *fortuné*, (S. M. l'Émir) qui le privait de me
présenter immédiatement à la cour.

La cellule qu'il m'assigna, placée entre celle d'un mollah très-savant et celle de hadji Salih, devenait par là
même une chambre d'apparat; l'établissement, d'ailleurs,
était rempli de personnages notables. Sans l'avoir fait
exprès, j'étais tombé à Bokhara sur le principal centre du
fanatisme islamite. En m'imprégnant de l'esprit qui régnait là, je devais m'y trouver plus à l'abri que partout
ailleurs, des soupçons officiels et des tracasseries admi-
nistratives. Le rapporteur avait relaté mon arrivée
comme un événement digne d'attention, et Rahmet-Bi,
le premier officier de l'Émir, chargé de gouverner Bokhara pendant que son maître faisait campagne dans le
Khocand, venait d'ordonner que, ce jour-là même, les
hadjis fussent questionnés de près à mon sujet. Mais, aux
portes du *tekkie*, s'arrêtait l'autorité de l'Émir, et on y attachait si peu d'importance aux investigations prescrites
par son représentant, qu'on ne jugea même pas à propos
de m'en parler. Mes bons camarades répondirent simplement aux promoteurs de l'enquête laïque : « Hadji
Rechid n'est pas seulement un bon musulman, mais encore un mollah des plus instruits : élever contre lui le
moindre soupçon, c'est se mettre en état de péché mortel. » Toutefois ils me traçaient en même temps un plan
de conduite, et c'est à leurs précieux conseils que je dois
le bonheur d'avoir quitté sans mésaventure cette Bokhara dont le séjour offre les plus grands périls non-seulement à l'Européen, mais même à l'étranger de toute race.

Le lendemain de notre arrivée, je sortis avec quatre de nos compagnons, sous la conduite de hadji Salih pour inspecter les bazars. La ville est inférieure à la moindre cité persane; mais je fus surpris en me trouvant pour la première fois au milieu de la foule qui encombre son principal marché.

Ces bazars sont loin de pouvoir être comparés par l'éclat et la magnificence à ceux qu'on trouve dans les principales villes de la Perse. Comme dans nos anciennes cités du moyen âge, les quincaillers, les changeurs et les libraires, les orfèvres, les serruriers, les épiciers, les pâtissiers-confiseurs, les marchands de thé, les trafiquants en perses et en cotonnades, les marchands de toile, les merciers : chaque corps de métier a son marché à part. Un très-petit nombre de ces bâtiments sont voûtés et maçonnés en pierre ; les plus vastes ont une toiture de bois ou de nattes étendues en travers de longues perches. Chacun a son acsacal particulier, qui répond à l'Émir du bon ordre et de l'acquittement des taxes.

Mais la diversité des races et des costumes qu'on y rencontre offre à un étranger un spectacle fort intéressant (1). Parmi la multitude mobile qui l'entoure, il remarque à chaque pas les types iraniens : têtes fines, coiffées d'un turban blanc ou bleu, suivant qu'il s'agit d'un homme bien né, d'un mollah, d'un négociant, d'un ouvrier ou d'un domestique.

C'est à ce type en effet qu'appartiennent les Tadjics appelés Sarts à Khiva. Aborigènes de l'Asie centrale, ils sont plus nombreux à Bokhara que partout ailleurs. Ce peuple, malgré sa grandeur passée et l'antiquité de son

(1) Le nombre des habitants de Bokhara est estimé à 70,000, composés de 50,000 Tadjiks, de 8,000 Ouzbeks, de 7,000 juifs, de 3,000 Tatars et de 2,000 Afghans, plus quelques centaines de Kalmouks et d'Hindous. — Malte-Brun. *Géog.-Univ.* liv. cxxxiii^e, p. 645. Ed. 1844.

origine, est sans doute tombé au dernier degré de la corruption ; mais, s'il est resté ce qu'il était autrefois, il donne pour l'époque primitive, une idée fort triste de l'état moral de l'Asie, ce berceau de nos races.

Les esclaves persans, dont nous n'avons rien de plus à dire que ce que nous en avons indiqué en parlant de Khiva, se rattachent aussi au type iranien.

Après lui domine le type turc ou touranien. On rencontre ici la physionomie tartare à tous ses degrés, depuis l'Ousbeg, dont le sang est fréquemment mélangé, jusqu'au Kirguis, qui a fidèlemen conservé la farouche apparence de ses ancêtres.

Les Ousbegs ne diffèrent ici de ceux de Khiva que parce qu'ils dédaignent moins de se mêler aux Tadjics ; ils ont ainsi altéré leur type national et perdu en partie leur droiture et leur honnêteté. Ils l'emportent par le nombre sur toutes les autres races du khanat et les dominent, car l'Émir lui-même est un Ousbeg de la tribu Manghit. Bien qu'ils forment la partie principale de l'armée, ils ne lui fournissent guère d'officiers supérieurs.

Il y faut joindre les Mervites, descendants de la population turque transportée par Saïd Khan, de Merv à Bokhara vers 1810. Excepté les Tadjics, bien autrement lâches que lui, le Mervite est le plus rusé des habitants de la capitale.

Quant au Kirguis, il se fait reconnaître rien qu'à la pesanteur et à la fermeté de son allure. Il visite Bokhara, mais n'y habite pas. Il erre dans la partie septentrionale du khanat et y est en petit nombre, bien qu'on puisse malaisément en établir la quantité. Chaque fois que j'ai voulu m'informer du chiffre de leur population auprès d'un de leurs campements, ils se sont raillés de moi : « Commencez, disaient-ils, par compter les sables du

désert ; vous pourrez ensuite énumérer les Kirguis. »
Quant à leur pays, tout ce qu'on sait, c'est qu'ils habitent le grand désert étendu entre la mer Caspienne et la Chine, dans des conditions tout à fait nomades, qui ne permettent à aucun des états dont ils franchissent les limites d'avoir d'autre influence sur eux que celle dont peuvent disposer pendant leur séjour les officiers chargés du recouvrement des impôts. Pour les Kirguis, cette procédure fiscale n'est qu'une espèce de razzia exécutée sans brigandage, et ils savent gré à ceux qui la commettent de se contenter d'une taxe équivalant à une capitation. Les révolutions survenues dans le monde depuis des centaines et peut-être des milliers d'années ne les ont guère touchés ; aussi est-ce chez eux qu'on pourrait retrouver l'image la plus fidèle des mœurs et des coutumes qui ont jadis caractérisé les races touraniennes.

Ils offrent aujourd'hui un singulier mélange de vices et de vertus sauvages. Ils ont des dispositions fort remarquables pour la musique et pour la poésie ; enfin leur vanité aristocratique est telle que la question qui précède toute autre quand deux Kirguis se rencontrent est invariablement celle-ci : « quels sont tes sept aïeux ? » Celui à qui elle est adressée, fût-ce un enfant de huit ans, doit, sous peine d'être considéré comme digne de mépris, tenir toujours sa réponse toute prête. Pour eux, avoir une résidence fixe est une preuve de folie ou de maladie. Par la plus grande chaleur ou lorsque la neige a recouvert la terre, ils changent chaque jour de place. Le pain leur est inconnu, même de nom ; et ils ne se nourrissent que de viande et de lait ; enfin la race mongole est à leurs yeux le type achevé de la beauté humaine.

Quelques Arabes, en petit nombre, descendent des conquérants du Turkestan, à l'époque du khalife Othman ; mais ils ressemblent fort peu à leurs frères du Hedjaz ou de l'Yémen, dont ils ont à peu près complètement oublié la langue.

Mélés aux principales races de l'Asie centrale, on rencontre des Israélites, mais fort rarement, quoiqu'ils soient assez nombreux ici. Leur coiffure qui rappelle celle des Polonais les distingue des vrais croyants. L'oppression qu'ils subissent est fort dure, et ils sont sujets aux traitements les plus humiliants. Comme autrefois dans le Languedoc, ou comme récemment encore à Rome, le chef de leur communauté, lorsqu'il paie le tribut annuel, reçoit, en signe de soumission, deux légers soufflets sur la joue. Parmi ces humiliations, il en est une qu'ils tiennent pour un privilége : celle qui les déclare indignes d'être esclaves. Leurs traits d'ailleurs sont nobles et réguliers, et leur œil est plein d'éclairs. Ils s'occupent plus de métiers manuels que de commerce, et paraissent être venus il y a un siècle et demi des régions nord-est de la Perse (1).

Les Indiens appelés ici Moultani, quoiqu'à peine au nombre de cinq cents, sont bien plus remuants et plus puissants que les Juifs. Ils portent le même genre de coiffure, mais, avec leur marque rouge au front, leur figure jaune et repoussante, ils feraient d'excellents épouvantails aux corbeaux dans les champs de riz. Cependant ils exercent un peu partout le métier d'usurier et, grâce à

(1) Ceci n'est guère conforme à leurs traditions; car ils prétendent être venus à Bokhara depuis sept cents ans après avoir quitté Bagdad. Ils y occupent trois rues et ne peuvent habiter nulle autre part, ce qui était encore d'usage naguère, chez beaucoup de peuples chrétiens. Depuis l'arrivée d'un rabbin algérien, qui pleurait presque de joie à la vue d'un Européen, les Juifs de Bokhara, dit M. de Meyendorff, ont tous appris à lire et à écrire. Il leur est défendu de monter à cheval ou sur un âne dans les villes, et tout bon musulman peut les frapper dans les rues ou les tuer à la campagne, sans crainte d'être poursuivi par la justice. De là vient que, pour la plupart, ils verraient avec plaisir une puissance européenne quelconque se rendre maîtresse de tout le khanat. — J. B.

des merveilles d'adresse, ils ont fini par concentrer entre leurs mains le maniement de tous les capitaux disponibles. Depuis quelque temps, les Indiens ont été par les Tekkés et les Sariks admis à l'honneur de l'esclavage, dont restent exclus les Israélistes; mais c'est en obtenant de la lâcheté des premiers qu'ils se reconnaissent d'abord pour des mahométans chiites.

Enfin, on rencontre quelques Afghans, qui, tout en jetant en travers de leurs épaules une pièce d'étoffe rappelant la toge romaine, laissent descendre, sur leur chemise assez sale, leur chevelure inculte, et ressemblent à des malheureux chassés par l'incendie de leurs maisons, avant qu'ils aient eu le temps de prendre d'autres vêtements.

Et cependant, malgré cette confusion bariolée, malgré tout ce mouvement autour de nous, je ne retrouvais pas dans ces bazars la surabondance de vie tumultueuse qui est si frappante dans ceux que j'avais vus en Perse.

Les marchandises russes dominaient parmi les étalages des magasins; pourtant, çà et là, un petit nombre d'articles provenaient des autres pays d'Europe. En eux-mêmes ils n'avaient rien qui pût attirer mes yeux, néanmoins ils m'intéressaient. Leur étiquette portant Manchester ou Birmingham faisait battre mon cœur et attirait sur mes lèvres d'imprudentes exclamations que je devais refouler.

Les divisions des bazars où l'on étalait les produits du sol et de l'industrie indigènes sont celles que je visitai ensuite avec le plus de curiosité. Là je voyais le papier de Bokhara si estimé dans tout le Turkestan; fait avec de la soie crue, il est mince, parfaitement uni et s'adapte mieux que tout autre aux besoins de l'écriture arabe. Puis le fer et l'acier, bien que les mines soient rares ou mal exploitées, donnent des fusils rayés, des sabres et des poignards fort estimés. Le cuir est de première qualité à

Bokhara. Les découpeurs et les cordonniers y sont également habiles et font les bottes pour les deux sexes avec succès : celles des hommes ont des talons élevés qui se terminent en pointes de la largeur d'une tête de clou ; et celles des femmes, un peu épaisses à mon gré, sont fréquemment ornées des plus belles broderies de soie. Les soieries comprennent des tissus de toutes forces, depuis le mouchoir impalpable qui n'a pas la consistance de la toile d'araignée, jusqu'à l'étoffe pesante nommée *atrech* et qui se manie à pleines mains. Enfin l'*aladja*, qu'on fait à Khiva de coton et de soie, est ici une belle étoffe de coton pur, mais où alternent toujours deux couleurs aux étroites rayures.

Comme à Khiva, le fabricant d'étoffes manie les ciseaux et l'aiguille, et livre ses produits sous forme de vêtements confectionnés. Ces articles sont à très-bon compte, attendu que le temps des ouvriers n'a pas ici beaucoup de valeur. Cependant, lors de notre séjour, on se plaignait généralement qu'ils fussent montés à un très-haut prix. En voici le tableau, pour que nos lecteurs puissent en juger eux-mêmes.

Vêtements	1re *classe*	2e *classe*	3e *classe*
De Khiva,	30 tenghés ou 22 fr. 50	20 t. ou 15 f.	8 t. ou 6 f. »»
De Bokhara, 20	— 15 fr. »»	12 t. — 9 f.	8 t. — 6 f. »»
De Khocand, 12	— 9 fr. »»	8 t. — 6 f.	5 t. — 3 f. 75

Ces vêtements montrent le contraste des couleurs les plus éclatantes. L'Oriental, que l'on voit ici avec tous ses instincts naturels et particuliers, affectionne avant tout le froufrou bruyant des étoffes neuves, et c'était toujours avec plaisir que je voyais le marchand endosser le vêtement demandé par la pratique, et se promener de long en large pour constater la qualité musicale de son tissu. En un mot, c'est aux bazars de Bokhara que, des plus extrêmes confins de la Tartarie, les vrais croyants viennent renouveler leur garde-robe. Les Kirguis, les Kiptchaks, les Kalmoucs sortent de leur désert dans ce but, et le Tartare sauvage, aux yeux obliques et au menton saillant, hennit de joie en échangeant son habillement de cuir pour un léger vêtement d'été, symbole à ses yeux de la civilisation la plus raffinée. Bokhara, pour lui, est ce que Paris et Londres peuvent être pour le provincial le plus élégant.

Après avoir flâné trois heures au milieu de cette foule, je priai hadji Salih de me conduire en quelque endroit où je pusse me rafraîchir et me reposer un instant. Il me mena donc, à travers le bazar au thé sur le quai du Réservoir, qui tire son nom du divanbeghi ou secrétaire d'État de l'émir Imancouli Khan. Ce divanbeghi l'a fait construire vers 1629 ainsi que la mosquée et le collége, dont le nom rappelle sa dignité. Relativement parlant et pour une ville comme Bokhara, le quai du Réservoir du Divanbeghi est un lieu de réunion qui est à la hauteur de sa renommée. C'est une place à peu près carrée, au centre de laquelle on a creusé un réservoir profond, de cent pieds de longueur sur quatre-vingts de large; il est bordé de pierres cubiques formant un escalier de huit marches qui descend jusques à fleur d'eau. Quelques magnifiques ormeaux, plantés çà et là sur le quai, abritent de leur ombre l'inévitable « boutique à thé » avec ses *samovars* (urnes-bouilloires), qui ressemblent à d'énormes tonneaux de bière. On les fabrique en Russie, à l'usage spécial de Bokhara, et ils permettent d'offrir à tout venant une excellente tasse de thé vert. Sur trois côtés de la place, protégées par des nattes de roseaux, maintes et maintes échoppes volantes offrent aux chalands du pain, des fruits, des confitures, des viandes chaudes et froides. La foule affamée, qui se presse autour

d'elles avec un bourdonnement d'abeilles, nous régale
du spectable le plus curieux. A l'ouest, le quatrième
côté du parallélogramme affecte la forme d'une terrasse
qui sert en quelque sorte de piédestal à la mosquée Divanbeghi. Le long de sa façade, sous des arbres clair-
semés, des conteurs publics, derviches et mollahs, célèbrent en vers et en prose, tandis que des acteurs les
miment à côté d'eux, les exploits héroïques des prophètes
et des guerriers illustres. A ces représentations en plein
vent, les auditeurs et les spectateurs ne manquent jamais,
ramenés par une insatiable curiosité.

Au moment où nous arrivions sur la place, le hasard
sembla prendre à cœur d'augmenter l'intérêt des scènes
étranges qu'elle nous présentait, en y faisant déboucher
la procession hebdomadaire des derviches Nakichbendis,
ordre célèbre auquel j'avais dit à Chukroullah Bay que
j'appartenais. Ces derviches ont pour fondateur Baha-ed-
Din Nakichbend, qui est la source première de toutes les
extravagances par lesquelles l'islamisme oriental se distingue de l'occidental. Ce saint national mort en 1388,
est vénéré dans le Turkestan presqu'à l'égal de Mahomet,
et les pèlerins viennent de l'extrémité de la Chine faire
leurs dévotions à sa tombe. Elle est située à deux lieues
de Bokhara dans un petit jardin qu'une mosquée borne
d'un côté. Le monument est surmonté de plusieurs cornes
de bélier, d'une bannière et d'un balais qui a longtemps
servi à nettoyer le sanctuaire de la Mecque. Les mendiants, dans le voisinage de ce lieu vénéré, se montrent
plus importuns que ceux de Naples ou de Rome.

Je garderai toujours le souvenir du tableau que j'eus
ce jour-là sous les yeux, quand ces sauvages enthousiastes,
avec leurs grands bonnets pointus, leurs longs bâtons et
leurs chevelures éparses au vent, se mirent à danser en
rond, comme des possédés, tous en hurlant un hymne

dont chaque strophe était d'abord entonnée par leur chef
ou pir à barbe grise (1). L'œil et l'oreille ainsi captivés,
j'oubliais ma lassitude, quand mon compagnon m'en-
traîna dans une des échoppes déjà décrites, pour y prendre le thé. « Hein! me disait-il avec exaltation, que pen-
sez-vous maintenant de la noble Bokhara? »

En dépit du costume strictement bokhariote que j'avais
cru devoir revêtir pour cette excursion, et bien que brûlé
par le soleil de manière à être méconnaissable pour ma
mère elle-même, je ne me montrais nulle part sans être
aussitôt entouré d'une foule de curieux. Que de poignées
de main, hélas! et combien d'accolades passionnées! Ces
braves gens m'assommaient au delà de ce que je pourrais
dire. Un énorme turban roulé autour de ma tête et un
corán de grand format suspendu à mon cou, me donnaient les dehors d'un ichan ou cheikh et m'obligeaient,
par là même, à subir la corvée à laquelle je m'étais vo-
lontairement exposé. Du reste, j'avais tout lieu d'être satisfait, car ma prétendue sainteté me mettait à l'abri des
questions purement mondaines; on les réservait à mes
amis, et j'entendais, sans être obligé d'y prendre garde,
les observations discrètes que les assistants échangeaient
à voix basse, tout en m'examinant avec une avide curiosité : « Quelle piété ne faut-il pas, disait l'un, pour venir
ainsi de Constantinople à Bokhara, sans protection, sans
escorte, visiter notre Baha-ed-Din Nakichbend! — Oui,
ajoutait un second, et nous aussi, nous allons à la Mec-

____

(1) Cependant cette scène n'approchait pas encore en violence
d'une autre de même espèce dont M. Vambéry fut témoin à Samarcande et où l'exaltation des Nakichbendis devint telle que plusieurs, abandonnant le moelleux tapis de la prairie, montèrent sur
des pierres anguleuses sans cesser de sauter comme des fous; le
sang jaillit bientôt de leurs pieds, ce qui ne mit pas fin à leur dé-
mence, et ils ne s'arrêtèrent qu'en tombant à terre privés de connaissance. — *Intell. Observer.* (*Rev. Brit.*, 1866, juin, p. 367 et
suiv.). — J. B.

que, le lieu saint par excellence, au prix de dérange-
ments qui peuvent compter... Mais ces gens-ci (et il me
montrait), n'ayant pas autre chose à faire, consacrent
toute leur existence à la dévotion, à la prière et aux pèlerinages. »

Quant au gouvernement, il était moins facile à tromper
que le vulgaire. A Bokhara, malgré une hiérarchie assez
puissante, l'Émir, à la fois généralissime, prince et grand
prêtre, exerce le despotisme le plus complet. Ce qui fait sa
force c'est d'abord le consentement universel à la servi-
tude. Parmi les classes inférieures surtout, le chef de l'État
n'inspire aucun sentiment de haine et ses caprices les
plus absolus sont regardés comme un attribut inévitable
de la dignité monarchique. On n'a jamais murmuré de
voir Nazr-Oullah punir chez ses sujets la conduite qu'il
tenait effrontément. Mozaffar-ed-Din, le khan actuel,
peu semblable à son père, observe au contraire les préceptes de la morale et de la religion, qu'il maintient dans
l'État avec une extrême rigueur. Il se montre l'ennemi
de toute innovation, même si on lui en prouve l'utilité;
mais jusqu'à présent il s'est scrupuleusement conformé à
la devise qu'il a prise en même temps que le pouvoir :
« Gouverne par la justice. » Il l'entend, je l'avoue, à l'o-
rientale; car les Européens n'admettraient pas comme
juste de faire périr le mether, c'est-à-dire le ministre de
l'Intérieur, pour un regard équivoque jeté sur une esclave
du souverain. Mais, s'il punit de mort les grands de sa
cour pour la plus légère offense, le Khan se montre plus
avare du sang des misérables; si bien qu'on l'a surnommé
« destructeur des éléphants et protecteur des souris. » Il
s'oppose énergiquement à tout ce qui peut altérer chez ses
sujets la modestie de l'existence. L'introduction des super-
fluités ou de toute marchandise d'un prix élevé n'est au-
torisée sous aucun prétexte, et des lois somptuaires répri-

ment la magnificence des habitations et des vêtements.
Celui qui les viole est puni sans aucune considération de
rang ou de personne. Le Khan gouverne son harem de
façon à lui avoir donné un grand renom de chasteté et
d'économie. Ainsi les sultanes font elles-mêmes leurs habits et ceux de l'Émir. Quant aux frais de cuisine, ils n'y
dépassent point journellement la somme de quinze à
vingt *tenghés*, soit onze à quinze francs, ce qui est facile
à comprendre, car ce prince, comme le paysan le plus
pauvre, ne se nourrit à l'ordinaire que de pilau bouilli dans de la graisse de mouton. Il n'y a donc pas de despotisme plus solidement établi et plus aveuglement obéi
que celui de Mozaffar-ed-Din.

Mais en outre il dispose de l'arme la plus terrible et la
plus inévitable : l'espionnage. Maitres et sujets semblent
y rivaliser de dévouement, et s'en faire un devoir de religion. Les agents de l'Émir se glissent dans toutes les
réunions et dans les sanctuaires les plus intimes. Malheur à l'homme qui manquerait à l'observation des rites
ou au respect du gouvernement ! La terreur engendrée par
des siècles d'oppression est si bien passée dans les mœurs
qu'un mari et sa femme, même s'ils se trouvent seuls,
n'oseraient jamais se dispenser, en prononçant le nom de
l'Émir, d'y ajouter la formule : « Que Dieu lui accorde cent
vingt ans de vie. »

Quant à moi, j'étais entouré d'espions. Rahmet Bi, ne
pouvant pas m'aborder ouvertement dans le monastère
où j'habitais et que son orthodoxie mettait au-dessus de
toute attaque, m'envoyait chaque jour de nouveaux émissaires dans l'honorable cellule que le supérieur m'avait
accordée. Ces limiers étaient pour la plupart des hadjis,
qu'une longue résidence à Contantinople avait rendus
capables de vérifier si je connaissais la langue qu'on y
parle et les usages qu'on y suit. Je les écoutais d'abord

sans impatience ; puis je prenais un air de dégoût et les priais de m'épargner de plus amples propos sur un pareil sujet. « Précisément, leur disais-je, j'ai quitté Constantinople, pour ne plus vivre parmi ces Européens, fils de l'enfer, qui semblent devoir au démon l'intelligence dont ils sont doués. Maintenant que, grâce à Dieu, me voici dans la noble Bokhara, je ne veux pas mêler l'amertume de mes souvenirs à la félicité de mon existence actuelle. » Ainsi parlai-je encore au rusé mollah Cherefeddin, acsacal des libraires, lorsqu'il vint à me montrer une liste des livres qu'un envoyé russe avait négligé d'emporter quelques années auparavant. C'est à peine si je laissai tomber sur ce catalogue un regard dédaigneux, que j'expliquai en ces termes. « Allah soit loué de ce que ma mémoire n'est pas encore corrompue par la science et les livres des Frenguis!... cela n'arrive que trop souvent aux Turcs de Constantinople (1). »

Lorsque Rahmet Bi s'aperçut qu'il ne pouvait fonder aucune accusation sur le témoignage de ses émissaires, il prit le parti de me mander en sa présence. Naturellement ce fut sous prétexte de m'inviter à un *pilau* public, où je comparus devant une espèce de tribunal composé d'oulémas bokhariotes. J'entrevis, à peine sur le seuil, que l'épreuve serait dure ; et en effet, notre conférence ne devait être qu'un long examen durant lequel

(1) Un jour, le visir m'envoya un petit vieillard ridé qu'il me chargeait d'examiner pour savoir si cet individu était en effet, comme il en donnait l'assurance, un Arabe de Damas. De prime abord, ses traits me frappèrent et me parurent ceux d'un Européen. A peine eut-il ouvert la bouche, mon étonnement et ma perplexité augmentèrent encore, vu que sa prononciation ne me paraissait en rien celle d'un Arabe. Il avait, disait-il, entrepris un pèlerinage au tombeau de Djafen-ben-Sadik (à Khoten, en Chine), et désirait repartir le jour même. Durant notre conversation, sa physionomie trahissait un embarras évident, et j'ai souvent regretté que le hasard ne nous ait pas réunis une seconde fois, car je suis très-porté à croire que cet homme jouait un rôle semblable au mien. — A. V.

mon incognito passerait sous le feu croisé des questions les plus embarrassantes. Heureusement pour moi, le danger auquel j'étais exposé m'apparut lorsqu'il était encore temps d'y faire face; et, voulant me prémunir contre toute surprise, je me montrai moi-même fort curieux de mille et mille informations diverses. Au lieu de répondre, j'interrogeais; au lieu de me défendre, j'attaquais; et le docte aéropage eut à me rendre compte des nuances qui existent entre les différents préceptes religieux, *farz, sünnet, vadjib* et *mustahab* (1).

L'ardeur que je manifestais produisit une impression favorable; et bientôt s'éleva une discussion des plus chaudes sur maints passages de l'*Hideyet*, du *Cherkhi Vekaye* et d'autres traités pareils. J'eus grand soin de m'y mêler avec force louanges pour les mollahs bokhariotes, que je proclamai supérieurs non-seulement à moi, mais à tous les oulémas de Constantinople. Il suffira de savoir que je me tirai sain et sauf de cette passe-d'armes théologique. Les mollahs, mes confrères, firent comprendre à Rahmet Bi, par leurs signes et leurs demi-mots, que son « rapporteur » avait commis une erreur grave et que, si on ne voulait pas me reconnaître pour un mollah des plus distingués, j'étais digne, à tout le moins, de ces éclairs soudains qui portent la lumière divine dans l'âme du vrai croyant.

A partir de cette journée mémorable, ma tranquillité ne fut plus troublée. Je menais une vie régulière s'il en fut. En premier lieu, avant de sortir de chez moi, je

(1) Ce sont les préceptes de l'Islam, gradués selon leur importance relative. *Farz* indique le devoir prescrit par Dieu et transmis par le Prophète; *Sünnet* est la tradition qui émane du Prophète lui-même, sans inspiration divine. Les deux derniers mots, *vadjib* et *mustahab*, s'appliquent à des conseils religieux donnés par les plus récents interprètes du Koran. Les premiers sont obligatoires, les seconds discrétionnaires. — A. V.

m'acquittais de tous les devoirs imposés aux derviches et auxquels, en cette qualité, j'étais astreint. Puis je me dirigeais vers le bazar de la librairie, lequel renferme vingt-six boutiques. Les ouvrages imprimés y sont rares. J'y ai vu, en revanche, là et dans les maisons des libraires (chacun gardant à part lui ce qu'il a de plus précieux), bien des trésors auxquels nos orientalistes, soit historiens soit philologues, assigneraient une valeur incalculable. Placé comme je l'étais, je ne pouvais songer à aucune emplette de ce genre, d'abord faute de ressources pécuniaires, mais, ensuite et surtout, parce que la moindre apparence de préoccupations mondaines et de savoir mondain aurait fait tort à mon déguisement. Les manuscrits, en bien petit nombre, que j'ai rapportés de Bokhara et de Samarcande, n'ont pu être achetés qu'avec des peines infinies, et j'éprouvai une véritable angoisse en me sentant forcé de laisser derrière moi tels et tels ouvrages qui auraient comblé plus d'une lacune importante dans nos études orientales. En quittant le marché aux livres, je me rendais d'habitude au Righistan (place publique), situé assez loin de là. Bien qu'il soit plus vaste et plus bruyant que le quai du Réservoir décrit ci-dessus, cette espèce de *forum* n'est pas à beaucoup près aussi agréable. On y trouve également une pièce d'eau entourée d'échoppes à thé; en se promenant sur le quai, on aperçoit, à une des extrémités de la place, l'Arche (palais fortifié) de l'Émir, construite sur un escarpement de terrain (1). Une horloge est placée au-dessus de la porte qu'avoisinaient quatorze canons de bronze richement travaillés, d'une longueur exceptionnelle, et trophées des

---

(1) Cette forteresse date de plus de dix siècles; ses murailles couronnent une colline artificiellement exhaussée et qui s'élève de 200 à 240 pieds. On arrive à l'enceinte par une grande porte en ogive, flanquée de deux tours. — J. B

victoires que l'Émir venait de remporter dans le Khocand.
Plus haut et à la droite du palais, on voit la plus grande
mosquée de Bokhara, la mosquée Kelan, bâtie par Timour et restaurée par Abdoullah Khan.

En somme, au bout de huit jours de résidence à Bokhara. je m'y trouvais comme dans ma ville natale et je
parcourais seul les divers quartiers de la cité, ses bazars
et ses colléges ou médresses, l'orgueil de cette ville étrange.
Les habitants en égalent la quantité, comme celle des
mosquées, au nombre même des jours de l'année; mais,
si je n'ai réussi à découvrir que deux cents mosquées à
peine, je n'ai pas constaté l'existence de plus de quatre-
vingts colléges.

Nous pouvons, en général, attribuer aux colléges de
Bokhara et de Samarcande la haute idée qu'on s'était
faite dans tout l'Islam, et qui subsista longtemps en Europe, du degré de science auquel étaient parvenues les
écoles supérieures de l'Asie centrale. Un observateur su-
perficiel doit, facilement trompé, assigner les motifs les
plus élevés aux sacrifices que réclame la fondation d'un
établissement de ce genre. Malheureusement, elle s'explique, en réalité, par les inspirations du fanatisme le
plus aveugle, et l'on voit se passer ici ce qui eut lieu dans
nos écoles du moyen âge; car, à l'exception de quelques
livres bien rares où l'on traite de la logique (*mantik*) et
de la philosophie (*hikmet)*, on n'apprend à y·connaître
que le coran et la casuistique. Peut-être bien, çà et là,
trouverait-on quelque étudiant disposé à s'occuper de
poésie et d'histoire; mais il est réduit à le faire en secret,
car toute application à des sujets si « frivoles » est considérée comme dégradante. Le nombre total des étudiants
serait, à ce que l'on m'a dit, d'environ cinq mille (1). Ils

(1) D'autres auteurs évaluent le nombre des étudiants à 10,000
et ajoutent au nombre des sciences estimées ici la médecine et l'as-

viennent en foule, non-seulement de toutes les contrées de l'Asie centrale, mais aussi de l'Inde, du Cachemire, de l'Afghanistan, de la Russie et de la Chine. Les plus pauvres reçoivent une pension annuelle de l'Émir, et ceci se comprend, puisque à l'existence de ces médresses tout aussi bien qu'à sa rigoureuse observance des lois de l'Islam, le Bokhara doit l'influence spirituelle qu'il exerce sur les pays voisins.

J'ai entendu fréquemment répéter autour de moi que « cette ville est le véritable appui de l'Islam. » En vérité, c'est trop peu dire; il faudrait l'appeler la Rome de l'Islam, puisque la Mecque et Médine en représentent la Jérusalem. Bokhara n'ignore pas cette suprématie, et s'en décore à la face de toutes les autres nations mahométanes. Le Sultan lui-même, bien qu'il soit encore reconnu comme la principale autorité spirituelle, y trouve néanmoins des juges sévères; on lui pardonne à peine d'avoir laissé envahir ses domaines, de tant de façons différentes, par l'influence corruptrice des Frenguis. Tenu comme je l'étais pour un osmanli, j'avais à chaque instant à répondre à des scrupules qui naissaient chez les Bokhariotes. Parfois j'étais obligé de confesser, en rougissant, que mes coréligionnaires étaient faillibles; mais combien, à part moi, ne félicitais-je pas ces braves gens de Stamboul d'avoir, en dépit de la détestable influence du mahométisme, conservé les qualités précieuses qui les rendent si différents de ces bigots de Bokhara! Tout en « s'abreuvant aux sources mêmes de la pure foi, » ceux-

trologie. Cependant l'amour de l'étude est répandu et le savoir respecté dans une ville dont le nom si ancien veut dire, suivant M. de Meyendorff, « trésor d'études, » et, d'après M. Jaubert, « lieu de réunion des sciences. » Peut-être ces sentiments réellement élevés donnent-ils lieu d'espérer que, si ces études étaient mieux dirigées, Bokhara deviendrait un centre de lumières et de civilisation; mais il faudrait pour y parvenir en chasser le fanatisme qui en fait la puissance actuelle. — J. B.

ci se complaisent à l'hypocrisie la plus effrontée, aux mensonges les plus honteux, aux fraudes les plus déshonorantes.

Ici chaque ville a son gardien de la religion (Reïs) qui, un martinet à la main, parcourt les rues et les places publiques, interroge les passants sur les préceptes de l'Islamisme et, même lorsqu'il s'agit d'un vieillard à barbe grise, envoie à l'école, pour un terme qui varie de huit à quinze jours, ceux qu'il a pris en flagrant délit d'ignorance; parfois aussi, l'heure de la prière venant à sonner, il les chasse à coups de fouet dans les mosquées. Mais après cela personne ne s'inquiète de savoir si l'écolier apprend quelque chose ou va simplement dormir en classe, et si les dévots par ordre, au lieu de prier dans le temple, y rêvent à leurs affaires mondaines, contrariées mal à propos par ce fâcheux incident. Le gouvernement ne tient qu'à l'obéissance extérieure; ce qui se passe au dedans est connu de Dieu seul (1).

(1) La *Revue Britannique* de mai 1866 contient, sur la *Vie de tous les jours à Bokhara*, un article de M. Vambéry auquel nous regrettons de ne pouvoir faire de plus longs emprunts. « Bokhara est le plus grand centre de corruption qui existe en orient; mais un simple coup-d'œil y est traité comme un crime mortel. Tandis que les hommes y portent des vêtements amples et de couleurs voyantes; ceux des femmes y sont collants et de couleurs sombres. Pour aller dans les rues, les femmes se couvrent la tête et se vêtissent de longues robes d'un bleu foncé, avec des manches pendantes derrière le dos, qui les font ressembler à des mannequins ambulants. Un voile en crin, dont le tissu semble trop grossier pour des tamis et dont le contact sur le nez et les joues doit être fort désagréable, leur tombe jusqu'à la ceinture. Jamais les femmes d'un haut rang, jouissant d'une réputation honorable, ne visitent un lieu public ni un bazar. Si elles sont obligées à sortir de leur maison, elles se donnent les apparences de la misère et de la décrépitude. Les jeunes filles, même de dix-huit à vingt ans, pour se garantir contre les regards et s'assurer l'incognito, s'enveloppent et marchent appuyées, comme de vieilles femmes, sur la canne qui supporte leurs pas tremblants. Quiconque est désireux de voir le beau monde de la ville doit s'installer entre dix heures et midi dans la rue qui va

Il faut avouer pourtant que Bokhara, malgré tout ce qui lui manque, produit à beaucoup d'égards l'effet d'une grande capitale, quand on vient de traverser les déserts de l'Asie centrale. J'avais maintenant à chaque repas d'excellent pain, des viandes cuites à l'eau, du thé, des fruits, etc. Je m'étais procuré deux chemises ; et le bien-être de la vie civilisée avait repris sur moi un véritable et un charmant empire ; mais, après vingt-deux jours de résidence, je vis bien qu'il ne fallait plus songer à retarder nos amis, pressés de regagner leurs demeures loin-

du Righistan à la grande Mosquée. Les vêtements en soie, amples, raides et de couleurs éclatantes, que portent les grands officiers et les hauts dignitaires du khanat, forment un étrange contraste avec les bottes hautes et garnies d'éperons ; mais ce qui produit l'effet le plus comique, c'est la démarche nonchalante, le dandinement, qu'affectent les piétons. Elle est trouvée si gracieuse que les poètes la comparent au balancement du cyprès agité par la brise ; mais elle rappelle aux Européens une oie grasse qui regagne pesamment sa basse-cour. — Une partie de la vie quotidienne qui est ouverte aux regards publics se passe dans les boutiques où on prend du thé vert ; dans le jour, on n'en prend pas d'autre. Chacun porte sur soi un sachet qui en est plein et, en entrant, en remet une certaine quantité au maître de la maison, qui, à proprement par-ler, n'est qu'un marchand d'eau chaude. L'usage est de servir l'in-fusion sans sucre ; mais avec des petits gâteaux faits de farine de froment et de graisse de mouton, gateaux fort renommés ici. Souffler sur le thé pour le refroidir est un manque de savoir vivre ; on doit à cet effet, l'agiter dans la tasse. Quiconque a la prétention d'être un homme comme il faut, appuye le coude droit dans la main gauche et imprime gracieusement à sa tasse un mouvement circu-laire, sans répandre une seule goutte, s'il tient à sa réputation. Les heures se passent à cette occupation au milieu d'une conversation également insignifiante. Chaque fois que la théière est vide, on fait circuler les feuilles qui viennent de servir et dont la discrétion ne permet pas de prendre plus qu'il n'en peut tenir entre le pouce et l'index ; car, de l'avis des connaisseurs, ces feuilles sont quelque chose d'exquis. — Après le thé, le plaisir le plus goûté est celui que donnent les combats de bélier, aussi populaires ici que les combats de taureaux en Espagne et que les courses de chevaux en Angleterre et en France. » —Voir mon édition du *Voyage aux Sour-ces du Nil* par M. Speke, ch. VII ; pour quelques rapprochements curieux. — J. B.

taines avant l'arrivée de l'hiver. Nous résolûmes donc de partir immédiatement pour Samarcande. D'ailleurs les gens parmi lesquels nous vivions, fort prodigues de démonstrations amicales, se montraient parcimonieux à l'excès. Nos finances étaient donc déjà en mauvais état. Tout ce que la libéralité khivite nous avait permis d'amasser était maintenant presque épuisé. Comme la plupart de mes compagnons, j'avais dû me défaire de mon âne. Pour continuer le voyage, le meilleur véhicule que j'eusse pu me procurer était une carriole à deux roues du Khocand. Nous l'avions louée pour nous transporter à Samarcande et, depuis quelque jours, elle nous attendait dans le village de Baveddin où est la tombe de ce célèbre saint Baha-ed-Din Nakichbend, dont j'ai déjà parlé. Je pris donc congé de tous mes amis et de toutes mes connaissances, et je reçus de Rahmet-Bi des lettres de recommandation pour Samarcande, en lui promettant bien de ne pas manquer à me présenter à l'Émir

CHAPITRE IX

Route de Bokhara à Samarcande. — Bazarli djays ou lieux forains. — Kémineh. — La Zérefchan, distributrice de l'or. — Aspect de Samarcande. — Antiquités et principaux monuments de la ville. — Produits. — La prétendue bibliothèque de Timour. — Guerre du Khocand. — Entrée triomphale de Mozaffar-ed-Din.—Audience de l'Emir de Bokhara.—Je me sépare des hadjis.

Il faisait nuit au sortir de Baveddin. Notre caravane, diminuant toujours, n'était plus composée que de deux charrettes. Dans l'une étaient installés hadji Bilal et ses gens; l'autre emportait hadji Salih et moi. J'aurais bien voulu m'établir paisiblement sur mon tapis; mais les secousses violentes de notre véhicule, essentiellement primitif, s'y opposaient absolument : à chaque cahot, nous étions poussés l'un contre l'autre, et nos têtes s'entrechoquaient comme des boules d'ivoire sur le tapis d'un billard. Pendant la première heure, j'eus littéralement le mal de mer, pire encore que je ne l'avais ressenti sur nos chameaux, dont l'allure, je dirais volontiers le tangage, m'inspirait jadis de telles appréhensions. Le pauvre cheval attelé à notre large et lourde carriole, n'avait pas seulement à faire tourner, dans le sable mouvant ou dans la boue profonde, des roues très-imparfaitement circulaires, il lui fallait aussi porter le cocher et son sac de provisions.

Ce conducteur, natif du Khocand, s'égara si bien qu'au lieu de nous trouver à minuit dans la petite ville de Mézar, nous n'y arrivâmes que le matin, bien qu'elle soit seulement la première station sur la route de Bokhara à Samarcande.

Après la seconde journée de marche, rien ne m'était encore apparu qui répondît aux merveilles de culture agricole qu'on m'avait fait espérer. Des deux côtés du chemin, on ne voyait, tout simplement, à peu d'exceptions, que des terres plus ou moins travaillées; mais, quand nous eûmes traversé le petit désert de Chœl-Melik, qui a six lieues de long sur quatre de large, la route qui nous menait à Kerminéh, petite ville où est la station du troisième jour, me réservait une charmante surprise. Là, toutes les heures, parfois même toutes les demi-heures, nous rencontrions un petit endroit forain ou marché de campagne (*bazarli djay*), avec plusieurs auberges ou magasins de provisions où d'énormes théières, sans cesse en ébullition, nous offraient les délices les plus enviées de l'existence tartare. Ces villages diffèrent absolument de ceux qu'on voit en Perse ou en Turquie; les cours de ferme y sont tout autrement peuplées de volailles; et les étables, de bestiaux. Bref, si les arbres étaient un peu plus nombreux, nous dirions qu'à partir des montagnes Pontos ce pays-ci est le seul qui rappelle nos contrées européennes. Vers midi, nous fîmes halte dans un charmant jardin de Kerminéh, à côté d'un réservoir recouvert d'épais ombrages.

Cette fertilité est due aux eaux de la Zerefchan ou Zerattchan, dont les canaux arrosent d'un bout à l'autre la Boukharie. Près de la capitale, elle coule dans la direction du nord au sud avec un courant rapide mais si peu

profond que les chameaux et les cavaliers la passent à gué.
Son nom signifie la Distributrice de l'or. Cette rivière
pourvoit d'eau Bokhara ; mais, dans son lit, on laisse
s'accumuler toutes sortes de substances malsaines, et elle
suffit à peine aux besoins de la grande cité. Aussi ses
eaux n'y sont-elles admises qu'à de certains intervalles,
tantôt de huit jours, tantôt de quatorze, selon la hauteur
de l'étiage. Leur apparition, encore qu'elles soient passablement troubles, même à l'heure où on les introduit
ainsi par la porte Mezar, est toujours pour les habitants
une nouvelle occasion de se réjouir. Ils commencent,
jeunes et vieux, par se précipiter à l'envi dans les canaux et les réservoirs afin d'y faire leurs ablutions. On y
baigne ensuite les chevaux, les vaches, les ânes, et c'est
seulement lorsque les chiens, admis les derniers, s'y sont
un peu rafraîchis, qu'on en interdit l'accès, pour laisser
l'eau, désormais tranquille, s'éclaircir et s'épurer. On
pensera sans doute qu'il est un peu tard, après qu'elle
s'est chargée de tant de miasmes délétères et de substances impures. N'importe ; c'est ainsi que « la noble
Bokhara » veille sur un des éléments les plus nécessaires
à l'existence ; cette Bokhara, où des milliers d'étudiants
viennent s'assimiler les dogmes d'une religion qui met la
propreté au rang des vertus.

En amont de la ville, la Zérefchan décrit un coude vers
le nord-est, et, entre Samarcande et Kermineh, elle coule
à peu près directement de l'est à l'ouest, en passant à
Kette Courgan (1).

(1) Le Zérefchan, Couvan, Cohek ou Couanderia est l'ancien
Sogd, qui donnait son nom à la Sogdiane. Large de 54 pieds, profond de 3 ou 4, long de plus de 100 lieues, il se partage en deux
bras, dont le plus septentrional se perd dans les sables, et dont
l'autre a formé, au sud-ouest de Bokhara, le lac de Caracœl. « On
peut voyager ici durant huit jours, dit Ibn Haukal, le père de la
géographie arabe, sans sortir d'un jardin délicieux. » Cette riche

Cette ville dont le nom signifie la Grande-Forteresse est le chef-lieu d'une province et la résidence des cordonniers les plus renommés de tout le khanat. Comme place forte, elle est protégée par une épaisse muraille et par un fossé profond. Pendant la nuit, personne n'y entre, personne n'en sort, et nous dûmes rester dans un karavansérail établi sur la route en dehors de la forteresse. Les chariots abondaient autour de nous, et de tous côtés les voies de communication présentaient l'aspect le plus animé, le plus bruyant. Il faut attribuer ceci à la guerre qui absorbe tous les moyens de transport entre Bokhara et Khocand.

La cinquième et dernière station avant Samarcande s'appelle Daul. Le chemin qui y conduit longeait la cime de quelques hauteurs d'où nous pouvions apercevoir sur notre gauche une certaine étendue de forêts. Elles vont, à ce qu'on m'assure, jusqu'à mi-chemin de Bokhara, et servent de retraite à deux tribus ousbègues, les Khitais et les Kiptchacs, fréquemment en guerre avec l'Émir. Dans ces forêts, qui leur appartiennent et dont leurs membres connaissent tous les sentiers, tous les secrets refuges, elles sont à peu près inattaquables.

Les renseignements que j'avais recueillis à Bokhara diminuaient sensiblement à mes yeux l'importance historique de Samarcande. Cependant, lorsqu'on me montra du côté de l'orient la montagne Chobanata, au pied de laquelle était située, me disait-on, la *Mecque* si longtemps restée l'objet de ma curiosité, j'éprouvai un sentiment difficile à décrire. Après avoir attentivement contemplé le point qu'on me signalait ainsi, je gravis avec peine une colline élevée d'où m'apparut, au milieu d'une belle

vallée a, dit-on, 225 kilomètres de long sur une centaine en largeur, et produit en abondance des poires, des pommes, des melons et des raisins exquis (Malte-Brun. *Géog. univ.*, liv. cxxxiii.)

campagne, l'ancienne capitale de Timour (1). Ses dômes, ses minarets de couleurs diverses, noyés dans les splendeurs du soleil matinal, et le caractère spécial, l'originalité du tableau qui se déroulait à ma vue, produisirent sur moi, je l'avoue, une première impression tout à fait agréable.

Samarcande ayant en Europe un prestige extraordinaire, qu'elle doit à sa situation lointaine et au souvenir presque fabuleux de son histoire passée, je voudrais, à défaut de crayon, en donner ici une esquisse verbale. Pour cela, je supposerai que le lecteur monte à côté de moi sur l'affreuse carriole où j'ai tant souffert. A l'orient, il verra la montagne dont j'ai déjà parlé. Elle a une cime arrondie en forme de dôme et couronnée par un petit édifice où repose Chobanata (le saint patron des pasteurs). Au-dessous est la cité. Sa circonférence égale celle de Téhéran, mais les maisons y sont beaucoup plus éparses; néanmoins les massifs de ruines et les édifices le plus en vue lui donnent un aspect tout autrement majestueux. Le regard s'arrête d'abord sur quatre monuments élevés en forme de demi-dôme, qui servent de façades, ou si l'on veut de propylées *(pichtak)*, aux médresses. De loin, ils semblent former un seul groupe; quelques-uns, par le fait, sont à l'arrière-plan. A mesure que nous avançons, se montre d'abord un petit dôme nettement découpé; puis un autre, au sud, plus considérable et plus imposant. Le premier est le tombeau, le second est la mosquée, de Timour. Absolument en face de nous, sur la limite sud-ouest de la ville, s'élève, au sommet d'une colline, l'*arche* ou citadelle, qu'entourent d'autres bâtiments, tombes ou mosquées pour la plupart. Suppo-

(1) Timour le Boiteux ou Timour Leng, appelé vulgairement Tamerlan, le conquérant le plus fanatique et le plus sanguinaire dont l'histoire ait conservé le souvenir, est mort en 1405. — J. B.

sons maintenant toutes ces fabriques séparées les unes des autres par des jardins touffus, et nous aurons une faible idée de Samarcande; bien faible, dis-je, et bien approximative, car je me rappelle le proverbe persan : « Quand donc ce qu'on entend vaudra-t-il ce qu'on voit? » Ai-je besoin d'ajouter, hélas! que l'impression produite par l'extérieur de la cité s'affaiblissait à mesure que nous approchions, et disparut complètement lorsque nous y fûmes entrés?

Nous n'y parvînmes, après avoir passé la porte de Bokhara, qu'en traversant la presque totalité du cimetière. La ville nouvelle a ses murailles à une grande lieue en dedans des anciens remparts, qui ont pu ne marquer que la limite des faubourgs, attendu que Clavijo, dans sa relation de l'Ambassade adressée par Henri III roi de Castille à Timour en 1403, nous apprend que la citadelle est « à une des extrémités de la ville; » ce qui est encore vrai de nos jours. L'espace compris entre les murs ruinés et l'enceinte actuelle peut donc avoir été habité sans qu'il fît partie de la ville proprement dite. Cette enceinte moderne compte six portes (1).

D'abord nous allâmes descendre dans un caravansérail voisin du bazar où les hadjis peuvent exiger une hospita-

(1) La description que M. Huot donne de Samarcande dans son édition de Malte-Brun, n'est pas tout à fait conforme à celle qu'en fait M. Vambéry. La voici : « Cette ville qui, à l'époque de Tamerlan comptait 150,000 habitants, n'en a plus que 8 à 10,000. Elle s'élève sur la rive gauche du Sogd et est renfermée dans une double enceinte : la première est formée par une muraille de douze lieues de circonférence, percée de douze portes en fer avec des galeries et des tours pour la défendre. Après l'avoir franchie, on traverse des champs, des jardins et des faubourgs. La seconde est en terre, et percée de quatre portes par lesquelles on entre dans la ville, où le palais est inclus dans une citadelle. — Les façades de tous les grands édifices sont couvertes de tuiles vernissées. La plupart des maisons sont construites en glaise durcie; mais quelques unes sont en pierres, tirées des carrières voisines. »

lité gratuite ; mais, dès le soir même, nous fûmes invités
à venir habiter une maison particulière, située au-delà,
tout près du tombeau de Timour. Je fus aussi surpris que
joyeux d'apprendre qu'un heureux hasard nous donnait
pour hôte un des officiers de l'Émir, spécialement préposé
à la garde du palais de Samarcande.

J'employai le loisir de mes premières journées à visiter
tout ce que la ville peut offrir de curiosités anciennes, et,
à cet égard, nonobstant son aspect misérable, elle l'emporte sur toutes les cités de l'Asie centrale.

En ma qualité de hadji, je devais naturellement commencer par les saints personnages ; mais ce qui peut intéresser au point de vue historique se trouvant ici dans
un rapport intime avec quelque pieuse légende, je tirais
également plaisir et profit de tout ce que j'avais à étudier.

Les divers endroits où l'on vient en pèlerinage se
comptent par centaines, dans la cité que j'explorais ainsi.
Je ne signalerai que les plus remarquables, en commen-
çant par ceux qui rappellent le souvenir de ce Timour,
dont la ville est encore pleine. Les habitants de Samarcande parlent de ce terrible destructeur, dans les mêmes
termes que si la nouvelle de sa mort venait d'arriver d'O-
trar (1). Que de fois ma qualité prétendue d'osmanli ne
m'a-t-elle pas valu des questions plus ou moins sarcas-
tiques sur les impressions que m'avait produites la vue
du sépulcre de ce monarque, qui avait infligé à « notre »
Sultan une si terrible défaite (2)?

Ce monument, situé dans le sud-ouest de la ville, consiste en une élégante chapelle, couronnée d'un dôme

____

(1) Otrar ville du khanat de Khocand, sur les bords du Sihoun
(sir-Daria ou Iaxarte); Timour-Leng y mourut en 1405, comme
il envahissait la Chine à la tête de 200,000 hommes. — J. B.

(2) Il s'agit ici de la bataille d'Angora où le sultan des Turcs
Ottomans, Bajazet Ilderim, fut défait et pris par Timour en 1402.
— J. B.

splendide et entourée d'un mur; dans ce mur extérieur, s'ouvre une haute porte en arceaux, des deux côtés de laquelle se dressent deux petits dômes reproduisant en miniature celui dont nous venons de parler. L'espace compris entre la muraille et la chapelle est planté d'arbres, et ferait office de jardin si on l'entretenait avec un peu plus de soins. L'entrée de la chapelle est à l'ouest, et sa façade regarde le sud, ainsi que le veut la loi. En entrant, on se trouve dans une espèce de vestibule qui aboutit directement au sanctuaire lui-même. Celui-ci est octogone, et dix petits pas en mesurent le diamètre. Au milieu, sous le dôme, c'est-à-dire à la place d'honneur, existent deux tombes placées côte à côte, la tête dans la direction de La Mecque. L'une est surmontée d'une très-belle pierre vert foncé, large de deux empans et demi, longue de dix, épaisse de six doigts. Elle est posée à plat, en deux morceaux (1), sur le tombeau de Timour.

La seconde, décorée d'une pierre noire à peu près aussi longue mais un peu plus large, abrite les cendres du maître spirituel de Timour, Mir-Seïd-Berke, auprès duquel par un sentiment de reconnaissance le farouche émir voulut être enseveli. Tout autour sont d'autres pierres funéraires, petites ou grandes, marquant les places où reposent les femmes, les petits-fils et les arrière-neveux du conquérant; mais, si je ne me trompe, elles ont été apportées ici des différents points de la ville, à une date subséquente. Les inscriptions qu'on y lit sont en langue persane ou arabe. Elles ne contiennent aucune énumération de titres : celle même de l'Émir est

---

(1) On assigne diverses raisons à cette circonstance particulière. Les uns disent que Nadir-Shah, victorieux, se fit adresser cette pierre et qu'en route elle se brisa. D'autres affirment que, dès l'origine, elle se composait de deux fragments et provient d'une princesse chinoise (mongole.) — A. V.

fort simplement rédigée; et, toutes, elles contiennent le mot Kœreghen qui est le nom de la famille. L'intérieur de la chapelle, où des arabesques d'albâtre, dorées par endroits, s'enlèvent heureusement sur un beau fond d'azur, atteste le goût d'un véritable artiste et, par sa sobriété, par sa simplicité grandiose, produit un merveilleux effet. A l'extrémité des tombes, sont dressés deux pupitres doubles où se relaient des mollahs pour lire, jour et nuit, le coran. Comme intendants du sépulcre et conformément à la dernière volonté de Timour, ces mollahs sont choisis parmi les Tartares nogais, à cause de la fidélité inaltérable que l'Émir avait toujours reconnue chez les hommes de ces tribus. L'inspecteur, auquel je rendis visite, me retint pour passer avec lui la journée entière, et il me permit, à titre de faveur spéciale, de voir la vraie sépulture de Timour. C'est un honneur que les indigènes eux-mêmes obtiennent fort rarement, si je dois l'en croire. Nous descendimes par un long escalier de petites dimensions qui s'ouvre derrière l'entrée. Il conduit directement à une crypte, reproduisant les proportions de la chapelle supérieure et décorée d'arabesques à peu près identiques. Les tombes y sont rangées dans le même ordre que celles d'en haut, mais on n'en compte peut-être pas autant. Celle de Timour renferme, à ce qu'on assure, des valeurs considérables; le fait néanmoins est invraisemblable, car il constituerait une infraction à la loi. Un pupitre double pareil à ceux que nous avions déjà vus, supporte un coran in-folio, transcrit sur une peau de gazelle. Il m'a été dit maintes fois, et ces propos venaient de bonne source, que cet exemplaire est celui qu'écrivit Othman, le secrétaire de Mahomet et le troisième des khalifes. Timour l'aurait enlevé au trésor du sultan Bajazet et rapporté de Brousse dans sa capitale. On y tient caché ce précieux dépôt, attendu que le souverain de Bokhara, possesseur public d'un objet aussi rare, se verrait en butte au mauvais vouloir des autres potentats musulmans. En face du sépulcre, de manière à frapper les yeux de tous, se lit une inscription écrite en lettres blanches sur fond bleu et qui signifie :

« Ceci est l'œuvre du pauvre Abdullah, le fils de Mohammed, natif d'Ispahan (1). » Il m'a été impossible de lui assigner une date certaine.

La salle d'audience de Timour se trouve dans l'*Arche* ou citadelle actuelle de l'Émir. Pour y parvenir, on gravit une pente assez escarpée. L'ensemble des bâtiments comprend deux portions distinctes, dont l'une, formant en quelque sorte la carapace de l'autre, se compose d'habitations particulières; la seconde est uniquement réservée à l'Émir pour ses réceptions d'apparat. On m'avait décrit le palais comme très-curieux ; ce n'est, au fait et au prendre, qu'un édifice vulgaire, datant d'un siècle à peine, et qui ne m'a rien offert de remarquable. On me montra d'abord les appartements de l'Émir, et l'*Aynek-hane*, chambre tapissée de fragments de miroir, qui passe pour une des merveilles du monde. Elle avait à mes yeux beaucoup moins d'intérêt que l'endroit désigné sous le nom de *Talari-Timour* ou salle d'audience de Timour. Cette dernière consiste en une longue cour étroite, entourée d'une espèce de cloître ou de trottoir couvert. Sur la face opposée aux spectateurs, se trouve la célèbre kœctach (pierre verte), dont Timour avait fait le marchepied de son trône : autour d'elle venaient se ranger, dans leur ordre hiérarchique, les vassaux accourus de toutes les parties du monde pour rendre hommage au redouté souverain. Dans l'espèce d'arène qui formait le

---

(1) Les architectes de la Perse paraissent avoir construit les grands édifices dans tous les pays où s'est établi l'islamisme. — J. B.

rond-point central, trois hérauts étaient en selle pour porter immédiatement à l'autre bout de la salle les paroles du conquérant. La « pierre verte » ayant quatre pieds et demi de haut, quelque prisonnier de naissance illustre se prêtait toujours à faire office de tabouret ou de marche inférieure. S'il faut accepter une tradition bizarre, cette pierre colossale (dix pieds de long, quatre de large, hauteur indiquée ci-dessus) aurait été transportée de Brousse à l'endroit où elle se trouve. Fixée dans le mur, à la droite de la kœctach, ressort une plaque de fer ovale et bombée, qui ressemble à la moitié d'une noix de coco. On y lit une inscription arabe, gravée en caractères coufiques (1). Elle a, dit-on, été enlevée du trésor du sultan Bajazet Ilderim et a servi d'amulette à un khalife. Sur la muraille, derrière la pierre, sont deux firmans signés par les sultans Mahmoud et Abdoul Medjid, donnant aux émirs la permission officielle de prononcer la prière du vendredi et l'investiture des fonctions de gardien de la religion. Les émirs, en montant sur le trône, doivent venir rendre hommage à la « pierre verte », qui n'a plus d'autre emploi officiel (2). Les pieux hadjis en font un but de pèlerinage et ne s'estiment en règle avec eux-mêmes que lorsqu'ils ont prononcé trois bénédictions et frotté dévotement leur tête sur ce piédestal, d'où chaque mot sorti des lèvres du sauvage dévastateur retentissait comme un ordre suprême jusqu'aux derniers confins de l'Asie.

(1) L'écriture coufique, paraît originaire de Coufa et passe pour la plus ancienne qu'aient employée les Arabes. — J. B.

(2) Pour ces investitures, la « pierre verte » est recouverte d'un feutre blanc où s'asseoit l'Emir. « On le soulève trois fois sur ce feutre, dont les coins sont tenus par des oulémas (prêtres), des foukeras (pauvres), des touzélas (docteurs) ou des seīds (descendants du prophète). Il paraît qu'on veut faire un trône de cette pierre, qui est tirée du mont Ghazgham » (*G. de Meyendorf.* Voyage d'Orembourg à Boukhara, p. 160.)

La mosquée de Timour est au midi de la ville; ses décorations sont en briques peintes, son dôme a la forme d'un melon, ce qui est étranger à l'architecture persane; ses inscriptions rehaussées d'or sont en fort beaux caractères.

Enfin la résidence d'été de Timour est au dehors vers le nord-ouest, dans le voisinage du rempart. Ce palais conserve encore des traces évidentes de sa splendeur ancienne. Tous ses bâtiments sont situés sur un exhaussement du sol que l'on gravit par quarante degrés de marbre passablement larges. Au sommet, existe un pavillon, à l'extrémité d'un petit jardin. Plusieurs étroits corridors mènent à une grande salle d'où un passage obscur conduit à la tombe du saint Chah-Zinde ou Kanin-Ben-Abbas, qu'on estime avoir été un coréïchite, un des premiers arabes qui ont introduit l'islamisme à Samarcande, et dont, par conséquent, la mémoire est des plus révérées. Les briques et le pavé en mosaïque de la grande salle, ainsi que ceux de plusieurs autres, brillent du même éclat que s'ils étaient sortis la veille des mains des ouvriers. Dans un salon pavé de marbre, on offre à l'adoration des fidèles trois étendards, un vieux sabre et une cuirasse, qu'on leur fait baiser comme des reliques de Timour. Pas plus que mes compagnons, je ne leur refusai cet hommage, bien que au fond j'eusse de grands doutes sur leur authenticité. On nous parla aussi de quelques autres reliques, sabres, cuirasses, coran, etc.; mais on ne nous les fit pas admirer.

Après ces monuments, les plus remarquables sont les colléges ou *médresses* : il y en a une quarantaine; mais beaucoup sont désertés et n'offriront bientôt plus qu'un monceau de ruines. Parmi ceux qu'on entretient avec le plus de soin, il faut compter le collége Chiroudar et le Tillacari. Tous deux ont été bâtis longtemps après la mort de Timour ; puisque le dernier, dû à un riche calmouc nommé Yelenctoch, qui venait de se convertir au mahométisme, date de 1618. Son nom rappelle la profusion des dorures dont il est orné, car *tillacari* signifie ouvrage d'or, et, de fait, la portion de ce monument qu'on appelle *khamca* est décorée avec une extrême richesse.

En face de ces deux colléges, s'en voit un autre construit en 1434 par Timour, le petit-fils de son sanguinaire homonyme. On le nomme le collége Mirza-Ouloug. Le fondateur, ayant un goût passionné pour l'astrologie plutôt que pour l'astronomie, y avait fait mettre un observatoire, qui a été le second et dernier établissement de ce genre établi dans l'Asie centrale. L'autre avait été bâti à Maraga sous Houlagou (1), et le site qu'il occupait offre à peine aujourd'hui quelques traces de ses murailles. Quant à celui de Samarcande, dont la réputation s'est répandue dans le monde entier, commencé en 1440, achevé sous Ali-Couchtchi, il était, dès 1701, dans un tel état de délabrement que, selon l'expression de son historien, les hiboux avaient pris dans les cellules la place des étudiants et, qu'au lieu de rideaux de soie, les portes en étaient tendues de toiles d'araignée.

Les trois colléges que nous venons de nommer encadrent la place principale, le *righistan* de Samarcande. Plus petite que celle de Bokhara, cette place n'en est pas moins aussi garnie d'échoppes et fréquentée par des foules tumultueuses.

A quelque distance et dans le voisinage de la porte de Bokhara, sont les ruines considérables d'un magnifique collége, que, du nom de sa fondatrice, la princesse Hanym femme de Timour, on appelle le *médresse hanym*. Il a, dit-on, réuni jusqu'à mille étudiants. Ce chiffre peut

(1) Petit-fils de Gengiskhan, il gouverna l'Asie occidentale de 1251 à 1265. — J. B.

sembler exagéré ; mais ce qui n'est pas contestable c'est la splendeur passée qu'attestent encore, restées debout, les trois murailles de ce collége monumental et surtout la façade dont les tours et le portail pourraient servir de modèles. Le pavé en est formé d'une mosaïque en terre cuite, dont la composition et le coloris me parurent d'une incomparable beauté ; elle est tellement bien cimentée qu'il me fallut prendre des peines incroyables pour en détacher le calice d'une fleur, et encore ne pus-je en extraire intacte que la portion centrale avec trois feuilles repliées l'une sur l'autre. Bien que l'œuvre de destruction soit poursuivie avec ardeur, nous pouvons (apercevoir dans l'intérieur des bâtiments, où sont maintenant logées les carrioles de louage qui mènent à Khocand et à Carchi), la mosquée avec son double pupitre gigantesque, doué, dit-on, de propriétés merveilleuses (1). La population de Samarcande en a certainement pour deux ou trois siècles avant d'avoir fait disparaître complétement ce colosse de brique et de marbre, sur lequel s'acharnent misérablement la pioche et le pic des vandales.

Outre les bâtiments que je viens d'énumérer, on rencontre çà et là d'autres tours et d'autres dômes, débris obscurs d'époques lointaines. Après toutes les investiga-

(1) « Hanum, fille de l'empereur de la Chine, amena de son pays des artistes qui ornèrent le collége, qu'elle voulait faire élever, de tuiles vernissées du plus beau travail. Le collége a trois mosquées avec des dômes élevés. Dans l'une d'elles, on voit une sorte de chaire faite de marbre et placée auprès d'une fenêtre. C'était là, si nous en croyons la tradition, que la princesse avait coutume de se placer et de lire le coran ouvert devant elle. Les Boukhares prétendent que cette chaire possède la vertu de guérir les maladies de l'épine dorsale, si le malade peut réussir à s'introduire dessous. » Ce passage de la description de la Tartarie par MM. Dubeux et Valmont (*Univers pittoresque*, Asie, t. vi, p. 46) nous paraît compléter et expliquer ce que dit M. Vambéry. — J. B.

tions dont je pus m'aviser, et malgré des efforts assidus, je n'ai pu découvrir la moindre trace de cette bibliothèque gréco-arménienne que Timour victorieux aurait rapportée à Samarcande, s'il fallait en croire une tradition universellement accréditée. Cette fable, je n'hésite pas à la déclarer telle, eut pour origine le patriotisme excessif d'un prêtre arménien, nommé Hadjator, qui, venu de Caboul à Samarcande, prétendit avoir découvert dans cette dernière ville d'énormes *in-folio* garnis de lourdes chaînes (comme ceux de Faust), et cela au fond de ces tours où, de peur des *djins*, pas un musulman n'oserait s'aventurer. Un savant français recueillit plus tard cette chronique suspecte, et la mit en œuvre dans son *Histoire des Arméniens.* Or, comme nous sommes, en Europe, tout aussi disposés que les Orientaux à nous complaire dans les récits où règne un certain mystère, quelques archéologues ne firent pas difficulté de croire que le conquérant asiatique avait pu expédier à sa capitale, éloignée d'une centaine de stations, deux à trois mille mules, chargées de manuscrits gréco-arméniens, afin que ses Tartares fussent à même de se familiariser, eux aussi, avec les langues et les annales étrangères.

Je ne saurais admettre, quant à moi, l'existence de cette bibliothèque mythologique ; et je me trouve en contradiction non moins formelle avec ceux qui attribuent une origine chinoise aux monuments de Samarcande. Les frontières politiques de la Chine commencent, il est vrai, à dix journées de cette ville ; mais il faut six fois ce temps-là pour atteindre la Chine proprement dite, et, pour peu qu'on ait une faible idée de l'extrême rigueur avec laquelle le Céleste-Empire maintient la ligne de démarcation qui l'isole des autres pays, pour peu qu'on réfléchisse ensuite aux instincts *séparatistes* des véritables mahométans, on verra bien que les deux peuples, quoique limitrophes, ne peuvent rien avoir de commun. L'inscription placée sur la façade du sépulcre de Timour, auquel ressemblent plus ou moins, comme style et décorations d'architecture, toutes les autres constructions de Samarcande, montre clairement que ces édifices ont été bâtis par des Persans; ce fait est d'ailleurs confirmé quand on les compare aux monuments publics de Hérat, de Méched et d'Ispahan.

Revenons à la nouvelle Samarcande. Bien que l'Émir réside ordinairement à Bokhara, c'est à Samarcande, où il a pris la possession réellement légitime de sa puissance, qu'il vient tous les ans passer les deux ou trois mois d'été. Le site de cette ville, plus élevé que celui de l'autre et plus rapproché des hautes montagnes, a des avantages climatériques tels que la chaleur, étouffante dans la capitale, est fort tolérable ici. Cependant l'eau, qu'on m'en avait recommandée comme une véritable ambroisie, m'a paru aussi détestable que possible (1).

Quoi que j'aie dit du premier effet peu agréable que les immenses ruines de Samarcande ont produit sur moi, lors de mon arrivée, pour être juste, et sans aller aussi loin que les panégyristes, sans affirmer que « Samarcande ressemble au Paradis, » il faut convenir que cette ancienne capitale éclipse, par sa situation et les richesses végétales dont elle est entourée, toutes les autres villes où j'ai pu pénétrer dans le Turkestan.

Parmi les restes de la splendeur de l'ancienne cité, on peut compter quelques bazars, où l'on vend à très-bas

(1) Trois cours d'eau, qui descendent des hauteurs d'Agalik-tau, situées au nord de Samarcande, traversent la ville. Indépendamment de ces rivières et d'un nombre considérable de canaux, Samarcande est pourvue d'une assez grande quantité de réservoirs. On y trouve deux caravanserails et trois bains publics. (*Univers pittor*. Asie, t. vi, p. 46, volume déjà cité.) — J. B.

prix, malgré leur réputation, des objets fabriqués en cuir et des selles de bois dont pourraient s'honorer les ouvriers de l'Europe. Le papier de soie qu'on fait ici égale en réputation celui de Bokhara.

Pendant ma résidence à Samarcande, la ville regorgeait de monde. Il est possible que l'annonce du prochain retour de l'armée victorieuse fût la cause de cette affluence extraordinaire, car je ne crois pas que la population normale de la ville dépasse quinze à vingt mille âmes, dont les deux tiers sont Ousbegs et le reste Tadjics.

Les hostilités qui sévissaient durant mon séjour dans l'Asie centrale n'étaient que les suites de la lutte engagée dès 1839 entre Méhemmed Ali, khan de Khocand et Nazr Oullah, émir de Bokhara. Elles étaient passées, comme une partie de leurs héritages, à leurs successeurs. Se faisant précéder par Chahroukh-Khan à la tête de quarante mille hommes et par Mehemmed-Hasan-Bey avec trente pièces de canon, Mozaffar-ed-Din était parti pour établir Khoudayar comme khan du Khocand à la place de Chah-Mourad qu'avaient restaurés les Kiptchacs, et il avait juré de ne rentrer dans ses domaines qu'après avoir soumis tout le pays jusqu'aux frontières de la Chine.

L'ambition du jeune émir et ses instincts cupides, bien connus dans le Khocand, y suscitèrent une résistance acharnée. Les oulemas déclarèrent infidèle l'envahisseur de leur patrie et prêchèrent contre lui la guerre sainte. La population tout entière courut aux armes; mais tous ces efforts avortèrent. L'Émir réalisa de point en point son programme de conquête. L'obstacle le plus sérieux qu'il eut à vaincre lui fut suscité par des Kiptchacs que commandait Alem-Coul. Le combat décisif qui leur fut livré par les Turcomans mettait en présence les deux plus terribles échantillons des races primitives de la Tartarie. Alem-Coul ayant succombé pendant la bataille, sa veuve le remplaça immédiatement comme chef de la horde. La guerre continua quelque temps, mais, en fin de compte, il fallut traiter avec l'Emir. Le khanat, d'où l: vainqueur prit soin de retirer toute l'artillerie ainsi qu'une énorme quantité d'armes et de richesses, dirigées aussitôt sur Bokhara, fut scindé en deux principautés, Khocand tomba dans le lot de Chah-Mourad, auquel les Kiptchacs avaient témoigné tant de dévouement ; Khodjend devint la capitale de Khoudayar-Khan.

J'étais en pleins apprêts de départ, lorsque l'Emir fit son entrée triomphale. Annoncée trois jours d'avance, elle attira sur le *righistan* une foule immense de curieux. La cérémonie toutefois n'eut rien de très-magnifique. En tête du cortége, marchaient environ deux cents *serbaz* qui, ayant passé leur accoutrement de cuir sur un costume bokhariote, méritaient plus ou moins la qualification de troupes régulières. Loin derrière eux venaient les différents corps, rangés en bon ordre, avec des étendards et des cymbales. L'Émir Mozaffar-ed-Din marchait ensuite. C'est un homme de quarante-deux ans, d'une taille moyenne et qui paraît tendre à l'obésité. Il a de beaux yeux noirs, une barbe clair-semée et, en somme, une physionomie des plus agréables, que ne dément pas sa réputation de douceur et d'affabilité. Son escorte de hauts fonctionnaires, coiffés de turbans blancs et portant des robes de soie où toutes les couleurs de l'arc-en-ciel s'étaient donné rendez-vous, me représentait mieux un chœur de femmes, dans l'opéra de *Nabuchodonosor*, qu'un véritable escadron de guerriers tartares. J'en dirai autant du personnel de la cour, chambellans, etc.; parmi lesquels les uns portaient des bâtons blancs, et certains autres, de longues hallebardes. Rien dans le cortége ne rappelait le Turkestan, si ce n'est, parmi les gens de la suite, un bon nombre de Kiptchacs arrêtant le regard aussi bien par l'originalité de leur physionomie mongole que par leur armement bizarre, composé d'arcs, de flèches et de boucliers.

L'Émir avait publiquement annoncé que le jour de sa rentrée serait une fête nationale. On avait donc mis en réquisition et apporté sur le *righistan* de monstrueux chaudrons, comme ceux dont on se sert ici pour préparer le pilau royal et dont chaque chaudronnée est composée comme il suit : un sac de riz, trois moutons mis en morceaux, une grande casserole de suif (de quoi faire chez nous cinq livres de chandelles) et un petit sac de carottes; le tout placé sur un feu modéré, de manière à bouillir ou pour mieux dire à fermenter pêle-mêle. Avec cela, du thé à discrétion. De sorte que la mangeaille et la boisson allaient du même pas et ne s'arrêtaient guère.

Une *arʒ* (ou audience publique) devait avoir lieu le lendemain. Je voulus profiter de l'occasion pour me présenter à l'Émir sous la conduite et le patronage de mes amis ; mais, à mon grand étonnement, nous fûmes arrêtés, sur le seuil même du palais, par un chambellan ou *mehrem*, chargé de nous prévenir que Sa Majesté désirait me voir séparément. Ceci ne laissa pas de me porter un coup, et de faire naître chez tous un fâcheux pressentiment. Je suivis pourtant le chambellan et, après une heure d'attente, je fus introduit dans un appartement que j'avais déjà eu occasion de visiter quelques jours plus tôt. J'y trouvai l'Émir, assis sur un matelas ou ottomane de drap rouge, parmi un grand nombre de manuscrits et de livres. Sans perdre un instant mon sang-froid, je lui débitai un verset du coran, que j'accompagnai de la prière en usage pour la prospérité du Souverain; puis, après l'*amen* auquel il se joignit lui-même, je m'assis à côté du royal personnage, sans y être autorisé par le moindre geste ou la moindre parole. Cette démarche hardie, mais tout à fait compatible avec le caractère dont je me disais revêtu, ne parut pas lui déplaire autrement. Quant à moi, dès longtemps accoutumé à ne plus rougir, je soutins avec assurance le regard fixe qu'il attachait sur mon visage, probablement pour me faire perdre contenance :

— « Hadji, me dit-il, tu es venu de Roum, à ce qu'on prétend, pour visiter les tombeaux de Baha-ed-Din et de nos autres saints ?

— Oui, sire ; mais c'est aussi pour me ranimer par la contemplation de ta beauté sacrée, lui répondis-je selon la formule habituelle de ces sortes d'entretiens.

— Voilà qui est singulier, reprit-il ; et, véritablement, pour venir d'un pays si éloigné, tu n'avais aucun autre motif ?

— Aucun, sire ; et cela n'a rien de surprenant. J'ai toujours ardemment désiré de voir Bokhara la noble, et cette Samarcande enchantée, « dont on devrait fouler le sol sacré plutôt avec la tête qu'avec les pieds, » comme l'a remarqué le cheikh Djilal. D'ailleurs, je n'ai point ici-bas d'autre affaire et, depuis longtemps, j'erre de toutes parts en véritable pèlerin du monde.

— Que dis-tu là?... Boiteux comme tu l'es, et pèlerin du monde?... Voilà, je le répète, de quoi surprendre.

— Que je sois ta victime! sire ; mais ton glorieux ancêtre Timour (la paix soit avec lui!), atteint de la même infirmité, n'en a pas moins été conquérant du monde. »

Cette réponse plut à l'Émir qui, aussitôt, m'adressa une foule de questions relatives à mon voyage et à l'impression produite sur moi par l'aspect de Bokhara et de Samarcande. Mes observations, que j'émaillais sans cesse de maximes persanes et de versets du coran, le prédisposaient en ma faveur, car il se pique d'être un érudit et il possède assez bien la langue arabe. Aussi ordonna-t-il qu'on m'habillât de la tête aux pieds et qu'on me payât un présent de monnaie valant vingt-deux ou vingt-trois francs; puis, levant l'audience, il m'enjoignit de revenir le voir à Bokhara.

Dès que le présent royal m'eut été remis, je courus en toute hâte rejoindre mes compagnons qui se montrèrent enchantés de ma bonne fortune. Ils me dirent (et rien n'est plus vraisemblable) que le rapport de Rahmet-Bi, formulé en des termes assez ambigus, avait éveillé sur mon compte les soupçons du Prince. Je ne m'étais tiré d'affaire que grâce à mon aplomb; on pourrait presque dire, à mon effronterie.

Après cette entrevue, mes amis me conseillèrent de quitter Samarcande en toute hâte, de ne m'arrêter nulle part, pas même à Carchi, et de gagner aussi vite que possible l'autre bord de l'Oxus, où, parmi les Turcomans Ersaris, renommés pour leurs qualités hospitalières, je pourrais attendre l'arrivée de la caravane allant à Hérat.

L'heure de la séparation était venue. Je n'ai guère de mots pour rendre les impressions déchirantes de ce moment. Nos adieux furent également tristes de part et d'autre. Pendant six mois entiers, nous avions partagé les mêmes périls, les mêmes privations, les mêmes angoisses, vivant de la même existence et plus étroitement liés par cette communauté de craintes et de fatigues que nous ne l'eussions été au sein du bonheur et des fêtes. Aussi toutes différences d'âge, de race et de position avaient-elles cessé d'exister pour nous, et nous nous regardions de très-bonne foi, les uns et les autres, comme faisant partie d'une seule famille. Puis, se quitter ainsi sans aucune chance de jamais se retrouver, n'est-ce pas la mort ou peu s'en faut? Ajoutez, en ce qui me concernait particulièrement, les souffrances d'un vrai remords. J'étais tourmenté de cette pensée qu'il ne m'était

pas permis de livrer le secret de mon déguisement à
ces hommes si dévoués, si fidèles, les meilleurs amis
que j'eusse au monde. J'en étais réduit à tromper les
gens à qui je devais la vie. Je cherchais un moyen d'é-
chapper à cette triste nécessité; j'aurais voulu pouvoir
éprouver leur discrétion; mais le fanatisme religieux,
dont l'Europe civilisée n'est pas tout à fait exempte,
exerce sur les Orientaux, et plus spécialement sur les
sectateurs de l'Islam, une influence des plus redoutables.

Ma confession, d'un crime, capital aux yeux de la loi
mahométane (1), n'aurait peut-être pas immédiatement
rompu tous nos liens d'amitié; mais que d'amertume,
que de regrets, une déception pareille n'aurait-elle pas
légués à mon brave hadji Salih, si croyant, si sincère dans ses opinions religieuses! Non, décidément, il
fallait lui épargner un chagrin aussi vif et m'épargner
à moi-même tout reproche d'ingratitude. A quoi bon
détruire une illusion qui lui était chère?.... Je ne m'en
sentis vraiment pas le courage.

Après avoir expressément et chaleureusement recommandé leur frère, leur fils, leur ami le plus cher, à
quelques pèlerins avec lesquels je devais faire le voyage
de La Mecque, ces bons camarades m'accompagnèrent,
une fois le soleil couché, jusqu'à la porte de la ville, où
nous attendait la carriole que nos nouveaux associés
avaient louée pour nous transporter à Carchi. Je pleurais
comme un enfant lorsque, m'arrachant à leurs étreintes,
je pris place dans ce grossier équipage. Mes amis de leur
côté pleuraient aussi, et je les ai vus longtemps, je les
vois encore, debout au même endroit, les mains levées
vers le ciel, implorant pour mon voyage lointain la

____

(1) Il ne s'agissait rien moins pour moi que d'être lapidé jusqu'à la mort comme rénégat. — A. V.

bénédiction d'Allah. Je me retournai bien des fois pour regarder de leur côté. Ils disparurent enfin, et je me surpris n'ayant plus sous les yeux que les dômes de Samarcande, faiblement éclairés par les premiers rayons de la lune.

CHAPITRE X

DE SAMARCANDE A HÉRAT

Le mollah Ichak, de Coungrad. — Carchi. — Sa coutellerie et son
Calenterkhane. — Citerne de Sengsoulac. — L'Oxus. — Kerki.
— Belkh, la mère des villes, et ses ruines. — La Noble Tombe.
— Andkhoï et son marché. — Maymène et ses produits, surtout
les chevaux. — Gué et défilé de la Mourgab. — Les Djemchi-
dis. — Ruines de Marchah. — Kalè-No.

Mes nouveaux compagnons de route, venant du
khanat de Khocand, étaient natifs de Mergolan, d'Ouch
et de Namengan. Je ne m'arrêterai pas à parler d'eux
avec détail. Ils étaient bien loin de représenter à mes
yeux les amis que je venais de quitter, et nous n'étions
pas destinés à rester longtemps réunis. Je m'attachai de
préférence à un mollah de Coungrad (1), qui s'était joint
à nous pour faire le voyage de Samarcande, et se propo-
sait de m'accompagner jusqu'à La Mecque. C'était un
jeune homme nommé Ichak, d'humeur facile, et aussi
pauvre que je l'étais moi-même; il portait respect à mon
érudition supérieure, et se montrait disposé à me servir.
En fait, il s'attacha à moi et me fut très-fidèle.

1) Coungrad est un port situé à l'embouchure de l'Oxus dans le
lac d'Aral; où les Russes ont une station de navires à vapeur. —
J. B.

Au sortir de la ville, nous suivîmes le chemin qui mène à Bokhara jusqu'à la hauteur d'où j'avais aperçu Samarcande pour la première fois ; puis nous inclinâmes sur la gauche et nous finîmes par nous engager sur la route du désert qui ne compte que dix-huit milles jusqu'à Carchi. Cette solitude, comparée à celles que j'avais déjà dû traverser, ne me faisait plus l'effet que d'une lande. Les pasteurs y mènent de tous côtés leurs troupeaux, attirés par des puits nombreux qui fournissent une eau à peu près potable, et autour desquels les Ousbegs viennent constamment fixer leurs tentes. Ces puits sont pour la plupart très-profonds, et dans leur voisinage immédiat un réservoir carré, de pierre ou de bois, reçoit l'eau qu'on en a tirée pour abreuver le bétail. Les seaux étant fort petits, et leur usage répété devant à la longue fatiguer les bergers, ceux-ci se substituent un âne, ou plus fréquemment un chameau. La corde est attachée à la selle, et c'est en s'éloignant à distance suffisante que l'animal finit par extraire le vase plein d'eau.

L'aspect de ces appareils primitifs, des troupeaux qui viennent s'abreuver, des bergers qui s'empressent au travail, mêle je ne sais quoi de poétique à ce grand calme des heures qui précèdent la nuit ; et je ne pouvais m'empêcher de constater la ressemblance de cette portion du désert avec nos bruyères de la Hongrie.

Du reste, les routes ici sont rendues si parfaitement sûres à cause de la rigueur avec laquelle on exécute les décrets de l'émir de Bokhara, que les moindres convois et même les voyageurs isolés peuvent les parcourir avec impunité.

Cependant, comme l'extrême chaleur nous empêchait d'accélérer notre marche, nous mîmes deux jours et trois nuits pour parvenir à notre destination. Carchi nous apparut comme nous débouchions sur un plateau où la route fait une nouvelle bifurcation. Le chemin de droite conduit à Kette Courgan ; celui de gauche aboutit à la rivière qui arrive de Chehri-Sebz (1) et va se perdre dans les sables bien au-delà de Carchi. Pour arriver à cette ville, nous avions deux milles à faire encore, mais ils traversent de riches cultures et de nombreux jardins. Comme Carchi n'a pas d'enceinte murée, on ne s'aperçut qu'on y était entré qu'après en avoir passé les ponts.

Carchi (autrefois Nakhcheb) est, par son étendue comme par son importance commerciale, la seconde ville du khanat de Bokhara. Elle se compose de la cité proprement dite, et de la forteresse (*Courgantche*). Cette dernière, sise au nord-ouest, n'a aucune valeur stratégique (2). Dans son état actuel, avec ses dix caravanserails et son bazar richement fourni, cette ville jouerait probablement, un rôle essentiel, dans le commerce de transit organisé entre Bokhara, le royaume de Caboul et les provinces indiennes, si les troubles politiques n'y mettaient obstacle. La population, évaluée à 25,000 âmes, se compose en grande partie d'Ousbegs, et c'est parmi elle que se recrutent les meilleures troupes du Khan. On y voit figurer, en outre, un certain nombre de Tadjics, d'Indiens, d'Afghans et de Juifs. Ces derniers, en opposition avec toutes les règles du khanat, sont admis à chevaucher même dans l'intérieur de la ville. Envisagé sous le rapport manufacturier, Carchi se distingue par sa coutellerie de tout genre, moins toutefois que Hissar,

(1) Chehri-Sebz, Chersebz ou Chersabès (ville verte), à gauche de la rivière de Carchi, est sur l'emplacement du village de Kech, où naquit le célèbre Timour ou Tamerlan. Ses habitants ont une grande réputation de bravoure. — J. B.

(2) Al. Burnes (*Voyages à l'embouchure de l'Indus*, etc.) dit au contraire : « Un fort en terre, entouré d'un fossé plein d'eau et situé au Sud-Ouest de la ville, forme une défense respectable. » Peut-être n'a-t-il eu en vue que les attaques des nomades. — J. B.

située à peu de distance et qui lui fait une concurrence acharnée. Les lames fabriquées dans ces deux villes ne s'exportent pas seulement vers les centres commerciaux de l'Asie centrale ; elles arrivent, par l'entremise des hadjis, en Perse, en Arabie, en Turquie, où elles atteignent jusqu'à trois et quatre fois leur prix de revient. Parmi ces objets, il en est d'un genre tout particulier, à lames damassées, à poignées d'or ou d'argent ciselé, qui sont réellement d'un travail exquis et qui, par leur durée ou par la finesse de leur trempe, laissent bien loin les plus fameux produits de Sheffield et de Birmingham.

Une des lettres par lesquelles mes amis me recommandaient aux différents khans et mollahs que je devais trouver sur ma route, était adressée à un certain ichan (1) Hasan, l'une des plus éminentes notabilités de Carchi. Je reçus de lui le meilleur accueil, et il me conseilla, vu le bas prix où était tombé le bétail en général, les ânes en particulier, d'acheter un de ces coursiers à longues oreilles ; il me persuada aussi de faire comme les autres hadjis, et d'employer le peu d'argent dont je disposais encore à me procurer des marchandises d'une revente assurée : couteaux, aiguilles, fil, verroteries, toiles à sac de Bokhara, mais, par-dessus tout, cornalines de Bedakhchan qu'on trouve ici à très-bon marché. « C'était, disait-il, pour des pèlerins comme nous, appelés à voyager au milieu des tribus nomades, le seul moyen certain de faire quelques profits et de pourvoir à nos besoins : une seule aiguille ou quelque verroterie pouvait nous procurer du pain et des melons durant toute une journée. » Je suivis son avis et, le jour même, avec le mollah de

(1) Les *ichans*, comme on l'a déjà vu, sont des espèces de prêtres séculiers du mahométisme. Leurs bénédictions et leurs souffles sanctifiants, auxquels on attribue un pouvoir magique, leur donnent une grande influence dans tout le Turkestan. — J. B.

Coungrad, je réalisai une partie des emplettes conseillées ; en sorte que, mon havresac, à moitié plein de manuscrits, fut tout à fait bourré de coutellerie. Je devenais donc à la fois antiquaire et mercier, hadji et mollah ; je vendais des couteaux et je distribuais des bénédictions, des souffles sacrés, des amulettes et des aiguilles, à ceux qui en voulaient.

Je fus tout à fait surpris de trouver à Carchi, pour les divertissements publics, un établissement organisé sur une plus grande échelle que ceux du même genre qu'on admire même à Samarcande ou à Bokhara, même en Perse. C'est un vaste jardin qui, sous la modeste qualification de *Calenterkhane* (demeure des derviches mendiants), est charmant. Situé au bord de l'eau, il renferme, entre plusieurs belles avenues, des parterres entretenus avec soin. Il est plein de beau monde depuis deux heures de l'après-midi jusqu'au crépuscule. De tous côtés, fument les immenses théières entourées d'une double ou triple ceinture de clients, aimables et joyeux. Cela forme un bien étrange spectacle, pour quiconque vient de quitter les populations terrifiées de Samarcande et de Bokhara. D'ailleurs il faut reconnaître que les habitants de Carchi ont une réputation bien établie pour leurs heureuses dispositions naturelles, l'élégance de leur goût et la vivacité de leur esprit.

Au bout de trois jours, je partis de cette ville pour me rendre à Kerki, n'ayant plus d'autre compagnie que celle de deux de nos hadjis et du mollah Ichak. Sur notre route, nous trouvâmes d'abondantes citernes toutes remontant au règne d'Abdoullah Khan (1). La plus

---

(1) Né en 1544, il fut un des plus habiles souverains de Bokhara et mérita bien sa réputation par ce qu'il essaya de favorable au commerce et à la civilisation. Outre les citernes, il pourvut les routes de beaux ponts et de caravanserails. Il mourut en 1595. — J. B.

remarquable que nous vîmes était celle de Sengsoulac, où nous parvînmes bien plus tôt que nous n'avions espéré. En l'apercevant à distance, entourée de tentes et de troupeaux, nous éprouvâmes une vive satisfaction, car nous étions désormais certains de trouver de l'eau, ce qui d'abord nous avait paru fort douteux. La voûte de la citerne, arrondie en forme de dôme et restée parfaitement intacte depuis plus de deux cents ans qu'elle existe, offre quelques recoins abrités qui donnent de l'ombre aux voyageurs. Sise dans le bas-fond d'une vallée, elle est alimentée au printemps par la fonte des neiges et, durant le reste de l'année, par toutes les pluies que le sol ne peut pas absorber. En ce moment elle n'avait plus que trois pieds d'eau, et n'en était pas moins entourée par deux cents familles ousbègues, appartenant aux tribus de Coungrad et de Naïman. Leur bétail et leurs enfants complétement nus se jouaient dans cette eau précieuse, dont le goût ne devait rien gagner à une pareille immersion. De ce point à Kerki, on calcule six milles de distance, et, dans l'intérêt de nos bêtes, il nous parut bon de fournir de nuit une si longue étape ; la journée, en conséquence, devait se passer à dormir. Mais les fillettes nomades, subodorant nos verroteries, se gardèrent bien de nous laisser reposer. Elles venaient de tous côtés, avec force cajoleries, nous proposer l'échange de ces parures primitives contre les larges rations de lait de chamelle ou de jument, qu'elles nous apportaient dans leurs écuelles de bois, plates et massives. Nous nous remîmes en route, une heure après le coucher du soleil, par une nuit claire et belle. Mais, à quatre lieues tout au plus de notre point de départ, simultanément domptés par le sommeil, nous nous laissâmes glisser à terre où, sans quitter nos rênes de corde, nous demeurâmes profondément endormis. Bientôt arrivèrent des cavaliers qui nous réveillèrent en nous grondant de notre imprudence, et en nous pressant de poursuivre notre chemin. Chacun de nous, effectivement, se hissa sur ses pieds et, moitié marchant, moitié sur le dos de nos ânes, nous atteignîmes l'Oxus au moment où le soleil se levait. Sur l'un et l'autre bord du fleuve, s'élève une citadelle. La plus voisine de nous est une bicoque sans importance; l'autre, au sommet d'une hauteur escarpée, domine et protége Kerki, la ville frontière.

L'Oxus, qui les sépare, semble à peu près deux fois aussi large que le Danube entre Ofen et Pesth. Son cours est rapide; des bancs de sable pointent çà et là. Malheureusement entraînés par le courant un peu plus bas que le point où nous devions débarquer, nous mîmes trois heures à passer le fleuve. A l'époque la plus favorable, c'est-à-dire pendant les mois d'été, cette traversée exige au moins deux heures, car il est inouï, pour ne pas dire impossible, que le batelier n'ait pas à descendre dans l'eau pour dégager le bac, engravé dans quelque bas-fond. La chaleur, du reste, n'était pas à beaucoup près aussi intense que lors de notre premier passage, à Khanca; et nos souffrances, en somme, se trouvèrent ainsi fort atténuées. Les bateliers furent assez humains et assez courtois pour ne réclamer de nous aucun salaire. Mais à peine avions-nous mis le pied sur la rive opposée, que nous fûmes arrêtés par l'intendant du gué ou *déryabéghi* du gouverneur de Kerki. Désireux de trouver en nous des esclaves échappés pour regagner la Perse, notre hérétique patrie, il nous fit conduire dans la forteresse, où le gouverneur en personne devait entendre nos explications. Qu'on se figure la surprise dont je fus saisi ! Mes trois collègues, sur l'origine desquels leur physionomie, leur langage et leur prononciation fournissaient d'irrécusables indices, n'éprouvaient pas la moindre crainte, et furent effectivement libérés presque aussitôt. Vis-à-vis de moi, on se montra moins facile ; mais, quand je m'aperçus qu'ils voulaient m'enlever mon âne à force ouverte, je me laissai aller à un accès de colère, et employant tour à tour les divers dialectes du Turkestan, puis le turc qu'on parle à Constantinople, je présentai mon passe-port et je les sommai avec énergie ou de le communiquer au Bi (gouverneur) ou de me conduire en sa présence.

La scène se termina par l'intervention du commandant d'artillerie de la forteresse. Persan de naissance et parvenu, de la condition d'esclave, au grade qu'il occupait, il me reconnut pour un Osmanli et fit porter au gouverneur mon passeport, qu'on ne tarda pas à me remettre avec un présent de cinq *tenghé* (15 fr. 75 c.), auquel j'étais loin de m'attendre.

Kerki, place frontière et qui, du côté de Hérat, est en quelque sorte la clef du Bokhara, mérite une mention détaillée, ainsi que les fortifications que j'ai indiquées tout-à-l'heure. La citadelle de la rive droite n'a que quatre pièces d'artillerie et qu'une garnison d'un petit nombre de soldats en temps de paix ; mais, sur la rive gauche, est la véritable forteresse, comprenant le château et la ville. L'un couronne la hauteur de sa triple enceinte, armée, dit-on, de douze canons de fer et de six pièces de bronze, avec des murs en terre, assez solides, et ayant cinq pieds d'épaisseur sur douze de haut. Quant à la ville, étalée à l'entour, comptant cent cinquante maisons, trois mosquées, un caravanserail et un petit bazar, elle est aussi protégée par un rempart en bon état, que double un fossé profond.

Les habitants sont des Ousbegs et des Turcomans ; quelques-uns font le commerce, mais la plupart d'entre eux s'occupent d'agriculture. Le tombeau d'un auteur de commentaires renommés, le célèbre iman Kerkhi,

d'où la place prend son nom, existe tout près des murs
de la ville.

En attendant le passage de la caravane qui se dirigeait
sur Hérat, j'employai quelques jours, en compagnie du
mollah Ichak à visiter les tribus Kisil Ayak et Hasan-
Menekli, deux rameaux des Turcomans Ersaris. Voici
deux siècles seulement que ce peuple est venu du Manguichlac, et une quarantaine d'années qu'il a reconnu la
suprématie de l'émir de Bokhara. Les Ersaris ne sont
plus qu'à demi nomades. En grande majorité, ils s'occupent d'agriculture; les autres sont restés pasteurs; mais
ils paraissent, en même temps que les habitudes sauvages,
avoir perdu les vertus de leurs ancêtres. Chez eux, le sabre
est remplacé par le coran; mais aussi, la franchise par
l'hypocrisie. Cependant ils ont conservé intacte l'hospitalité. Dans toutes les tribus, un hôte peut rester une année aussi bien qu'un jour, et seuls les Tadjics semblent
connaître l'odieux proverbe français :

<blockquote>

« Hôte et poisson,
« En trois jours, poison. »

</blockquote>

Nous allâmes en pèlerinage vers la Noble-Tombe (mé-
zari-chérif) où l'on prétend que repose Ali, le roi des héros,
dont les restes ont été, dit-on, découverts, du temps du
sultan Sandjar, dans les circonstances suivantes :

Le territoire de Belkh étant chargé de ruines, on y sup-
posait enfouis des trésors immenses, remontant à l'époque
des divs ou démons : c'est pourquoi le sultan que je viens
de nommer entreprit des fouilles considérables. L'une
d'elles mit au jour une table de pierre du plus beau blanc
sur laquelle était gravée l'inscription suivante : « Ceci
est la tombe d'Ali, fils d'Abou Taleb, le vaillant héros et
le compagnon du Prophète. »

L'unique intérêt de notre pieuse promenade fut pour

nous la constatation de ce fait, que les ruines de l'ancienne
Belkh, la « Mère des cités » comme disent les Orientaux, couvraient jadis un espace de cinq lieues. Maintenant, quelques monticules indiquent seuls le site de
l'antique Bactres (1), et les ruines modernes n'ont rien
de remarquable, si ce n'est une mosquée à moitié démolie,
que fit bâtir autrefois le sultan Sandjar, de la race des Sel-
djoucides; au moyen âge, en effet, Belkh était la capitale
de la civilisation mahométane, et on l'appelait le Dôme
de la vraie foi (Kubbet-ül-Islam). Il est remarquable que
les briques employées dans ses monuments soient des
mêmes dimensions et de la même qualité que celles des
ruines existant encore chez les Iomouds; mais je n'y ai
pas trouvé, malgré mes recherches, la moindre inscription cunéiforme. Il est hors de doute que des fouilles
pratiquées en cet endroit auraient des résultats fort cu-

(1) Belkh, que nous écrivons ordinairement Balkh, est considérée dans l'Asie centrale, comme la plus ancienne des villes, et c'est
de là que lui vient cette dénomination de « mère des cités, » qui
lui est commune avec notre Alesia gauloise. Il est d'ailleurs certain
que Bactra ou Zariaspa, capitale de la Bactriane, était la rivale de
Ninive et de Babylone, et personne n'ignore que c'est au siége de
cette ville que Sémiramis mérita par ses services de devenir l'é-
pouse de Ninus, il y a près de quatre mille ans. Elle est demeurée
une ville sainte, résidence du chef de la religion de Zoroastre, ou
de l'archi-mage, jusqu'à la conquête mahométane; et longtemps encore elle a été le foyer de la civilisation. Gengiskhan l'a ruinée,
en a massacré les habitants et, six cents ans plus tard, vers 1820,
elle a de nouveau été saccagée tour à tour, par les Kharismiens ou
Boukhariotes et par les Afghans. Comme les ruines de cette ville
ne sont pas à moins d'une dizaine de kilomètres des montagnes, on
peut conserver l'espoir que les nombreuses inégalités de terrain qui
l'entourent renferment des monuments construits en matériaux plus
solides que les briques séchées au soleil employées par les mahométans. Quant à l'insalubrité de la place, elle est facilement attri-
buable à l'état des canaux qui jadis asséchaient cette plaine si
fertile, dont le terrain n'est pas naturellement marécageux et s'incline doucement vers l'Oxus; mais aujourd'hui, détruits ou en-
sablés les anciens canaux n'y apportent plus que les inondations et
les fièvres. — J. B.

rieux; mais il n'y faudrait pas songer, à moins de lettres
du souverain, conçues dans les termes les plus péremp-
toires et appuyées par deux ou trois mille baïonnettes
européennes.

La Belkh moderne, envisagée comme le siége principal
de la puissance des Afghans dans le Turkestan, est occu-
pée par le général et les troupes qu'il a sous ses ordres;
mais il n'y réside que l'hiver, attendu qu'au printemps
les plus pauvres eux-mêmes quittent Bactres, ses débris
empestés, son atmosphère insalubre, pour se rendre à la
Noble-Tombe, dont la situation est plus élevée, la température moins écrasante. La première de ces deux villes
est renommée pour les scorpions venimeux qui hantent
ses ruines; la seconde s'enorgueillit au contraire de ses
merveilleuses roses rouges (*Gül-i-Surkh*). Ces fleurs
poussent sur la prétendue sépulture d'Ali (1); et je n'en
ai pas vu, ceci est positif, qui aient une plus belle couleur ou un parfum plus doux. La superstition a donné
crédit à l'idée qu'on ne pouvait les faire venir dans un
autre sol que celui de la Tombe. Le fait est que, jusqu'à
présent, aucun essai de transplantation, même dans les
environs, n'a donné de bons résultats.

Après d'ennuyeux retards, nous apprîmes enfin que la
caravane de Hérat allait arriver. Je m'empressai de retourner à Kerki, et je me croyais en mesure de reprendre
mon voyage, lorsque vint l'ajourner encore une discussion
soulevée à propos de cette taxe que doivent acquitter les
esclaves émancipés. La caravane du mollah Zeman en
comptait une quarantaine.

En général, les vagabonds sont soupçonnés d'appartenir à cette classe, ainsi que ceux qui ne peuvent
donner une explication claire de l'objet de leur voyage;
et, comme la plupart de ces derniers prennent le titre de

____

(1) Le véritable tombeau d'Ali est à Nedjef. — A. V

hadjis, Zeman a pour politique de réunir à Bokhara le plus grand nombre possible de pèlerins véritables, afin de réussir à glisser plus aisément parmi eux les affranchis, qui ont intérêt à revêtir ces faux dehors.

L'examen des marchandises, des hommes, des chameaux, des chevaux et des ânes occupa donc toute une journée. Quand le convoi se mit en marche, il fut escorté par un officier des douanes, chargé de veiller rigoureusement à ce qu'aucun voyageur de contrebande ne vînt, par un sentier détourné, se joindre à la caravane. Il rebroussa chemin dès que nous eûmes quitté la région habitée, qui de fait est la frontière du Bokhara, et nous poursuivîmes, à travers le désert, notre route qui, en deux jours, nous devait conduire dans le khanat d'Andkhoï.

Durant cette première nuit passée hors des frontières du Bokhara, j'avais des sentiments analogues à ceux d'un prisonnier évadé. Pendant que mon âne, pesamment chargé, trottinait à mes côtés, j'éprouvais une joie sans mélange à songer qu'enfin je m'étais tiré sain et sauf des périls de ce pays; redouté des voyageurs, et que je me trouvais en route pour cet Occident chéri, où j'avais eu lieu de craindre que je ne retournerais jamais.

Le second jour, nous eûmes des inquiétudes au sujet de brigands faisant partie du peuple Cara. Nous leur envoyâmes même quelques balles, et certainement ils nous auraient chargés s'ils eussent cru avoir la moindre chance de le faire avec succès. Le lendemain matin, nous arrivâmes sans autre mésaventure aux ruines d'Andkhoï.

La caravane s'installa au bout de l'ancienne ville et, tandis qu'avait lieu entre le khan et le kervanbachi l'ennuyeux débat dont le résultat inévitable devait être la taxe plus ou moins élevée que nous aurions à payer, j'allai en ville, avec les autres hadjis, chercher un abri sous les frais ombrages d'un vieux médresse. Je voulais aussi ouvrir boutique dans le bazar, afin de réaliser un peu d'argent et de me procurer les aliments nécessaires à la consommation du jour. Il me fallut errer assez long-temps parmi les ruines, avant d'y trouver un endroit à ma convenance. Enfin je m'établis dans la cour d'une mosquée, près de la résidence du khan. Le bazar consistait uniquement en quelques misérables boulangeries, et deux ou trois magasins de linge et de vêtements confectionnés. Notre arrivée anima quelque peu le marché; du matin au soir, femmes et enfants s'arrêtèrent devant notre étalage improvisé; mais la vente ne fut pas productive car on ne nous offrait, au lieu d'argent, que des fruits et du pain. Ce mode d'échange eût été par trop désavantageux dans un pays où cinquante melons ne coûtent pas plus d'un *tenghe* (75 centimes). Ici, du reste, les melons ne sont pas à beaucoup près aussi bons que ceux dont nous nous étions régalés sur les bords de l'Oxus. Encore est-il merveilleux qu'une si grande quantité de fruits, de riz et de blé puisse pousser sur un sol qui ressemble autant à celui d'un désert, sol uniquement arrosé par un maigre cours d'eau salée, lequel prend sa source du côté de Maymène. Les habitants sont accoutumés au goût exécrable de cette eau; mais l'étranger, en été surtout, ne saurait la boire; et, bien qu'elle n'engendre pas de vers comme celle de Bokhara, on lui attribue d'autres conséquences assez fâcheuses. Le climat n'est pas en meilleur renom, si j'en crois un couplet persan, dont voici le texte :

« L'eau d'Andkhoï est saumâtre, ses sables sont brûlants, ses mouches, venimeuses; il y a même des scorpions. Gardez-vous de vanter un tel pays, qui représente fidèlement les tortures de l'enfer. »

Malgré tous ces inconvénients, Andkhoï était encore, il y a trente ans à peine, une ville prospère et florissante.

On affirme que sa population montait à cinquante mille âmes. Elle faisait avec la Perse un grand trafic de ces belles toisons d'agneaux noirs, qu'on appelle chez nous « astrakans, » et rivalisait même avec Bokhara, où cet article est de qualité supérieure.

A présent, Andkhoï renferme environ deux mille maisons qui constituent la ville proprement dite, et huit mille tentes, ou à peu près ; les unes, dans ses environs immédiats, les autres dispersées parmi les oasis du désert. On évalue à quinze mille le nombre des habitants. Ce sont, pour la plupart, des Turcomans de la tribu Alieli, avec un mélange d'Ousbegs et de Tadjics, ces derniers en petit nombre.

Le Khan nous congédia en nous recommandant les plus grandes précautions, attendu que les Turcomans, résolus à tirer parti de la confusion générale, dressaient partout leurs embuscades et exerçaient d'incessants ravages. Mais ceci ne nous inquiétait pas autrement ; la caravane, pendant son séjour dans les murs d'Andkhoï, avait à peu près doublé d'importance, et nous n'avions plus à craindre une attaque de ces bandits.

Deux jours plus tard, nous campions sous les murs d'une petite citadelle nommée Accale, à quatre lieues de Maymène. Le kervanbachi présenta deux moutons à nos hadjis, pour remercier Dieu d'avoir protégé la caravane en butte à de si nombreux dangers. Vu ma qualité de doyen, je fus chargé de répartir ce cadeau. Au lieu de pain nous ne mangeâmes toute la journée que de la viande rôtie, et le soir nous chantâmes en chœur un certain nombre d'hymnes (*telkin*) que je fis accompagner d'un *zikr*, ce qui revient à dire que nous poussâmes à tue-tête, deux mille fois de suite, l'exclamation consacrée : *Yé hou! yé hakk!*

De cette dernière station, nous fîmes annoncer notre

arrivée à Maymène. Vers le soir, un officier des douanes, un brave Ousbeg aux manières polies, vint nous trouver et dressa son rapport. Nous repartîmes à la nuit, et le matin suivant nous étions à Maymène.

Dès que je vis la caravane installée au-dehors de la ville, je me rendis au monastère d'un ichan nommé Eyoub, pour lequel hadji Salih m'avait donné des lettres de recommandation. J'avais le plus grand intérêt à m'assurer son appui car je craignais de rencontrer ici un mollah, nommé Khalmourad, avec lequel j'avais eu à Constantinople des relations personnelles, et qui, pendant quatre mois, m'avait donné des leçons de turc *djagatay*. Doué de facultés fort subtiles, le mollah n'avait pas tardé à deviner, même sur les rives du Bosphore, que je n'étais pas un effendi de bon aloi. Puis, quand il sut que je voulais me rendre à Bokhara, il me demanda formellement de le prendre pour *cicerone*. Comme je ne manifestais à cet égard aucune intention bien positive, il était parti pour La Mecque. Je lui savais le projet de revenir par Bombay et Courratchie, et je redoutais fort de me retrouver en face de lui, fermement convaincu que, malgré les bontés dont je l'avais comblé, il était fort capable de me trahir, pour peu qu'il eût à ceci le moindre intérêt.

Toutes communications étant interrompues, entre Maymène et Bokhara, par les Afghans qui tenaient la campagne, j'avais eu la bonne chance de ne pas être surpris dans la dernière de ces deux villes par un ennemi si capable de me nuire; mais à Maymène je n'espérais pas une pareille fortune, et c'était pour me mettre à l'abri, pour me procurer d'avance le champion dont je pouvais avoir besoin, que je voulais essayer de me concilier l'ichan Eyoub, personnage influent et respecté. Au bout de trois jours, et lorsque nous fûmes un peu familiers l'un avec l'autre, je crus convenable de prendre l'initiative en lui demandant des nouvelles de mon homme, « Eh quoi! s'écria l'ichan avec l'accent de la surprise, tu as connu Khalmourad? La paix soit avec lui, et puissions-nous vivre de longs jours! Il a eu le bonheur de mourir à La Mecque, et, de par l'amitié cordiale que je lui portais, j'ai recueilli chez moi ses enfants... Ce petit que voici (il me montrait, en parlant ainsi, un garçon de sept à huit ans) est un de ses fils.... » Je fis cadeau à l'enfant d'un chapelet de verroterie, je prononçai trois bénédictions pour le salut de l'âme du défunt (1), et mes appréhensions si bien fondées se dissipèrent comme par enchantement.

Je me sentis dès lors assez à mon aise pour installer un magasin ambulant au coin d'une des rues les plus fréquentées; mais, à mon grand désappointement, je vis se fondre avec une extrême rapidité les marchandises qui me restaient : « Hadji Rechid, me dit un de mes compagnons, tu as déjà dévoré une bonne moitié de ta coutellerie, de tes aiguilles et de tes grains de verre; l'autre sera consommée avant longtemps, et ton âne la suivra de près. Quand tu en seras là, que comptes-tu faire? » Ces sombres perspectives, aggravées par l'approche de l'hiver, me laissaient d'autant moins rassuré que j'étais encore loin de la frontière persane et que je voyais misérablement avorter toutes mes tentatives pour remédier à l'épuisement de ma bourse : « A la garde de Dieu! me disais-je par manière de consolation : un derviche ou un mendiant ne quitte jamais affamé la demeure d'un Ousbeg; il peut compter partout sur quelques aliments, ne

---

(1) Le plus curieux de cette amusante aventure est qu'il paraît que le prétendu défunt n'était pas mort du tout et que le mollah Khalmourad vint s'enquérir de moi à Téhéran, quelques semaines avant que j'y fusse rentré. — A. V.

13

serait-ce que du pain ou des fruits ; on lui donne aussi, çà et là, tel ou tel vêtement de rebut, et il n'en demande pas davantage pour se croire à peu près riche. »

Située parmi des hauteurs, la ville de Maymène ne s'aperçoit qu'à la distance d'un quart de lieue ; elle est mal bâtie, mal tenue ; ses quinze cents maisons ne sont que des huttes d'argile, et son bazar, construit en briques, m'a paru menacer ruines. Elle a de plus trois mosquées et deux médresses, les premières en terre battue, les seconds en terre cuite. Les habitants sont Ousbegs, avec un léger mélange de Tadjics, de Hératis, d'Indous et d'Afghans, sans compter une cinquantaine de familles juives. Ils revendiquent tous les mêmes droits, et les dissensions de race ou de religion paraissent leur être inconnues. Maymène, comme place forte, a complétement trompé mon attente. La simple muraille qui entoure la ville, et les fossés de la citadelle, située à son extrémité occidentale, me laissaient à deviner comment elle avait pu résister à l'artillerie que les Afghans avaient manœuvrée à l'anglaise, et braver tous les efforts de Dost Mohammed Khan. Les remparts faits de terre ont douze pieds d'élévation sur cinq de large ; les fossés ne sont ni très-étendus, ni d'une extrême profondeur ; la forteresse se dresse, il est vrai, sur un monticule escarpé ; mais, dans le voisinage, il existe des sommets plus élevés encore, et du haut desquels une batterie ne mettrait pas long-temps à la réduire en cendres. Il est donc probable que la force réelle de Maymène consiste plutôt dans la bravoure de ses défenseurs que dans l'importance des travaux qui la protégent.

Le kervanbachi et les principaux négociants de notre convoi n'étaient plus retenus dans cette ville par des difficultés de douane, mais simplement par des calculs d'intérêt privé. Ils voulaient assister à deux ou trois marchés de chevaux, et profiter du bas prix qu'amène sur ce point la concurrence effrénée des éleveurs ousbegs et turcomans. La plupart de leurs produits s'exportent à Hérat, à Khandahar, à Caboul, et très-fréquemment aussi jusque dans l'Inde. Les chevaux, que j'avais vu vendre en Perse près de 400 fr., peuvent être achetés ici pour 75 à 120 fr. (100 à 160 tenghés), et, ni à Bokhara ni à Khiva ni à Carchi, on n'acquerrait de pareilles bêtes à des prix si réduits. Du reste, ce n'est pas seulement par rapport à elles que les foires de Maymène méritent d'être suivies : les produits naturels de la contrée et les objets de manufacture indigène, comme tapis et autres étoffes, mi-partie laine de mouton et poil de chameau, y sont apportés en masse par les femmes turcomanes et djemchidies. Notons aussi une exportation considérable de raisins secs, de graines d'anis et de pistaches, dirigée vers la Perse et Bagdad. Un quintal de graines d'anis coûte, à Maymène, de 22 fr. 50 à 30 fr. (de 30 à 40 tenghés).

Au bout d'une dizaine de jours, nous quittions Maymène pour nous rendre à Hérat. Le pays se hérisse de plus en plus de montagnes qui sont des ramifications de la ligne de séparation des eaux en Asie. A une bourgade nommée Fehmgouzar, nous atteignions l'extrême limite du khanat de Maymène et en même temps nous passions du Turkestan dans l'Afghanistan. Nous y acquittâmes la troisième des taxes douanières que nous avions dû payer dans ce khanat et, comme je m'étonnais de ces procédés, on me répondit : « Nous remercions Dieu de ce que les autorités se bornent à lever sur nous de l'argent; car, il n'y a pas longtemps, nous ne pouvions traverser Maymène ni Andkhoï sans courir le risque d'y laisser tout notre avoir, parce que les caravanes y étaient pillées sur l'ordre du khan lui-même. » Telle est la justification de toutes les extorsions dont nous avons été les victimes jusqu'en Perse.

Depuis Fehmgouzar, nous n'avançâmes plus que sous l'escorte d'une trentaine de Djemchidis et en lançant sur toutes les hauteurs voisines des védettes pour éclairer notre marche.

Vers le soir du second jour, nous entrâmes dans une gorge étroite, facile à défendre et qui forme au nord, du côté de Maymène, la porte de la riante vallée où la Mourgab a creusé un lit à ses eaux vertes et limpides.

Le lendemain matin, nous longeâmes pendant une demi-heure la berge pour trouver un gué; le courant, en effet, est d'une force peu commune et, bien que l'eau ne soit pas très-profonde, on ne saurait la passer indifféremment sur tous les points, à raison des blocs de pierre qui l'encombrent.

Les chevaux entrèrent les premiers dans la rivière, ensuite venaient les chameaux, et nos ânes devaient fermer la marche. Or, on sait que ces animaux redoutent singulièrement de se mettre à l'eau et de poser le pied dans la boue. Je crus donc indispensable de caser mon havresac, lequel renfermait mes manuscrits, dépouilles opimes de mon voyage, sur le dos d'un de nos chameaux. M'asseyant ensuite sur la selle vide, je contraignis mon âne à quitter le bord. Au premier pas qu'il fit sur le fond rocheux du rapide courant, je compris qu'il allait arriver quelque chose de grave. En conséquence je voulus descendre, ce qui était tout à fait inutile, car ma monture tomba presque aussitôt elle-même, à la grande hilarité des spectateurs groupés sur le bord; puis, évidemment consternée, elle gagna l'autre rive par une inspiration dont je lui fus reconnaissant. Ce bain froid que j'avais pris d'un peu bonne heure dans les flots transparents de la Mourgab n'eut rien que de très-ennuyeux. Faute d'habits de rechange, il me fallut demeurer pendant quelques heures caché sous des tapis et des sacs, en attendant que le soleil eût séché mes vêtements imbibés jusqu'au dernier fil. La caravane campa près de la citadelle. A l'intérieur des remparts, on ne voit que des tentes au lieu de maisons, et pourtant c'est là que résident les khans ou chefs des Djemchidis.

La vallée de la Mourgab porte en cet endroit le nom de Bala-Mourgab (1) (Mourgab supérieure). Elle s'étend des hautes montagnes qui appartiennent aux Hézares jusqu'à Marchah (Puits-du-Serpent) où habitent les Turkomans-Salors. On raconte qu'elle fut jadis le domaine des Djemchidis, qui, après en avoir été dépossédés pour un temps, ont reconquis depuis ce berceau de leur race. Au sud-ouest de la forteresse, la vallée devient peu à peu si étroite qu'on pourrait, sans lui faire tort, l'appeler un défilé. La Mourgab s'y précipite en écumant avec un bruit de tonnerre, et c'est seulement au delà de Pendjdéh, où la rivière plus profonde modère son violent essor, que la vallée élargie s'étend sur un espace d'un ou deux milles. Quand Merv était debout (2), il a dû exister dans ces parages un degré de civilisation qui en rendait le séjour à peu près tolérable; mais aujourd'hui les Turcomans y ont élu domicile; or, la ruine et la désolation accompagnent partout leurs bandes sauvages.

(1) Il m'a été dit que ce nom désignait simplement la forteresse. Peut-être cet endroit a-t-il eu autrefois quelque importance, car de nombreuses ruines qui existent soit à l'intérieur soit aux environs indiquent une civilisation disparue. — A. V.

(2) Dans le *Tour du Monde*, année 1866, p. 245, on peut voir le campement des Tekkés, dessiné par M. de Blocqueville, et consistant, comme aujourd'hui Baba-Mourgab, en une enceinte fortifiée où s'élèvent des tentes. A la page précédente, est l'enceinte de Merve ou Marv, à présent déserte. Cela explique ce qu'ont été quelques-unes de nos vieilles cités gauloises, où n'ont dû jamais non plus exister que des cabanes. — J. B.

Les Djemchidis se prétendent issus de Djemchid (1), le roi fabuleux de la famille Pichdad, revendication d'origine qui tout naturellement doit sembler suspecte. Ce qui est certain c'est qu'ils viennent de la Perse. Excepté dans les provinces méridionales de cet empire, la physionomie iranienne ne s'est, en effet, nulle part conservée plus fidèlement que parmi ces montagnards. Rejetés depuis des siècles aux dernières limites de l'Iran, ils ont été exposés à des guerres continuelles où leur nombre a diminué. Aujourd'hui ils ne comptent plus guère que huit à neuf mille tentes; mais ils ont un attachement irrésistible pour leurs montagnes, où cependant leur condition n'a rien de fort brillant. Du reste, par le costume et la manière de vivre, ils ressemblent aux Turcomans et se livrent comme eux à des razzias redoutables. Leurs chefs actuels sont à la solde des Afghans et ont, au siége de Hérat, mérité par leurs services les faveurs de Dost-Mohammed et de son successeur Chir-Ali-Khan. Néanmoins leur fidélité est très-précaire. Pour peu que la liquidation de leur paie souffre le moindre retard, les Djemchidis sont capables de se soulever d'un moment à l'autre; car ils n'admettent pas que le maître de Hérat puisse avoir le moindre droit à leur allégeance.

Nous demeurâmes quatre jours sur les bords de la Mourgab et dans le voisinage des ruines. J'ai passé bien des heures à visiter, le long de cette rivière aux flots verts et limpides, les tentes groupées dans les environs. Avec leurs toits de feutre en lambeaux, elles offraient l'aspect le plus misérable. Vainement j'y proposais mes verroteries, vainement mes bénédictions et mes souffles saints! Ces objets de luxe n'y étaient nullement requis : un mor-

______

(1) Djemchid, appelé par les Grecs Achéménès, était le quatrième roi de la dynastie des Pichdâdiens et vivait, dit-on, 800 ans avant Jésus-Christ. — J. B.

ceau de pain eût été mieux venu. La religion elle-même
n'a pas ici grande influence. Ne pouvant donc pas compter
beaucoup sur mon caractère de hadji ou de derviche, je
dus renoncer à pousser mes excursions jusqu'à Marchah,
où existent encore, si l'on ne m'a pas trompé, des ruines
de pierre ainsi que des *munar* (tours et colonnes), remontant peut-être à l'époque des Parsis. J'étais porté à
révoquer en doute les récits qu'on m'en faisait, et il ne me
semblait guère probable que les voyageurs anglais, si
bien au courant de Hérat et de ses environs, n'eussent
pas dirigé leurs recherches de ce côté, pour peu qu'elles
dussent être payées de quelque succès.

Afin de sortir de la vallée de la Mourgab, nous dûmes
traverser un défilé plus terrible encore que celui qui nous
y avait fait entrer. Puis nous passâmes auprès des ruines
de Kalè-No, dont le Khan, à la tête de ses Hézares, d'o-
rigine mongole, prétend conserver son indépendance. La
traversée de la haute chaîne du Khorassan nous prit
quatre jours. En somme, nous avions mis de Carchi à
Hérat six semaines, pour un trajet qui peut, dans des
circonstances plus favorables, se faire en vingt ou vingt-
cinq jours ; et les taxes douanières nous avaient ruinés au
point que les plus pauvres d'entre nous, moi par exemple,
avaient vu, pour les acquitter, vendre à la porte de Hérat
leur misérable monture.

CHAPITRE XI

DE HÉRAT A TÉHÉRAN.

Plaine de Hérat. — La ville, ses ruines et sa population saccagée.
— Conquérants et conquis. — Fidèles services du mollah Ichak.
— Audience du serdar Méhemmed Yacoub Khan. — De Couhsoun
à Taybad. — Méched. — Le colonel anglais Dolmage. — Mollah
Ichak apprend que je suis Européen et continue à me suivre. —
Nasr-ed-Din, chah de Perse. — Retour en Europe.

Le voyageur qui vient du nord est surpris, au détour
de la montagne Khodja-Abdoullah-Ansari (1), de voir se
déployer, avec ses nombreux canaux d'irrigation et ses
groupes de villages dispersés çà et là, une belle et vaste
plaine. C'est celle de Hérat. Les arbres y manquent; cependant son aspect donne à comprendre qu'elle est hors
du Turkestan, c'est-à-dire de cette Asie centrale dont
Hérat est vraiment la porte ou la clef. La vallée de Hérat
possède un puissant attrait, dans sa richesse et son abon-

(1) Le mot Ansari désigne le Khodja Addoullah comme étant Arabe
et de cette tribu qui accompagna le Prophète dans sa fuite (Hégire)
de La Mecque à Médine, en 622. Cet homme vint, par Bagdad et
Merv, mourir à Hérat, dont il est aujourd'hui le saint patron. Dost
Mohammed Khan s'est fait enterrer aux pieds de ce tombeau vénéré, et, d'ici à peu de temps, il aura probablement éclipsé la
gloire de ce vagabond; « ce qui sera juste, dit M. Vambéry; car
Dost Mohammed peut être regardé comme le véritable fondateur
d'une nation inconnue, avant lui, au reste du monde. » — J. B.

dance, autant que la position de la ville a d'importance stratégique. Aussi ce malheureux pays a-t-il sans cesse été envié, attaqué, ravagé par ses voisins, qui s'en disputent la possession. Quand nous y arrivâmes, il y avait à peine deux mois que les Afghans de Dost Mohammed y avaient porté le fer et le feu, et saccagé la ville.

Hérat, comme presque toutes les villes d'Orient, a des ruines anciennes et modernes, et, comme partout ailleurs, les premières sont de beaucoup les plus belles et les plus majestueuses. Ce qui reste des monuments érigés sur la Mosalla (place de la Prière) nous remet en mémoire Samarcande, l'antique cité de Timour; les tours rondes, que l'on rencontre isolément çà et là, rappellent les environs immédiats d'Ispahan; mais la ville et la citadelle, dans l'état où je les vis, constituaient un écroulement tel qu'il est rare d'en trouver un, même dans ce pays aux catastrophes colossales.

Nous entrâmes par la porte Arak. Les maisons devant lesquelles nous passions, les ouvrages avancés et la porte elle-même ne présentaient plus qu'un amas de décombres. Près de cette dernière, à l'intérieur de la ville, est sise l'arche (ou citadelle), que son élévation donnait pour but à l'artillerie afghane. Démolie presque entièrement, elle semble chanceler sur sa base et montre, comme autant de plaies, ses portes et ses fenêtres dépouillées de leurs boiseries. Ce détail rappelle la disette de combustible qui, durant le siége, était devenue le principal fléau des habitants. Dans cette cage de maçonnerie on voit perchés quelques Afghans et quelques Hindous de méchante mine, dignes gardiens d'une ruine pareille. A chaque pas, les signes de dévastation se multiplient. Certains quartiers, où la population n'est point encore revenue, sont livrés à la solitude et à l'abandon le plus complet. Le bazar, disons mieux, sa partie voû-

13.

tée, ce rectangle protégé par un dôme, témoin de tant
de siéges qui l'ont laissé debout, subsiste à peu près
seul dans l'état où il était avant le siége de 1863. Ouvrage du règne du sultan Hussein-Mirza, il compte
environ quatre siècles et mérite encore, malgré des ravages de toute espèce, l'admiration due aux belles choses.
Autrefois, il formait, dit-on, une rue entière allant de la
porte Arak, par laquelle nous étions entrés dans la ville,
à la porte de Candahar, construite par les Anglais et qui
seule n'a pas eu à souffrir du dernier siége. Les boutiques
commencent à s'y rouvrir, mais lentement; car le pillage
qui a suivi le siége a découragé les commerçants les plus
hardis, et le système fiscal des Afghans n'est guère fait
pour relever l'esprit d'entreprise. Ainsi une paire de
bottes, dont le prix originaire est de cinq *krans* ou
francs, supporte une taxe d'un franc cinquante; un bonnet de deux francs, en paie deux; une fourrure de huit
francs, trois; et ainsi de suite. Joignez-y le taux ordinaire de l'intérêt de l'argent, qui à Hérat est de 20 pour
100, ainsi que les nombreux péages acquittés par les
marchandises à l'importation, et jugez des conditions
défavorables dans lesquelles se trouve ici toute espèce de
commerce.

Les premiers habitants de Hérat ont été des Persans qui
ont peuplé le Khorassan, dont cette ville a été la capitale
jusqu'à une époque récente. Plus tard les immigrations
provoquées par Djenghis Khan et Timour Lenk (1) ont
mêlé le sang touranien ou turco-tartare à l'iranien. De là
les divisions du peuple en Djemchidis, Firouscouhis, Ti-
mouris ou Teïménis, qui désignent des races d'origine
diverse, n'ayant d'unité nationale qu'au point de vue politique et dont est peuplée la vallée de Hérat. Les Persans
ou Iraniens, c'est-à-dire les Hératis proprement dits,

(1) Gengiskhan et Tamerlan.

occupant surtout l'enceinte fortifiée, se sont adonnés à l'industrie et au commerce, et les Afghans, qui s'étaient joints à eux avant la récente conquête, se sont si bien assimilés à eux qu'ils détestent leurs compatriotes, dont le joug récent leur paraît aussi insupportable qu'aux aborigènes.

Les nouveaux hôtes de Hérat offrent malgré tout un échantillon intéressant de la vie orientale, un amalgame caractéristique de l'Inde, de la Perse et de l'Asie centrale, où l'empreinte de chaque peuple est encore plus nette que dans le bazar de Bokhara. La foule, à vrai dire, n'existe réellement que du caravanserail Hadji Resoul à celui du No ; mais, dans cet espace restreint, la diversité des races éblouit le regard : Afghans, Hindous, Tartares, Turcomans, Persans et Juifs s'y pressent et s'y coudoient. L'homme du Caboul s'y pavane, tantôt dans son costume national, (chemise longue, caleçon, vêtements de toile que le blanchissage ne fatigue pas,) tantôt dans son uniforme de petite tenue : le plus souvent un habit rouge provenant des Anglais, et dont il ne se sépare pas volontiers, même pour dormir. Il le passe tout bonnement par-dessus sa chemise, sans abdiquer pour cela le turban pittoresque de ses compatriotes. D'autres, appartenant au *beau monde*, adoptent un costume à moitié persan. On ne sort guère sans ses armes. Il est bien rare que n'importe quel habitant civil ou militaire n'ait pas, en entrant au bazar, de quoi frapper et de quoi se défendre. Pour être tout à fait à la mode, il faut se charger d'un véritable arsenal : deux pistolets, un sabre, un poignard, un khandjard, un fusil et un bouclier. On ne peut mettre de pair, avec l'Afghan martial, que le Djemchidi aux allures turcomanes. Le Hérati couvert de haillons, le Hézare presque nu et le Timouri des environs s'effacent devant le représentant de la race conquérante. Tout ce qui entoure celui-ci prend les dehors de l'humilité la plus abjecte; mais jamais on ne vit haine et rancune pareilles à celles que nourrit l'habitant de Hérat contre ses nouveaux oppresseurs.

J'aimais à promener mes regards sur cette foule bariolée qui fourmillait dans certaines rues de Hérat. Ces soldats afghans revêtus de l'uniforme anglais, et qui, contrairement aux prescriptions du coran, portaient quelquefois le shako, m'amenaient à penser que j'étais enfin arrivé dans un pays où le fanatisme islamite n'était plus tout à fait aussi formidable, et où je pourrais, moyennant quelques transitions habilement ménagées, me débarrasser de mon déguisement. Quand je voyais ces militaires sans favoris et portant moustaches, ce que tout l'Islam regarde comme un péché mortel, et ce qui passe, même à Constantinople, pour un acte d'apostasie; l'espoir de rencontrer des officiers anglais m'envahissait malgré moi. Combien je me serais trouvé heureux de pouvoir me placer sous la protection de quelque agent britannique investi, vu les circonstances politiques, d'une influence sans rivale. J'oubliais, hélas! que l'Oriental n'est jamais ce qu'il paraît être, et je me préparais ainsi d'amers désappointements.

Mes ressources financières, on le sait déjà, étaient à peu près anéanties. Il m'avait fallu, aux portes de Hérat, me défaire de ma misérable monture, épuisée par le voyage, et dont je n'obtins que vingt-six francs, sur lesquels je fus obligé de prélever de quoi payer, outre la taxe de vente, quelques autres petites dettes. Je me trouvai alors dans une situation très-critique. Au manque de pain, on pouvait trouver remède; mais les nuits étaient devenues glaciales et, tout habitué que je fusse à une existence rigoureuse, j'avais beaucoup à souffrir quand il fallait coucher, vêtu à la légère, dans une ruine ouverte à tous les vents et sur la terre nue. J'avais, pour me rasséréner, cette pensée que la Perse était à dix jours de moi; mais il n'était pas facile d'y arriver.

Quelque temps après, je le vis bien, quand tous les hadjis avec lesquels j'avais voyagé depuis Samarcande et Kerki partirent pour la Perse en compagnie d'un envoyé nommé Méhemmed Békir Khan, venu pour féliciter les Afghans de leur victoire. Tous m'abandonnèrent; tous, excepté mon fidèle compagnon de Coungrad, le mollah Ichak, qui ne doutait pas de mes paroles quand je lui parlais de Téhéran et du meilleur sort qui nous y attendait. Cet honnête garçon, resté près de moi, mendiait chaque jour les aliments et le menu bois qui nous étaient indispensables; c'était lui qui préparait notre repas du soir, et il refusait respectueusement de le prendre en même temps que moi, dans l'unique assiette dont nous fussions pourvus. Sous d'autres rapports, mollah Ichak est certainement un des types les plus intéressants que j'aie rencontrés.

Désireux de ne rien négliger de ce qui pouvait favoriser mon retour en Perse, je me ménageai l'occasion de voir le prince régnant, Mehemmed Yacoub Khan, enfant inexpérimenté, dont les bonnes dispositions sont tenues pour rien par son tuteur, le khan des Djemchidis. Celui-ci reste en secret accord avec les Turcomans, dont les dévastations poussent jusque sous les murs de la capitale. Le jeune prince est le fils de Chir Ali Khan, successeur à Caboul de Dost Mohammed, qui malheureusement est mort avant d'avoir eu le temps de consolider l'incorporation du Hérat à l'Afghanistan. Mehemmed Yacoub réside dans le palais, qui certainement est une demeure préférable à la citadelle ruinée. Chaque jour, il donne une audience publique de quatre ou cinq heures. Portant un uniforme à collet haut, assis dans une salle aux vastes dimensions, sur un grand fauteuil posé près d'une fenêtre, il regarde les troupes afghanes faire l'exercice à l'anglaise dans une cour qu'ombragent plusieurs arbres.

Quand j'entrai dans cette enceinte avec mon fidèle mollah Ichak, j'examinai quelque temps les manœuvres des soldats afghans, dont la tournure est bien supérieure à celle de l'armée ottomane; puis je me dirigeai vers la porte de la salle d'audience où se pressaient de nombreux serviteurs, des soldats, des suppliants de tout ordre. S'ils me livrèrent passage et me laissèrent tranquillement pénétrer dans le salon, je le dus à l'énorme turban dont je m'étais coiffé (mon compagnon avait fait de même), et à l'air d'anachorète qu'un fatigant voyage m'avait nécessairement donné. Le prince était dans l'attitude que j'ai décrite; son vizir siégeait à sa droite, et après lui, rangés le long du mur, se tenaient d'autres fonctionnaires et des mollahs de Hérat, parmi lesquels je vis aussi un Persan, Imamverdi Khan, réfugié dans ces parages par suite de quelques peccadilles commises à Méched. En avant du prince, se trouvaient debout son chancelier et quatre ou cinq autres familiers. Fidèle à mon rôle de derviche, je fis en entrant le salut ordinaire, et personne ne fut surpris de me voir, tout en m'inclinant ainsi, marcher droit au prince pour m'asseoir entre lui et le vizir, grand et gros Afghan, que je poussai du pied pour me faire place. Ce procédé un peu leste égaya quelques-uns des assistants, mais leurs rires ne troublèrent pas mon sang-froid. Je levai les mains pour réciter la prière d'usage, telle que la loi la prescrit (1). Tandis que je prononçais la formule consacrée, le prince me regardait fixement au visage. Il avait l'air fort surpris, et au mo-

---

(1) Cette prière est en arabe et conçue dans les termes suivants : — « Notre Seigneur Dieu, accorde-nous une place heureuse, car, en toute vérité, tu es le meilleur des quartier-maîtres. » — A. V.

ment de l'*Amen*, alors que tous les assistants, imitant mon geste, passaient la main sur leurs barbes, il se leva brusquement de son fauteuil; puis, me désignant du doigt, il s'écria moitié riant, moitié scandalisé : « Par Dieu, je jure que vous êtes Anglais ! »

L'assistance salua d'un rire éclatant cette saillie de l'Altesse Royale. Mais notre jeune homme ne se laissa pas distraire de l'idée qui le préoccupait; il s'élança de son siége pour venir me regarder de plus près, et battant des mains comme font les enfants après quelque joyeuse découverte : « Que je sois votre victime! Dites-le-moi, voyons, n'êtes-vous point un Anglais déguisé? » Son accent et son attitude étaient si naïfs, que j'aurais voulu, pour beaucoup, ne pas le troubler dans son plaisir. Mais j'avais à redouter la farouche intolérance des Afghans, et, prenant l'air offensé d'un homme qui veut mettre fin à une plaisanterie poussée trop loin : « En voilà bien assez, lui répondis-je. Vous connaissez la maxime : Celui qui, fût-ce par plaisanterie, traite d'infidèle un vrai croyant, est lui-même un infidèle. Donnez-moi plutôt quelque chose en échange de ma bénédiction pour que je puisse continuer mon voyage. » Le sérieux de ma physionomie et la remontrance dont je venais de le régaler déconcertèrent complétement le jeune prince; il se rassit à moitié confus, et, s'excusant sur la ressemblance de mes traits avec ceux de tels ou tels Européens qu'il avait connus, il ajouta que jamais un hadji, venant de Bokhara, ne lui était apparu avec un visage comme le mien. Je répondis que je n'étais pas un Bokhariote, mais un Stambouli; et lorsque je lui eus montré mon passe-port turc, lorsque je l'eus entretenu de son cousin, le fils d'Akbar Khan, Djellal-ed-Din Khan, et de l'accueil distingué qui lui avait été fait en 1860, à l'époque où, revenant de la Mecque, il était allé visiter

Constantinople et le Sultan, l'attitude du vice-roi changea du tout au tout ; mon passe-port fit le tour de l'assistance et ne souleva pas la moindre objection. Le prince me remit quelques *krans* (1) et m'enjoignit, en me congédiant, de lui faire pendant mon séjour des visites fréquentes. On pense bien que je n'eus garde d'y manquer.

Cette scène vraiment amusante avait eu une heureuse issue ; mais elle eut la singulière conséquence de convaincre les Persans et les Afghans, en excitant leur imagination, que j'avais à ma disposition des crédits ouverts pour une valeur de plusieurs milliers de ducats ; cependant pas un d'eux ne m'aurait donné assez de monnaie pour acheter du pain.

Dans cette cité désolée, où la terreur d'un côté, l'arrogance de l'autre, était empreinte sur toutes les physionomies, les journées, pendant que j'attendais le départ de la grande caravane, s'écoulaient avec une déplorable lenteur. Enfin le 15 novembre 1863, j'eus le plaisir d'en sortir avec deux mille compagnons environ qui se dirigeaient vers Méched, ayant, pour la plupart, la pieuse intention d'accomplir un pèlerinage aux tombes des saints chiites. Cependant parmi eux se trouvaient des Afghans venus de Candahar et qui allaient en Perse vendre l'indigo et les fourrures du Caboul. C'était à ce groupe que j'étais rattaché et le chef m'en avait permis de monter sur une mule légèrement chargée, dont je lui payerais le loyer à Méched, comme si elle n'avait servi qu'à moi. L'assurance ainsi donnée que ma pauvreté aurait un terme prochain mettait en doute la réalité du personnage pour lequel je m'étais donné ; mais elle augmentait la considération qui m'entourait, au point qu'en approchant de Méched plusieurs de mes nouveaux compagnons de route étaient déjà venus demander ma

(1) Le *kran* vaut à peu près un franc ; comme on l'a déjà dit.

protection, soit auprès de l'ambassade de Constantinople, soit auprès de l'agent consulaire de la Grande-Bretagne.

A Couhsoun, où finit le territoire de Hérat, nous fûmes retenus deux jours entiers pour acquitter les derniers droits que les Afghans pussent exiger de nous.

Dans le courant de la seconde journée, en vedette sur la tour du caravansérail, nous aperçûmes un énorme nuage de poussière qui se dirigeait vers le village : « Les Turcomans! les Turcomans! » criait-on de toutes parts. Impossible de peindre la consternation où cette clameur jeta les gens de la caravane et les habitants de l'endroit. Le nuage, cependant, avançait toujours, et, enfin, quand il fut plus proche, nous vîmes un nombreux escadron d'ânes sauvages qui s'arrêta brusquement à quelques cents pas de nous, et, faisant une vire-volte rapide, eut bientôt disparu dans la direction du désert.

Après avoir traversé un territoire ouvert aux incursions des Tekkés, des Salors et des Tarics, bien qu'il soit sous la défense des Hézares sunnites venus de Kalè-No, nous arrivâmes à Férimon où, pour la première fois, nous trouvâmes une population exclusivement persane. Le tiède séjour d'une étable me consola provisoirement de ce que j'avais enduré pendant nos dernières marches. Enfin, douze jours après être sortis de Hérat, le dôme doré qui surmonte la mosquée et le tombeau d'Imam Riza m'apprit de loin, par ses éclatantes réverbérations, que j'approchais de Méched, la ville où mes vœux tendaient depuis si longtemps. Ce premier aspect me jeta dans une émotion violente, et moindre pourtant que je ne m'y serais attendu.

Méched est la capitale du Khorassan, dont le gouvernement était alors confié à Mourad-Mirza, l'oncle du roi actuel de la Perse. L'indomptable énergie de ce prince et sa constante vigilance ont beaucoup diminué le nombre et le péril des incursions turcomanes, et ont ranimé le mouvement et la circulation sur des routes peu à peu désertées auparavant. C'est donc à juste titre qu'on lui a décerné le surnom de « l'Epée nue de l'Empire (1). »

Une demi-heure après mon arrivée, je rendis visite au colonel anglais Dolmage, qui suppléait le Prince Gouverneur dans plusieurs fonctions importantes, et jouissait à Méched de l'estime universelle. Il était encore occupé dans ses bureaux quand on alla le chercher de ma part, en lui annonçant « un singulier derviche qui venait de Bokhara. » Il se hâta de rentrer, me contempla tout à loisir, et ne me reconnut qu'au moment où je pris la parole. Sa chaleureuse étreinte et ses yeux pleins de larmes m'apprirent alors que je venais de retrouver, non pas seulement un Européen, mais un ami. Ce généreux Anglais m'offrit sa maison que je me gardai bien de refuser, et c'est à son hospitalité que je dus de recouvrer en peu de temps mes forces épuisées par la fatigue du voyage. Elles revinrent assez vite pour qu'au bout d'un mois, nonobstant les rigueurs de l'hiver, je fusse en état de m'acheminer vers Téhéran.

Pendant mon séjour à Méched, le colonel voulut bien aussi me présenter au Prince Gouverneur, qui m'accueillit avec beaucoup de cordialité. Durant plusieurs heures, nous causâmes de l'Asie centrale qu'il me parut connaître assez bien. Je l'amusai singulièrement en lui racontant comment l'émir de Bokhara, ce bigot et soupçonneux personnage qui s'intitule lui-même, au grand scandale de tous les chiites, « le Prince des vrais

(1) Entre autres éloges qui lui étaient prodigués, on s'accordait à dire « qu'un enfant, avec un vase rempli de ducats sur la tête, pourrait courir les grands chemins sans crainte et sans danger. » Cela sent l'exagération persane. — V. *Rev. Britann.* Nov. 1866. — J. B.

Croyants (1), » s'était soumis à mes bénédictions apocryphes.

Je célébrai la Noël avec l'officier anglais qui m'avait si galamment traité et, dès le lendemain (26 décembre 1863), je me remis en route sans m'adjoindre à aucune caravane et sans autre escorte que mon ami le mollah Ichak. Nous étions tous deux bien armés, bien montés sur des chevaux qui m'appartenaient et pourvus de tout ce qui nous était nécessaire pour la route, en fait de literie et d'objets de ménage. Aussi, bien que j'eusse vingt-quatre étapes à courir au milieu de l'hiver, j'entrepris ce rude trajet, où chaque pas me rapprochait de l'Occident bien-aimé, avec le plus vif plaisir.

Je franchis sans escorte, mais sans accident, les quatre stations de Mézinan à Chahroud (2), bien que les Persans n'osent guère aller de l'une à l'autre que sous la protection de l'artillerie, tant ils redoutent les razzias turcomanes. Dans la seconde de ces deux villes, je rencontrai au caravansérail un Anglais de Birmingham qui s'était arrêté là pour acheter des laines et des cotons. Cet insulaire ne fut pas médiocrement étonné lorsqu'il s'entendit apostropher d'un : *How do you do?* très-correct, par un individu coiffé d'un énorme turban, et du reste habillé comme un derviche. Sa surprise le fit changer de couleur, et trois fois de suite, après avoir commencé sa phrase par le : *Well, I...* traditionnel en pareil cas, il demeura

(1) *Emir-ül-Muminim*, titre que les chiites réservent exclusivement au prophète Ali. — A. V.

(2) Ces quatre stations sont au-delà de Nichabour et de Sebzevar; on les appelle Abassabad, Meyandechd, Miyam et Chahroud. Postées à l'entrée de la grande plaine qui va se perdre dans les steppes du Turkestan, elles sont exposées continuellement aux attaques des Turcomans, contre lesquels elles sont chargées d'entretenir et de défendre les routes. Elles sont peuplées de colonies géorgiennes. — V. *Rev. Brit.* Nov. 1866. — J. B.

court, ne sachant plus qu'ajouter. Mais quand une explication sommaire eut mis fin à son embarras, il se hâta de m'inviter à sa table, et je passai avec lui une excellente journée, en compagnie d'un Russe fort instruit qui représentait sur la même place, comme agent commercial, la grande maison Kawkaz (1).

(1) Ce fut à l'occasion de cette même entrevue, un peu diversement racontée dans le numéro déjà cité de la *Revue Britannique*, que le brave mollah Ichak commença à connaître la vérité sur son compagnon. « Est-ce que vous arrivez de l'Inde par hasard ? » demanda M. Longfield, le voyageur de commerce désigné plus haut. J'avoue, ajoute M. Vambéry, que j'aurais eu du plaisir à irriter sa curiosité. Mais une longue journée de route m'avait tellement fatigué que je n'eus pas le courage de pousser la plaisanterie jusqu'à une mystification. Je déclinai tout bonnement mes noms et qualités à mon Anglais qui, dans une grande joie, me sauta au cou, ce dont mon Tartare, qui m'avait toujours pris non-seulement pour un vrai croyant mais pour un derviche, ne fut pas médiocrement surpris.

La seconde occasion qui révéla complétement au mollah Ichak la véritable nationalité de son compagnon eut lieu sur la route de Téhéran avec des particularités assez curieuses pour que nous reproduisions ici une partie de ce récit. C'était par une nuit où le vent du nord soufflait et où la neige couvrait tous les environs d'Ahuan où Vambéry et le mollah avaient trouvé un refuge dans la maison de la poste. « Ayant bu mon thé, je commençais à sentir tous mes membres pénétrés d'une douce chaleur, mon pilau et ma volaille étaient presque prêts, lorsque je distingue, à travers les mugissements du vent, un galop de chevaux. A peine ai-je eu le temps de sauter de mon lit que déjà toute une cavalcade balaye la cour de ses évolutions rapides : on n'entend plus que le cliquetis des armes, les imprécations, les vociférations. En un clin d'œil, on arrive à ma porte, qui était naturellement fermée au verrou. « Ohé ! « qui est-ce qui est ici ? Sortez de là, qui que vous soyez ! Voici « la femme du Sipeh-Salar, généralissime et ministre de la guerre, « une princesse du sang, qui arrive. Allons ! videz la chambre ! « Place ! place à la princesse ! » Le lecteur comprendra aisément que je ne pus pas ouvrir la porte immédiatement. Les gens de l'escorte demandèrent au maître de poste qui occupait la chambre où je restais coi, et apprenant que c'était un simple hadji, et encore un hadji sunnite, un hérétique, ils se mirent en devoir d'enfoncer ma porte à coups de crosses, en criant : « Or çà, hadji, « détale vite, ou nous pilerons tes os en farine ! » Le moment était critique. C'est une triste plaisanterie que de se voir sommé de

Il me fallut dix jours pour arriver de Chahroud à Téhéran. Dans la soirée du 19 janvier 1864, je me trouvais à deux lieues de cette capitale, et, chose singulière, je m'égarai dans l'obscurité près du village qu'on appelle Chah-Abdoul-Azim; si bien, qu'après avoir cherché ma route dans toutes les directions, lorsque je parvins aux

quitter un abri où l'on jouit d'une douce température, pour aller passer une nuit d'hiver à la belle étoile, par un froid intense. Pourtant ce fut peut-être moins la crainte des conséquences fâcheuses, que l'irritation de la surprise, qui fit naître en moi l'audace de résister. Mon Tartare, debout auprès de moi, pâlit. Je ne fis qu'un bond, et saisissant mon épée et mon fusil, je lui passai mes pistolets, en lui ordonnant de tirer à mon premier signal. Puis je me postai en face de la porte, fermement résolu à brûler la cervelle au premier qui entrerait. Mes faits et gestes avaient sans doute été devinés par mes assaillants de l'autre côté de la porte, car ils entrèrent en pourparlers. Bientôt je remarquai que l'élégance du langage persan dont je me servais leur faisait soupçonner que je n'étais pas un simple Boukhariote. « Mais qui donc « es-tu? Tu n'es donc pas un hadji : — Il est bien question de « hadji ! leur criai-je. En voilà assez de cette injure. Je ne suis « pas plus Boukhariote que Persan; j'ai l'honneur d'être Européen, « et je m'appelle Vambéry-Saheb. » Ma déclaration fut suivie d'un profond silence. Mes assaillants semblaient confondus. L'effet en fut encore plus grand sur mon pauvre Tartare, qui apprenait alors pour la première fois, des propres lèvres de son compagnon de voyage, le vrai titre de celui qu'il avait jusqu'alors regardé comme un véritable hadji sunnite. Pâle comme un mort, bouche béante, il me regardait fixement. Un coup d'œil que je lui lançai lui rendit le calme. Les Persans changèrent aussi de ton. Le mot d'Européen, terrible pour les Orientaux, produisait un effet électrique. Les injures furent remplacées par des expressions de politesse; les menaces par d'humbles prières et, comme ils me suppliaient ardemment de laisser entrer deux d'entre eux, qui étaient les chefs de l' orte, s'engageant à se contenter, pour les autres, de la grange 1 de l'étable, j'ouvris ma porte à ces Persans tremblants. Les traits de mon visage les convainquirent de la vérité de mes assertions. Notre conversation devenait de plus en plus amicale et, au bout d'une demi-heure, mes hôtes étaient étendus dans un coin de ma chambre, complètement enivrés d'arak et ronflant comme des tuyaux d'orgue. J'entrai alors avec mon Tartare dans des explications que ce brave mollah reçut à merveille. — *Intellectual Observer. Revue Britannique*, novembre 1866. — J. B.

portes de la ville, je les trouvai parfaitement closes et me vis contraint de passer la nuit dans un caravansérail, éloigné seulement de quelques pas. Le lendemain matin, me souciant peu d'être rencontré par qui que ce fût dans le bizarre costume que je portais encore, je traversai fort vite les rues de Téhéran pour me rendre à l'ambassade turque.

On se figurera aisément ce que pouvaient être mes pensées au moment où je rentrai sous ce toit que j'avais abandonné dix mois auparavant avec toutes sortes de projets indéfinis et fiévreux. J'appris avec peine que mon bienfaiteur Haydar Effendi avait été remplacé auprès du Chah. Ismaël Effendi, accrédité comme chargé d'affaires du Sultan à la cour de Perse, m'accueillit cependant avec autant de bonne cordialité que son prédécesseur m'en avait témoigné.

On me croyait esclave ou mort depuis longtemps, dans ce Téhéran qui me faisait alors l'effet d'un second Paris. Mon arrivée fit donc une assez grande sensation. Le Roi lui-même désira me voir. Ismaël Effendi consentit à me présenter à lui d'une façon officielle. Nasr-ed-Din Chah me reçut dans ses jardins. « Le centre du monde, le très-haut et très-puissant maître de l'univers, » comme l'appellent encore les Persans, se promenait, le lorgnon dans l'œil, fort simplement vêtu d'un costume hybride, où les vêtements de dessous gardaient la coupe indigène, tandis que les extérieurs avaient le cachet européen; symbole très-réel de ce qu'est aujourd'hui la civilisation orientale. La conversation débuta par les formules d'usage et bientôt aboutit à des questions relatives à mon entreprise. Le roi s'informa successivement de tous les princes indépendants chez lesquels j'avais passé; puis, comme je faisais allusion à leur insignifiance politique, il ne sut pas s'abstenir d'une petite gasconnade qu'il glissa par manière d'aparté à l'oreille de son vizir : « Avec quinze mille hommes, nous aurions bien vite balayé tous ces gens-là. » Il avait, on le voit, complètement oublié ses lamentations, après la catastrophe de Merv : « Kavvam! Kavvam! rends-moi mes légions (1)! » Nous parlâmes aussi de Hérat ; Nasr-ed-Din Chah s'enquit de l'état où j'avais laissé cette ville : « Hérat, répondis-je, n'est plus qu'un monceau de ruines, et les habitants continuent à prier pour la prospérité de la monarchie persane. » Le roi saisit à l'instant même le sens de mes paroles, et avec le débit rapide qui lui est ordinaire, il ajouta, (non sans me faire songer au renard de la table) : « Je n'ai aucun goût pour les villes ainsi saccagées. » Vers la fin de l'audience, qui avait duré une demi-heure, le roi manifesta quelque surprise au sujet de mon voyage et m'accorda, comme témoignage de faveur spéciale, l'Ordre du Lion et du Soleil (ruban de quatrième classe), moyennant quoi je me vis obligé de mettre au net, pour lui, un résumé des récits qu'on vient de lire.

Le 28 mars 1864, jour anniversaire de celui où j'a-

---

(1) Cette catastrophe a été racontée dans le *Tour du Monde*, n° 329, t. I, de 1866, pages 241 et suiv., par M. de Blocqueville, que M. Vambéry a rencontré à Téhéran même, en 1864. Elle est pour notre auteur le sujet de la note suivante : La désastreuse campagne de Merv, dirigée à vrai dire contre Bokhara, fut conduite par un courtisan favori qui portait le titre de *Khavvam ed Dowlet* (Stabilité du Royaume). Il faut uniquement attribuer le honteux échec des Persans et la victoire inexplicable des Tekkés, à l'incapacité notoire de cet officier général. Il envisageait les Turcomans, à Merv, comme Varus les Chérusques dans les bois de la Germanie. Mais, si le dédain était le même, le courage n'était pas égal; et notre Persan était trop lâche pour se faire tuer à la tête de ses troupes. Ajoutons qu'il n'avait pas affaire à un Auguste. Le Chah s'écria bien : « Rends-moi mes légions! » mais il se laissa apaiser par une amende volontaire de vingt-quatre mille ducats, et, malgré le déshonneur attaché à sa couardise, le général en question occupe encore, en Perse, un poste des plus élevés. — A. V.

vais commencé, l'année précédente, mon voyage dans l'Asie centrale, je sortais de Téhéran pour me rendre à Trébizonde en passant par Tauris. Jusques à cette dernière ville, nous eûmes tout le bénéfice d'une belle saison printanière, et je n'ai pas besoin de dire à quel point mes sentiments différaient de ce qu'ils avaient été, l'année d'avant. Chaque pas, alors, me rapprochait de ces régions barbares où j'allais affronter d'inimaginables périls; chaque pas, maintenant, me ramenait vers les domaines de la civilisation et vers la patrie que je préfère à tout.

De même qu'après avoir habité le Courdistan, je ne pouvais plus rien trouver d'oriental dans la physionomie de l'Osmanli; de même, au retour, Stamboul ne m'offrait qu'une sorte de rideau splendide, simulant au dehors je ne sais quel Orient fantastique. Je n'avais à ma disposition qu'une halte de trois heures sur les rives enchantées du Bosphore.

De là, je me rendis, par Kustendje jusques à Pesth, où je laissai mon confrère le derviche de Coungrad, qui, depuis Samarcande, ne m'avait jamais quitté. Ce pauvre Khivite que je transplantais ainsi dans la capitale de la Hongrie, au lieu de lui laisser continuer sa route vers La Mecque, trouva bien le procédé un peu surprenant; et Dieu sait tous les commentaires que lui inspira ce contretemps imprévu; mais ce qui l'étonnait le plus, c'était le bon naturel des Frenghis qui s'abstenaient de le mettre à mort, contrairement à ses appréhensions, fondées, par analogie, sur ce qu'auraient fait à leur place les farouches indigènes du Turkestan, ses compatriotes.

Il ne m'était pas permis de m'attarder aux délices de la terre natale, car je voulais, avant le terme de la saison, rendre compte de mon voyage à la Société royale géographique d'Angleterre, privilége honorable qui m'était accordé sur l'excellente recommandation de mes amis.

J'arrivai à Londres le 9 juin 1864, et il m'en coûta des peines incroyables pour me faire au brusque changement d'existence que m'imposait la différence des mœurs à Bokhara et à Londres.

CHAPITRE XII

RELATIONS EXTÉRIEURES ET AVENIR DU TURKESTAN

Communications et routes. — Taxes douanières de Kerki à Hérat. — Commerce avec la Russie. — Produits naturels et fabriqués du Turkestan. — Part que prennent les hadjis dans le commerce du Turkestan avec les pays mahométans de l'Ouest. — Suprématie religieuse de Bokhara et de Constantinople. — Relations diplomatiques. — Progrès de la Russie. — Faut-il y mettre obstacle?

L'Asie centrale n'a de rapports suivis, quelle qu'en soit l'espèce qu'avec la Turquie et l'Inde, pour les pays les plus éloignés; la Chine, la Perse et la Russie, ses voisines les plus immédiates. Le fanatisme la sépare du polythéisme des Chinois et des Indiens comme du christianisme des Russes et des Anglais, ou de l'hérésie des Persans; théoriquement il la rapproche des sunnites osmanlis de Constantinople. Pourtant, phénomène singulier! tous les sectateurs de Mahomet, depuis ceux qui ont le plus profondément pénétré dans l'Occident jusqu'à ces tribus à demi sauvages qu'on entrevoit à peine dans l'extrême Orient, Turcs, Arabes, Persans, Tartares et Ousbegs, tous censurent ou raillent leurs propres vices, leurs défauts et leurs incapacités, autant qu'ils louent et célèbrent les vertus et les mérites des peuples non mahométans. Ce que j'ai vu par moi-même s'accorde parfaitement, à cet égard, avec ce que j'ai ouï dire. Ils admettent que le goût pour les arts, l'humanité, le sentiment du droit sont les attributs des *kafirs* (infidèles); mais ensuite, avec un regard étincelant, ils ne vous en diront pas moins, à l'instar de ce Français après la bataille de Rosbach : « Dieu soit loué pour m'avoir fait Musulman ! »

Voyons quelles routes permettent d'entretenir des relations avec les pays voisins que l'Asie centrale déteste autant qu'elle les admire.

De Khiva, trois chemins, se rencontrant au nord de l'Étrek, conduisent en Perse par Astrabad ou par Achourada et Sari. Il n'y passe guère qu'une ou deux petites caravanes venant annuellement de Khiva. Deux autres voies mènent en Perse : l'une directe traverse par Hézaresp le désert des Sables-Noirs; la seconde inclinant un peu à l'est passe par Merv : toutes deux aboutissent à Méched, mais elles sont interceptées depuis plusieurs années par les Tekkés. Vers le nord, une route mène de Khiva à Coungrad sur le littoral méridional du lac Aral et sert de tête aux chemins que suivent les caravanes allant en Russie, soit à Astrakhan soit à Orenbourg, d'où plusieurs riches négociants poussent chaque année jusqu'à Nijni-Novgorod et même jusqu'à Saint-Pétersbourg.

Bokhara communique avec la Russie par Khiva, au nord-est, ou directement au nord par une route qui franchit le désert des Sables-Rouges; à l'est, avec Samarcande, Khocand, ville russe aujourd'hui, et Cachgar dans le Turkestan chinois. C'est aussi de Bokhara que partent, depuis la victoire des Tekkés sur les Persans, presque toutes les caravanes dirigées vers le sud; celles-ci, pour éviter les Tekkés, suivent la route la plus fréquentée de beaucoup et que j'ai parcourue, par Carchi, Kerki, Andkhoï, Maymène, Kalè-No et Hérat. Dans cette ville, les nombreuses

caravanes se décomposent. Des voyageurs, les uns prennent vers l'est allant dans l'Afghanistan ou aux Indes
britanniques ; les autres, vers l'ouest, puis au nord, pour
regagner Méched. Quant à la route menant de Kerki à
Péchavour par Belkh et Caboul, les difficultés rencontrées
dans les montagnes de l'Hindou-Kouch sont telles qu'elle
est fort peu suivie.

En somme et grâce au brigandage des Turcomans, les
relations ne sont faciles que vers le nord et tout naturellement c'est la Russie qui profite habilement de cette
situation des choses.

Effectivement la route la plus praticable vers le sud,
celle de Hérat, outre les dangers plus ou moins grands
qu'elle présente encore, est assujettie à toutes les exactions de gouvernements dont les premiers pas vers la
civilisation ont été de substituer au pillage les taxes les plus
onéreuses. Ainsi de Kerki à Hérat, durant notre voyage,
les esclaves ont eu à payer 88 tenghés ou 66 francs par
tête ; les ânes, 15 tenghés, 11 fr. 25 ; les chevaux, 32
tenghés, 24 fr ; les chameaux, 51 tenghés, 38 fr. 25 ;
et les ballots de marchandises 105 tenghés, 78 fr. 75
chacun. Au contraire, les Russes facilitent autant que
possible des relations commerciales remontant à plusieurs
siècles d'existence, avec les deux khanats de Bokhara et
de Khiva, dont ils occupent les frontières et dont ils connaissent les goûts et les exigences. Conséquemment, tandis
qu'ils dominent les marchés du Turkestan, c'est à peine
si les Anglais y ont quelque accès. Sans doute la distance
d'Orembourg sur l'Oural aux deux capitales n'est pas
moindre que celle qui sépare ces villes de Courratchie, située à l'embouchure de l'Indus. De ce port, où aboutissent
les télégraphes et les chemins de fer anglais, il serait aisé
d'aller par Péchavour à Caboul ; mais là se présentent
les routes du nord que rendent si difficiles soit les obs-

tacles naturels des passes de l'Hindou-Kouch, soit les taxes énormes que perçoivent des pouvoirs peu éclairés sur leurs intérêts.

Le commerce des deux khanats est donc presque entièrement entre les mains de la Russie.

A ce propos, M. de Khanikoff, dans un ouvrage publié en 1843, établissait que cinq à six mille chameaux sont annuellement employés au commerce de transport; que les importations de l'Asie centrale en Russie doivent être évaluées à trois ou quatre millions de roubles (douze à quinze millions de francs), et que les exportations corrélatives, qui montaient en 1828 à 23,620 livres (590,500 fr.), s'étaient élevées, en 1840, à 65,675 livres 16 sh. (1,641,895 fr.). Ces chiffres s'appliquent aux années comprises entre 1828 et 1843. M. T. Saville Lumley, secrétaire de l'ambassade anglaise à Saint-Pétersbourg, dans un rapport sur le commerce que font la Russie et l'Asie centrale, dressé avec beaucoup de soins et de talent, nous informe que, dans la période décennale de 1840 à 1850, les exportations montèrent à 1,014,237 liv. (25,355,925 fr.) et les importations à 1,343,741 liv. (33,643,525 fr.). Enfin, des rapports officiels publiés en 1862 à Londres montrent les derniers progrès de ce commerce, tels qu'ils ont été constatés seulement pour Khiva et Bokhara. Dans le premier khanat, l'exportation a donné 199,830 liv. (4,995,750 fr.) et l'importation 209,425 liv. (5,235,625 fr.); dans le second, l'exportation s'est élevée à 783,785 liv. (19,594,625 fr.), et l'importation, à 1,096,380 liv. (27,409,500 fr.). La somme de ce mouvement commercial a donc été de 2,289,420 liv. soit 57,235,500 fr., ce qui égale à peu près les calculs faits précédemment pour celui qui concernait toute l'Asie centrale.

Même abstraction faite de ces données, il suffirait d'un

coup d'œil jeté sur les bazars de Bokhara, Khiva et Carchi, pour se convaincre de l'importance qu'a prise cette
branche du commerce russe ; et on peut affirmer, sans
la moindre exagération, qu'il n'est guère dans l'Asie centrale de maison, voire de tente, où ne se trouve quelque
objet manufacturé en Russie. Le trafic le plus considérable est celui du fer fondu, employé principalement aux
chaudrons et brocs qu'on importe de la Sibérie méridionale, plus spécialement des usines établies dans les monts
Oural. Plus de trois mille chameaux sont employés pour
ce seul article, par suite des transactions qui se font avec
Bokhara, Tachkend et Khiva. Après le fer fondu, viennent le fer brut et le bronze, les cotonnades russes, les
batistes, mousselines, etc., les *samovars* ou grandes théières, les armes et la coutellerie. Le drap, vu son prix élevé,
n'a que peu d'acheteurs, et il est rare d'en trouver sur
son chemin. De Bokhara et de Carchi, les articles ci-
dessus sont transportés, non-seulement dans le reste du
Turkestan, mais à Maymène, à Hérat et jusqu'à Candahar et Caboul. Ces deux dernières villes sont, il est vrai,
plus près de Péchavour et de Courratchie ; mais les marchandises russes n'en sont pas moins préférées, bien que
très-inférieures à celles que l'Angleterre fabrique, et pour
les motifs que nous avons indiqués plus haut.

Indépendamment de ses relations commerciales avec
la Russie, le Turkestan en entretient d'autres, à peu
près interrompues, avec la Perse, où, par la voie de Hérat, il expédie des toisons d'agneau, des fruits secs, des
substances tinctoriales et certaines étoffes indigènes,
prenant en échange une grande quantité d'opium venu
de Méched, et quelques denrées anglaises importées par
la maison Ralli et compagnie, du sucre par exemple, ou
de la coutellerie. Entre Méched et Bokhara, il existe une
route qu'on peut parcourir en dix jours ; mais les cara-

vanes sont réduites, comme on le sait, à faire par Hérat un grand détour qui exige trois fois plus de temps. Du Caboul arrive à Bokhara une espèce de châle de coton, rayé de blanc et de bleu, que les Tartares appellent *pota* et qui, chez les Afghans, porte le nom de *lunghi*. On s'en sert généralement pour les turbans d'été. Peut-être est-ce un objet de manufacture anglaise importé par la voie de Péchavour; il se vend exceptionnellement bien, parce qu'il se trouve conforme au goût indigène. Les Caboulis apportent en outre de l'indigo et plusieurs variétés d'épices, en échange desquelles ils prennent du thé, des calicots russes et du papier.

Il ne se fait avec la Chine qu'un commerce insignifiant de thé et de porcelaines; mais les articles diffèrent essentiellement de ceux qu'on voit en Europe. Les Chinois mettent rarement le pied sur la frontière; presque toutes les communications entre eux et les khanats ont lieu par l'entremise des Calmoucs et des musulmans.

Nous allons indiquer maintenant les produits naturels des khanats, qui se détachent comme de vastes oasis sur les monstrueux déserts de l'Asie centrale et sont d'une incroyable fertilité. Malgré le caractère primitif du système de culture généralement adopté, les fruits et le blé y sont d'une abondance qu'on pourrait en maints endroits qualifier d'excessive. Nous avons déjà signalé comme excellents les fruits de Khiva; bien que le Bokhara et le Khocand ne puissent pas être placés à cet égard sur la même ligne, il n'en est pas moins vrai que dans les trois États on trouve des raisins d'une bonté remarquable (classés en dix catégories), des grenades magnifiques, et, plus spécialement encore, des abricots dont on exporte des quantités immenses, soit en Perse, soit en Russie, ou dans l'Afghanistan. Le grain qu'on rencontre de tous côtés est de cinq espèces différentes : le froment, l'orge, le *djugheri (holcus saccharatus)* ou sorgho, le millet (*tarik*) et le riz. C'est, dit-on, à Bokhara et à Khiva, où ils poussent naturellement, que se récoltent les meilleurs blés et le meilleur *djugheri*; le Khocand, à son tour, est réputé pour son millet. En revanche la qualité de l'orge n'est pas supérieure; aussi ne s'en sert-on guère que comme fourrage pour les chevaux, à qui on la donne tantôt seule, tantôt mélangée avec le *djugheri*.

Les éleveurs turkestans ont uniquement en vue la reproduction de trois races d'animaux, savoir : le cheval, le mouton et le chameau.

Pour l'habitant du centre de l'Asie, le cheval est une espèce d'*alter ego*. Il en existe différentes racés, distinguées par leurs qualités souvent supérieures. On pourrait écrire des volumes sur leur élève et leur dressage, aussi bien que sur les diverses variétés du genre. Les principales sont le cheval turcoman que j'ai vu, portant deux hommes, courir au galop durant trente heures de suite; le cheval ousbeg; le cheval cazac et le cheval de somme, remarquable par sa force et qu'on élève dans le Khocand. De ces quatre races célèbres, les pur-sang turcomans ne s'exportent qu'en Perse; les chevaux ousbegs sont dirigés de préférence vers l'Afghanistan et vers l'Inde.

Le mouton est partout de l'espèce qu'on pourrait appeler « à queue grasse. » Les plus beaux sont ceux du Bokhara. Leur chair est la meilleure qu'il m'ait été donné de goûter en Orient.

Il y a trois espèces de chameaux : la première n'a qu'une bosse, la seconde en a deux; c'est celle que nous appelons la bactrienne, et qui se trouve uniquement chez les Kirguis; le *Ner*, enfin, que nous avons trouvé près d'Andkhoï.

Je ne saurais, en terminant, omettre les baudets à qui

j'ai dû tant de services, ceux de Bokhara et de Khiva sont les mieux appréciés. Un grand nombre de ces derniers prennent chaque année, avec les hadjis, la route de Perse, et sont exportés à Bagdad, à Damas, même en Égypte.

Quant aux produits fabriqués dont nous avons parlé à leur place, nous n'avons qu'à rappeler ici les feutres et les tapis dus aux femmes nomades; les étoffes de soie, de soie et coton, de coton, et de chanvre; les cuirs, la sellerie, la cordonnerie; les papiers de soie et de coton; le fer et l'acier, les fusils rayés, les sabres et les poignards, travaillés souvent avec une exquise perfection.

Jusqu'ici nous n'avons considéré le commerce que comme étant fait par des négociants proprement dits; mais, parmi les agents auxquels il doit une grande partie de son activité avec la Perse, l'Inde, l'Arabie et la Turquie, je veux compter les hadjis, dont le vagabondage devient ainsi d'une utilité générale.

Après tout, rien n'est plus intéressant que ces pèlerins, partis de leur chaumière natale, sans un liard dans leur poche, pour faire cinq à six cents lieues, quelquefois bien davantage, à travers des pays dont ils connaissent à peine les noms, et parmi des peuples qui n'ont ni l'aspect, ni le langage, ni les mœurs de leur propre race. Sans y regarder autrement, un pauvre paysan de l'Asie centrale (1), obéissant aux suggestions d'un rêve, prend tout à coup le chemin de l'Arabie, et va parfois jus-

---

(1) Je dis pauvre, car les riches acceptent rarement la fatigue et les inconvénients d'un pèlerinage; mais ils peuvent y suppléer, vu qu'ils trouvent des gens qui s'en chargent à leur place. Ces délégués, pourvus des fonds nécessaires, sont expédiés à La Mecque où ils substituent dans leurs oraisons le nom du mandant à celui du mandataire; mais ce dernier n'en retire pour bénéfice que l'honneur posthume de faire graver le mot « Hadji » sur la plaque tumulaire qui porte son épitaphe.— A. V.

qu'aux limites occidentales de l'empire turc. S'il n'a
rien à gagner, il n'a rien à perdre. Il veut avoir vu le
monde, et suit aveuglément son instinct. Le monde dont
je parle, son monde à lui, commence avec la Chine et
finit à l'extrémité des provinces ottomanes. Il admet
bien, quant à l'Europe, qu'on y puisse trouver de belles
choses, mais il la regarde comme si infestée de magie et
de diaboliques artifices que, même avec un fil destiné à
lui faire retrouver sa route dans ce dangereux labyrinthe,
il n'oserait jamais s'y hasarder.

J'ai constaté, par mon expérience personnelle, que plus
on s'enfonce dans le Turkestan, plus on y rencontre de gens
disposés à ces pénibles entreprises, à ces fatigants pèlerinages. Les hadjis qui partent annuellement de Khiva
sont, en moyenne, au nombre de dix à quinze mille; on
en compte de trente à quarante mille pour Bokhara,
tandis que ceux du Khocand et de la Tartarie chinoise
montent jusqu'à soixante-dix et quatre-vingt mille. Si
nous prenons ensuite en considération le goût passionné
des Persans pour les pèlerinages aux saints lieux de Méched, Kerbela, Khom et La Mecque (1), nous ne pourrons
qu'être surpris de ce grand zèle qui prévaut encore, dans
toute l'Asie, en faveur de ces pieux vagabondages. Le
germe du sentiment irrésistible qui détermina jadis les

(1) De ces quatre villes, La Mecque, chef-lieu d'un chérifat du
Hedjaz en Arabie, et Kerbela, située dans l'Irak-Arabie, à 80 kil.
peut-être, vers le S.-O. de Bagdad, sur l'Euphrate, sont les lieux
les plus célèbres de pèlerinage que renferment les régions sunnites.
Les deux autres sont presque aussi renommées parmi les Chiites.
Méched, capitale du Khorassan, bien connue de nos lecteurs et
Khom, dans l'Irak-Adjémi, renferment les tombeaux de deux en-
fants de Mousa, le septième iman, qu'on accuse Haroun-Al-Rachid
d'avoir empoisonné. A Méched est le tombeau de son fils Ali : à
Khom est celui de sa fille Fatime. On doit bien se garder
de confondre cette Fatime et cet Ali avec la fille et le gendre du
Prophète.— J. B.

migrations de ces races antiques subsiste bien évidemment encore dans cette partie du monde, et si elle n'était pas cernée de tous côtés par la puissante influence de la civilisation occidentale, qui sait de quelles révolutions la terre serait encore menacée?

Parmi eux, ceux qui ne sont pas de simples mendiants font souvent dans leur pieux pèlerinage un petit commerce malgré « la religion qui interdit tout commerce au pèlerin. » En effet, personne n'a l'air de se faire aucun scrupule de porter à son coréligionnaire d'Arabie quelques objets tirés du Turkestan. Or les habitants de l'Arabie estiment beaucoup les produits de Bokhara et des autres lieux saints de l'Asie centrale; chacun d'eux en outre désire être agréable à un hadji, et consent volontiers à payer sa marchandise le double de ce qu'elle vaut. Or ce négoce à peu près sacré se fait depuis l'extrémité orientale de l'Asie mahométane jusqu'au pont de Galata à Constantinople. Souvent, au milieu de la foule qui encombre les rues de cette ville célèbre, on remarque un Tartare, dont les traits diffèrent autant de ceux du reste de la population que les couleurs du léger tissu de soie des Indes ressemblent peu à celles des objets semblables fabriqués en Europe. Les élégantes n'achètent guère les marchandises de ce Tartare; mais beaucoup de respectables matrones, obéissant à un sentiment de piété, en donnent un bon prix et, sans discontinuer leur promenade, pressent à plusieurs fois sur leur visage et sur leur front ces espèces de reliques, en répétant à haute voix une dévote éjaculation.

Le succès de ce commerce d'exportation a pour conséquence naturelle un commerce d'importation équivalent. Le hadji ne quitte pas les lieux saints sans faire quelques emplettes. A La Mecque, il s'approvisionne de parfums, de dattes, de rosaires et de peignes, mais surtout d'eau du puits sacré appelé zemzem (1). A Yambo et à Djedda, deux ports de la Mer-Rouge, le premier pour Médine et le second pour la Mecque, il achète des marchandises auxquelles il donne, afin de les sanctifier, le nom de marchandises de Stamboul, mais qui ont été fabriquées par les chrétiens ; ce sont des canifs, des ciseaux, des dés, des aiguilles, etc. Alep et Damas, en Syrie, ont la réputation de fournir le meilleur misouac, racines fibreuses que tous les musulmans emploient pour brosser leurs dents. A Bagdad, capitale de l'Irak-Arabi, on vend des *hirkias*, tissus de crins de chameaux et qui sont d'une qualité supérieure ; c'est l'espèce de vêtement que le prophète portait immédiatement sur la peau. Enfin, la Perse fournit la poudre d'encre et les plumes faites avec des roseaux. Ces articles, tous fort rares dans l'Asie centrale, y sont largement payés, tant par nécessité que par des motifs religieux (2).

D'après mon expérience personnelle, je puis affirmer que le trafic de ces pèlerins mendiants ne manque pas d'importance. Quand je revins par Hérat, mes cinquante ou soixante compagnons de route, transportaient avec eux, du Bokhara, cinq à six cents foulards et environ deux mille couteaux ; du Khocand et surtout de Namengan, trente pièces de soie et une grande quantité des calottes sur lesquelles le turban est enroulé.

---

(1) Zemzem est le nom d'un puits fameux dont l'eau a une vertu miraculeuse. Contenue dans des petits vases, elle est transportée dans tous les pays mahométans, car une seule goutte, prise au moment même de la mort, efface cinq cents ans de purgatoire. L'origine du puits est attribuée à l'ancêtre des Arabes, à Ismaël, qui, après le départ d'Agar, fit jaillir la source en frappant la terre de son petit pied.

(2) Ces deux alinéas, empruntés aux extraits publiés par M. Vambéry dans l'*Intellectual Observer*, sont à peu près copiés d'après la traduction qu'en a insérée la *Revue Britannique*, n° de juin 1866. — J. B.

Quant aux relations des Turcomans à l'égard les uns des autres, elles se résument assez fidèlement par ce dicton que nous avons déjà cité (chap. III) et qui attribue au Turkestan la rancune et la haine. Comme tous les peuples nomades de ce malheureux pays, les habitants des khanats de Khocand, de Bokhara et de Khiva vivent dans un état continuel d'hostilités, que ne font pas cesser même les dangers dont ils sont menacés par les Afghans au sud et par les Russes au nord.

Les Afghans coiffés du shako, le menton rasé et ayant adopté la tactique de leurs alliés les Anglais, ne sont plus considérés dans le Turkestan que comme des apostats de l'Islam; mais on les respecte parce qu'ils peuvent mettre en ligne plusieurs milliers de soldats armés à l'Européenne.

Eh bien, quoique le Kharisme et le Khocand soient certainement les ennemis irréconciliables de Bokhara, et malgré les révolutions survenues jusqu'ici, ce dernier khanat a conservé la prédominance qu'il avait déjà lors de l'introduction du mahométisme; encore aujourd'hui, il est regardé comme le berceau de la civilisation dans le centre de l'Asie.

Ni le Khocand, ni Khiva, non plus que les autres petits khanats du midi, ni l'Afghanistan lui-même, n'ont cessé un seul jour de reconnaître sa suprématie spirituelle. Ils louent, ils exaltent à l'envi les mollahs de la « noble Bokhara » et son instruction religieuse; mais là s'arrête leur enthousiasme, car toutes les tentatives faites par les émirs de Bokhara pour accroître leur puissance politique au moyen de leur influence sacerdotale, ont échoué de la manière la plus absolue, non-seulement dans les khanats, mais encore dans les cités indépendantes.

L'Asie centrale, à la considérer comme un ensemble politique, n'entretient aucunes relations à l'étranger, si ce n'est avec la Turquie, la Perse, la Chine et la Russie.

Le Sultan de Constantinople continue d'y être tenu pour le chef de la religion et pour khalife; de plus, comme les trois khans du Turkestan recevaient au moyen âge, du khalife de Bagdad, leur suzerain, par manière d'investiture, une des grandes charges de cour, cet ancien usage est respecté encore maintenant. A leur accession au trône, ces princes se croient tenus de solliciter par une ambassade extraordinaire, qu'ils envoient à Stamboul, les distinctions honorifiques autrefois conférées à leurs prédécesseurs. Le khan de Khiva revendique le rang de grand échanson; l'émir de Bokhara, celui de *reis* (gardien de la religion), et le khan de Khocand celui de connétable. Ces fonctions de cour furent toujours tenues en haute estime, et il m'a été dit que les différents dignitaires remplissent régulièrement, une fois par année, les devoirs de leur charge. Mais le lien qui les rattache à Constantinople n'existe pas autrement et n'a pas d'autre résultat. Les sultans n'exercent aucune influence politique sur les trois khanats. Il est bien vrai que, pour les habitants de l'Asie centrale, le nom de Roum (appliqué par eux à la Turquie), conserve le prestige et le rayonnement qui s'attachait jadis à celui de Rome, avec lequel ils l'ont identifié; mais les princes ne paraissent pas dupes de cette illusion populaire, et ne reconnaîtraient pas volontiers la prédominance du Sultan, si la Porte n'avait soin de joindre aux firmans d'investiture, aux « licences de prier, » un cadeau de quelques centaines ou de quelques milliers de piastres. Dans le Khiva et le Khocand, les firmans du Grand-Seigneur se lisent encore avec une certaine solennité, certains témoignages de respect et de vénération. Le premier de ces deux khanats a été représenté à Constantinople pendant une

période de dix ans, par mon protecteur à Khiva, Chukroullah Bay; le second, sous le règne de Mollah-Khan (il y a
quatre ans à peine), avait aussi son ambassadeur, Mirza-
Djan. Conformément aux anciens usages, ces employés
étaient entretenus aux frais de l'État, parfois pendant
plusieurs années de suite, et cette charge, peu compatible
avec la gêne actuelle du budget des affaires étrangères,
n'en est pas moins maintenue par le Sultan comme l'indispensable équivalent de ses prétentions à l'empire spirituel de toute l'Asie.

Bien rarement, malgré le voisinage, Khiva et Bokhara
échangent des ambassades avec la Perse. Il suffit que le
pays ait ouvertement adopté les principes de la secte
chiite, pour qu'un mur d'airain s'élève entre ces deux
peuples fanatiques, pareil à celui qui séparait, il y a
trois cents ans, à l'avénement du protestantisme, les deux
grandes catégories des chrétiens d'Europe. A ce sentiment
d'animosité religieuse, il faut ajouter l'hostilité traditionnelle que l'histoire signale entre les Iraniens et les
Touraniens, et nous nous ferons alors une idée du
gouffre moral qui sépare deux grandes nations naturellement juxtaposées. La Perse qui, suivant la logique des
choses, devrait servir à introduire dans le Turkestan les
bénéfices de la civilisation moderne, n'exerce pas sur les
destinées de ce pays la plus légère influence. Impuissante
à préserver des Turcomans ses propres frontières, elle a
perdu tout son prestige par suite de la honteuse défaite
qu'elle a subie en 1860 à Merv, dans l'expédition dirigée
en réalité contre le Bokhara, et dont nous avons parlé
précédemment. Elle est fort peu redoutée dans les trois
khanats où les Tartares affirment qu' « en donnant aux
Persans une tête et des yeux (c'est-à-dire de l'intelligence), Dieu leur a refusé un cœur (c'est-à-dire du courage). »

Les relations politiques de la Chine avec l'Asie centrale sont si rares et si insignifiantes qu'elles méritent à peine d'être mentionnées. C'est tout au plus si, de siècle en siècle, il s'établit une correspondance éphémère. Les émirs envoient de temps en temps à Cachgar quelques agents officiels; mais jamais les Chinois ne s'aventurent jusqu'à Bokhara. L'Empire du milieu négocie plus fréquemment avec le Khocand, mais il n'envoie aux barbares musulmans que des fonctionnaires tout à fait subalternes.

Il n'en est pas de même pour la Russie. Depuis longtemps maîtresse des provinces qui bornent au nord les déserts du Turkestan, les besoins d'un commerce actif ont dirigé tout particulièrement l'attention de cet empire sur ce qui se passait dans les trois khanats, et motivé une série d'efforts à laquelle il n'existe d'autre issue que l'occupation définitive de tout leur territoire. Les progrès de la Russie, ralentis à la vérité par les obstacles naturels qui la séparent de ces futurs domaines, n'en sont peut-être que plus assurés. Seuls, ces trois khanats manquent maintenant (1) à l'immense royaume tartare que rêvait au commencement du seizième siècle Ivan Vasilievitch et qu'il avait entrepris d'annexer à ses possessions russes. Il inaugurait ainsi un plan de conquête qui a été suivi avec une ardeur silencieuse, par tous les monarques à qui la couronne est successivement échue depuis Pierre-le-Grand. Les princes et les peuples du Turkestan se doutent bien du danger qui les menace; mais ils se laissent endormir par l'insouciance orientale que favorise une aveugle foi dans les dogmes d'une religion fataliste. Ils croient le Turkestan doublement défendu par le grand

(1) Ceci était écrit par M. Vambéry en 1864. Deux ans plus tard, il aurait dit qu'il ne manquait plus que deux de ces khanats à la Russie; voyez à la fin de ce chapitre. — J. B.

nombre de saints qui reposent dans son territoire, à l'ombre de la noble Bokhara, et par les immenses déserts qui l'environnent; mais ils devraient comprendre que, là où passe une armée boukhariote allant à Khocand, rien n'empêche absolument la marche d'une armée russe.

Il n'y a guère plus de vingt-cinq ans que l'attention de l'Europe s'est éveillée à propos de ce qui se passait dans le Turkestan.

L'occupation de l'Afghanistan par les Anglais et l'alliance russo-persane, qui conduisit à l'expédition contre Khiva, furent le point de départ des correspondances diplomatiques engagées par les cabinets de Saint-Pétersbourg et de Londres au sujet du Turkestan. Depuis cette époque, un certain calme a succédé aux premiers orages. La Grande-Bretagne, découragée par l'avortement de ses plans, est rentrée dans ses limites (1); mais la Russie n'a

(1) Je demanderai la permission de replacer les principaux faits de l'histoire du Turkestan, auxquels M. Vambéry fait allusion ici, dans ce qui me semble être leur véritable jour. En 1838, les Anglais, inquiets de voir le chah Mohammed assiéger Hérat, firent dans le Golfe Persique une diversion qui rappela les Persans dans leurs propres limites. Deux ans après, tandis qu'ils combattaient à la fois aux deux extrémités de l'Asie, en Chine et en Syrie, encouragés par la mort du redoutable roi de Lahore Rundjit-Sing, qui avait eu lieu quelques mois auparavant, ils attaquèrent le sultan du Caboul, Dost Mohammed, au nom du chah Soudjah, roi qu'ils avaient donné aux Afghans. Ils occupèrent Caboul; mais l'année suivante, peu de mois après la destruction d'une armée russe qui marchait sur Khiva, ils furent chassés de leur conquête, et au commencement de 1842, ils perdaient toute leur armée, sauf un seul homme, le docteur Brydon, dans leur retraite à travers les défilés de Courd-Caboul. Sans doute, rentrer dans Caboul était un devoir pour eux : ils y rentrèrent; mais la leçon avait été si rude qu'ils résolurent de limiter leur action à la vallée de l'Indus, en mettant à profit l'anarchie qui divisait l'empire des Syks, depuis le décès de Rundjit-Sing. Ils tournèrent donc toutes leurs forces de ce côté et, après des guerres sanglantes, qui durèrent de 1843 à 1849, ils se rendirent maîtres de la riche et magnifique vallée de l'Indus jusqu'à l'Himalaya. Se contentant alors de faire de Dost Mohammed leur allié, ils ont abandonné ce qu'ils avaient ac-

pas cessé d'avancer en silence, et d'importantes modifications ont reculé ses frontières du côté du Turkestan. A l'ouest de l'Asie centrale, par exemple sur la mer d'Aral et sur ses côtes, l'influence moscovite s'est considérablement accrue. Sauf l'embouchure de l'Oxus, toute la partie occidentale de la mer d'Aral est reconnue territoire russe. Sur cette mer elle-même, sont entretenus à l'heure présente trois navires à vapeur auxquels le khan de Khiva permet d'avancer jusqu'à Coungrad (1). Ils ne sont là, dit-on, que pour protéger les pêcheries; mais on peut, avec quelque probabilité, leur attribuer une autre destination, et personne ne doute, à Khiva, que les troubles récents de Coungrad, ainsi que les conflits, toujours plus fréquents entre les Kasacs et les Ousbegs, ne se rattachent, de manière ou d'autre, à la présence de ces prétendus « bateaux de pêche. »

Il n'y a là, cependant, que des combinaisons secondaires. La véritable ligne d'opération doit être cherchée sur la rive gauche du Sihoun ou Iaxartes. Ici, nous trouvons les avant-postes russes appuyés par une chaîne non interrompue de forts et de murailles, poussés aujourd'hui,

quis au N. de l'Himalaya et à l'O. des monts Soliman, bornant avec sagesse leurs limites de ce côté à ces frontières naturelles de l'Hindoustan. Depuis cette époque, l'insurrection des Cipayes (1857-1859) a prouvé à l'Angleterre la prudence du parti auquel elle s'était arrêtée, sans faiblesse comme sans découragement. Le maintien d'un empire de 175,000,000 de sujets lui a paru, à juste titre, devoir être le principal de ses soins comme de ses devoirs. — J. B.

(1) Si les vaisseaux russes ne remontent pas l'Oxus au-delà de ce point, on ne doit l'attribuer qu'aux nombreux bancs de sable qui sèment d'obstacles, déplacés à chaque instant, le cours du grand fleuve. Je suis surpris que Burnes ait parlé si légèrement des facilités qu'il offre à la navigation. Selon des bateliers qui ont passé leur vie entière sur l'Oxus, et dont j'ai recueilli personnellement le témoignage, les bancs de sable changent si souvent de position que la pratique et les observations de la veille deviennent inutiles dès le lendemain. — A. V.

en 1864, jusqu'à Kalè Rehim, c'est-à-dire à trente-deux milles de Tachkend, ville importante qu'on peut envisager comme la clef de l'Asie centrale. Cette route, traversant moins de déserts qu'aucune autre, est également bien choisie à différents points de vue. Nul doute qu'une armée n'y fût exposée à plus de surprises; mais celles-ci sont moins redoutables, après tout, que la violence des éléments déchaînés ailleurs. D'un autre côté, sur les frontières orientales du Khocand, par delà Namengan, les Russes continuent aussi à se rapprocher de plus en plus; et du temps de Khoudayar Khan, plusieurs rixes avaient déjà eu lieu dans ces parages entre les Khocandis et les enfants perdus de l'invasion moscovite (1).

Donc, l'accomplissement continu des projets russes sur l'Asie centrale ne saurait être révoqué en doute. Si nous ne considérons que les intérêts généraux de la civilisation, nous ne pouvons qu'applaudir à leur succès et souhaiter que rien ne le retarde.

Depuis mon retour en Angleterre, j'ai entendu traiter de chimères absurdes la rivalité de la Grande-Bretagne et de la Russie en ce qui touche l'Asie centrale : — « Ne nous parlez plus, disait-on, d'une question épuisée et hors de mode. Les tribus du Turkestan sont encore adonnées à la vie sauvage, elles ont des mœurs grossières et barbares; nous devons en conséquence nous féliciter que la Russie prenne à son compte la tâche onéreuse et méritoire de civiliser ces régions lointaines. L'Angle-

(1) Depuis que M. Vambéry a écrit ces lignes, les événements ont marché vite. A la fin de 1866, la mer Caspienne et le lac Aral étaient des eaux russes, sillonnées en tous sens par les navires armés des Russes, dont le littoral les enveloppait excepté les extrémités méridionales qu'elle dominait déjà par ses stations navales. En 1864, la Russie avait pris Tachkend, et, en 1865, elle avait occupé tout le khanat de Khocand, qu'elle avait bientôt organisé en gouvernement russe. — J. B.

terre n'a pas le plus léger motif pour envier ou jalouser cette politique progressive. »

Encore pénétré d'horreur au souvenir des cruautés dont j'avais été témoin dans le Turkestan et que j'ai tâché d'esquisser en consignant ici le récit de mon voyage, je débattis longtemps avec moi-même la question de savoir si le point de vue politique des hommes qui me tenaient ce langage était véritablement celui auquel je devais me placer. Il est évident pour moi que la civilisation chrétienne, incontestablement la plus noble et la plus glorieuse de celles qui ont jusqu'ici maintenu les rapports de la société humaine, serait un bienfait pour l'Asie centrale; mais je ne voyais pas aussi clairement que l'Angleterre, maîtresse de l'Inde, dût envisager de sang-froid les envahissements graduels de la Russie en Orient. La portée politique de la question domine, selon moi, sa portée sociale (1).

Quant à savoir si le lion britannique et l'ours russe lutteront un jour directement pour la possession de ces régions lointaines, ou s'ils en viendront au partage pacifique d'une proie commune, c'est ce qu'un humble derviche, voué simplement aux études philologiques, ne saurait se permettre de pressentir. « *Ne sutor ultrà crepidam* » disait le proverbe latin, et la sagesse des nations me conseille aussi de ne pas mettre plus longtemps à l'épreuve la patience de mes lecteurs.

(1) On peut protester ici contre cette doctrine qui n'est plus de notre époque. La Russie apporte à l'Asie du nord et du centre la civilisation. Nous devons nous réjouir du bien qui est fait sans nous préoccuper des avantages qu'en doit retirer celui qui le fait. — J. B.

FIN

TABLE

Introduction.

CHAP. Iᵉʳ. — *Préparatifs de voyage d'un faux derviche.* — Arrivée à Théhéran, le 13 juillet 1862. — Objet du Voyage. — Les Perses Chiites et les Turcs Sunnites.— Causes de retard jusqu'en mars 1863. — Derviches et hadjis sunnites.— Mes futurs compagnons. — Motifs de mon déguisement. — Hadji Bilal m'accepte dans sa compagnie. — Choix d'une route. — Préparatifs de départ.   1

CHAP. II. — *De Téhéran à Gœmuchtèpe.* — La caravane part de Téhéran le 28 mars 1863. — Sa composition. — Les Monts Elbourz et le Mazenderan. — Ce monde est le paradis des hérétiques. — Sari. — La Montagne Noire ou Caratèpe. — Émir Méhemmed, le traître fumeur d'opium. — Traversée de la mer Caspienne sur la barque d'Yacoub. — Achourada. — Débarquement à l'embouchure de la Gœrguène.   16

CHAP. III. — *Les Turcomans.* — Dans le Turkestan règnent la rancune et la haine. — Peuples turcomans, de la Gœrguène à l'Oxus. — Le deb et l'islam. — Acsacals et Mollahs. — Alaman et Tchapao. — Parure des femmes.— Mariage. — Occupations des femmes. — Les tentes. — Les funérailles. — Les coutumes de ces nomades sont un précieux document historique.   35

CHAP. IV. — *De Gœmuchtèpe à Etrek.* — Réception à Gœmuchtèpe — Distributions de bénédictions et de souffles sacrés. — Kizil Akhond. — Muraille d'Alexandre ou Kizil Alan. — Esclaves persans. — Ilias Beg. — Le pir Kulkhan. — L'Étrek. — Jonction avec le directeur des Caravanes, Ata Bay. — L'émir Mehemmed me trahit.   51

CHAP. V. — *Le Désert depuis l'Étrek jusqu'à Khiva.* — Le Bogdayla et le Kizil Takir. — Indignation des hadjis contre l'émir

Mehemmed. — Passage de la Cœrentagué et ruines de Mechedi Misriyan. — Les lettres de change. — Ordre d'une journée de voyage. — Les Balkans du Turkestan. — Ordre de marche dans le désert. — Le Dœden, ancien lit de l'Oxus. — Distribution gratuite d'eau. — Le Caflankir. — Ilias Beg nous reçoit dans son village khivite.　　　81

CHAP. VI. — *Le Kharizme et Khiva.* — Beauté des environs de Khiva. — La ville à l'intérieur. — Dernière trahison de l'émir Méhemmed. — Chukroullah Bay me protége. — Audience du khan Seid Mehemmed. — Population de Khiva. — Préjugés sur le Sultan. — Hadji Ismaël. — Seconde audience du Khan. — Supplice des rebelles et des adultères. — Récompenses suivant le nombre de têtes coupées. — Le Kharizme. — Les deux Ourguendj. — Produits et commerce. — Derniers conseils de Chukroullah Bay. — Les hadjis sortent de Khiva plus riches qu'ils n'y étaient entrés.　　　105

CHAP. VII. — *De Khiva à Bokhara.* — Départ de Khiva. — Nous traversons l'Oxus à gué. — Marché de Chourakan. — Le désert Tœyeboyoun et les Kirguis. — Alerte ! les Tekkés approchent ! — Fuite à travers le désert Destructeur de la vie. — On meurt de soif. — Tebbad ou simoun. — Visite des douaniers et des enquêteurs bokhariotes à Khakemir.　　　137

CHAP. VIII. — *La noble Bokhara.* — La ville et le khanat de Bokhara. — Le tekkie Husein. — Bazars et population cosmopolite. — Commerce et industrie. — Le quai du Réservoir du Divanbeghi. — Derviches Nakichbendis. — Rigorisme de l'émir Mozaffar-ed-Din-Khan. — Espionnage. — Controverse religieuse. — Le Righistan. — L'arche de l'Émir. — Les colléges bokhariotes. — L'orthodoxie de Bokhara conteste celle de Constantinople. — Pharisaïsme bokhariote. — La vie à Bokhara. — Départ pour Samarcande.　　　157

CHAP. IX. — *Samarcande.* — Route de Bokhara à Samarcande. — Bazarli djays ou lieux forains. — Kémineh. — La Zérefchan distributrice de l'or. — Aspect de Samarcande. — Antiquités e principaux monuments de la ville. — Produits. — La prétendu bibliothèque de Timour. — Guerre du Khocand. — Entrée triom phale de Mozaffar-ed-Din. — Audience de l'Émir de Bokhara. — Je me sépare des hadjis.　　　173

CHAP. X. — *De Samarcande à Hérat.* — Le mollah Ichak de Coungrad. — Carchi. — Sa coutellerie et son Calenterkhane. — Citerne de Sengsoulac. — L'Oxus. — Kerki. — Belkh la mère des villes, et ses ruines. — La Noble Tombe. — Andkhoï et son marché. — Maymène et ses produits, surtout les chevaux. — Gué et défilé de la Mourgab. — Les Djemchidis. — Ruines de Marchah. — Kalè-No.　　　202

Chap. xi. — *De Hérat à Téhéran.* — Plaine de Hérat. — La ville, ses ruines et sa population saccagée. — Conquérants et conquis. — Fidèles services du mollah Ichak. — Audience du serdar Mehemmed Yacoub Khan. — De Counsoun à Taybad. — Mèched. — Le colonel anglais Dolmage. — Mollah Ichak apprend que je suis Européen et continue à me suivre. — Nasr-ed-Din, chah de Perse. — Retour en Europe.   224

Chap. xii. — *Relations extérieures et Avenir du Turkestan.* — Communications et routes. — Taxes douanières de Kerki à Hérat. — Commerce avec la Russie. — Produits naturels et fabriqués du Turkestan. — Part que prennent les hadjis dans le commerce du Turkestan avec les pays mahométans de l'Ouest. — Suprématie religieuse de Bokhara et de Constantinople. — Relations diplomatiques. — Progrès de la Russie. — Faut-il y mettre obstacle?   242

FIN DE LA TABLE.

Coulommiers. — Typ. de A. MOUSSIN.

www.ingramcontent.com/pod-product-compliance
Lightning Source LLC
LaVergne TN
LVHW012330060726
842524LV00017B/489